Flensburger Hefte

Schuld...

... immer nur die anderen?

Aus dem Inhalt

Zu den Steiner-Zitatangaben in den FLENSBURGER HEFTEN: Die GA-Nummern beziehen sich auf die jeweilige Bibliographie-Nummer der Rudolf Steiner Gesamtausgabe im Rudolf Steiner Verlag, Dornach/Schweiz. Danach sind in der Regel das Erscheinungsjahr der benutzten Ausgabe, das Vortragsdatum bzw. Kapitel und die Seitenzahl angegeben, von der Autor-, Titel- und Ortsnennung wird abgesehen. Nach Bibliographie-Nummern geordnet ist die Rudolf Steiner Gesamtausgabe im Katalog des Rudolf Steiner Verlags aufgeführt. Der Katalog ist durch den Buchhandel erhältlich.

Liebe Leserinnen und Leser!

Was ist eigentlich Schuld? Wann und wem gegenüber kann man schuldig werden? Tritt die Schuld nur im Zwischenmenschlichen auf, oder kann man auch gegenüber der Natur und geistigen Wesen schuldig werden? Kann man auch unschuldig schuldig werden, und wie verzeiht man jemandem, der an einem selbst schuldig geworden ist? Ist es überhaupt angebracht zu verzeihen, oder wird man selbst wiederum schuldig, wenn man nicht verzeiht?

Je länger man über die Schuld nachdenkt, desto vielfältiger und komplizierter wird das Gebilde, das wir gemeinhin Schuld nennen. Es durchzieht das gesamte menschliche Leben, berührt alle Beziehungen der Menschen untereinander und sämtliche Verhältnisse zwischen den Menschen und allen anderen Wesen.

Mit diesem Buch versuchen wir, dem Phänomen Schuld nahezukommen. Die unterschiedlichsten Persönlichkeiten sprechen über ihre Ansicht zur Schuld und wie sie persönlich Schuld erlebt haben, sei es durch körperliche Gewalt, Gefängnis, politische Verfolgung oder zwischenmenschliche Komplikationen. Gleichzeitig untersuchen wir den Begriff Schuld in seinen religiösen, anthroposophischen, politischen, juristischen und psychologischen Dimensionen.

Wir hoffen, Ihnen mit diesem Buch keine Antwort schuldig zu bleiben, und wir wünschen Ihnen eine spannende Lektüre.

Es grüßt Sie
Ihre
FLENSBURGER HEFTE-Redaktion

Das Gefühl historischen Glücks

Interview mit Wolfgang Thierse

von Wolfgang Weirauch

Wolfgang Thierse, *Kulturwissenschaftler/Germanist, Präsident des Deutschen Bundestages, geb. am 22. Oktober 1943 in Breslau; katholisch; verheiratet, zwei Kinder.*

Nach dem Abitur Lehre und Arbeit als Schriftsetzer in Weimar. Seit 1964 in Berlin Studium an der Humboldt-Universität, anschließend wissenschaftlicher Assistent im Bereich Kulturtheorie/Ästhetik der Berliner Universität bis 1975. 1975 bis 1976 Mitarbeiter im Ministerium für Kultur der DDR. 1977 bis 1990 wissenschaftlicher Mitarbeiter an der Akademie der Wissenschaften der DDR, im Zentralinstitut für Literaturgeschichte.

Bis Ende 1989 parteilos. Anfang Oktober 1989 Unterschrift beim Neuen Forum. Anfang Januar 1990 Eintritt in die SPD; Juni bis September 1990 Vorsitzender der SPD/DDR; Mitglied der Volkskammer vom 18. März bis 2. Oktober 1990, stellvertretender Fraktionsvorsitzender, zuletzt Fraktionsvorsitzender der SPD/DDR. Stellvertretender Vorsitzender der SPD.

Mitglied des Bundestages seit 3. Oktober 1990; 1990 bis 1998 stellvertretender Vorsitzender der SPD-Fraktion; seit 26. Oktober 1998 Präsident des Deutschen Bundestages.

Was ist eigentlich Schuld? Sind alle Menschen seit jeher schuldig, weil sie in Urzeiten einmal vom Baum der Erkenntnis gegessen haben, oder ist Schuld nur eine juristische Kategorie? Können ganze Völker schuldig werden, oder haben sie nur eine erhöhte Verantwortung? Welche Schuld entsteht im sozialen Miteinander? Kann man durchs Leben gehen, ohne schuldig zu werden? Inwiefern ist man einem Mitmenschen etwas schuldig, wenn er einem Hilfestellung leistet? Wird man nur schuldig, wenn man mit vollem Bewußtsein einem anderen Wesen schadet, oder kann man auch unschuldig schuldig werden? Welche Beziehungen bestehen und entstehen zwischen Täter und Opfer? Was entsteht zwischen Menschen, wenn das Opfer dem Täter verzeiht? Ist es möglich, zu leichtfertig zu verzeihen, oder kann man auch schuldig werden, wenn man nicht verzeiht?

Das Thema Schuld ist sehr vielfältig und mehrdimensional und muß mit gebührender Vorsicht behandelt werden. Als zweithöchster Repräsentant des Staates Deutschland und zugleich als ehemaliger Bürger der DDR hat es Wolfgang Thierse vielfach mit dem Thema Schuld zu tun; sei dies nun in der Aufarbeitung der Schuld von Nazi-Deutschland oder der Diktaturfolgen aus der Zeit der DDR. Immer wieder setzt er sich für die Menschenwürde ein, appelliert an das Engagement der Bürgerinnen und Bürger und erinnert an die Werte unserer demokratischen Gesellschaft:

„Aus dieser Einsicht erwächst die Verpflichtung, niemals wieder Handlungen zuzulassen, von denen uns unser Gewissen sagt, daß hier gegen elementare Menschenrechte, gegen die Menschenwürde verstoßen wird. Es darf nie wieder dazu kommen, daß sich eine schweigende Mehrheit nicht zuständig fühlt für das, was in unserem Land passiert. Es genügt nicht, Unrecht schweigend zu mißbilligen. Innere Vorbehalte, stiller Protest ändern gar nichts. Die Demokratie braucht vor allem Demokraten, die sich aktiv für sie einsetzen. Und nichts schadet ihr mehr als Indifferenz und Passivität.

Bereits den Anfängen von Unfreiheit, Rechtsbruch und Menschenverachtung entschieden entgegenzutreten: das ist die Aufgabe, die uns die Tradition dieses Gedenktages mitgibt in ein neues - und hoffentlich friedlicheres, humaneres Jahrhundert. Diese Einsicht umzusetzen in tagtägliches Handeln, kann jene Flamme heller leuchten lassen, die die Männer und Frauen des 20. Juli in dunkelster Zeit angezündet haben." (Aus einer Rede Wolfgang Thierses vom 20.07.2000 im Ehrenhof der Gedenkstätte Deutscher Widerstand in Berlin)

Ich besuchte Wolfgang Thierse am 9.11.2004 in Berlin und führte mit ihm folgendes Interview:

Wolfgang Weirauch: Heute haben wir den 9. November 2004. Welche Bedeutung hat dieser Tag für Sie? Wie haben Sie den 9. November 1989 erlebt?

Wolfgang Thierse: An diesem Abend habe ich nichts Besonderes gemacht, sondern ferngesehen, denn man war auf das Ereignis des Mauerfalls nicht vorbereitet. Ich habe die berühmte Pressekonferenz mit Schabowski gesehen und auch herumgedeutelt, was er nun eigentlich gesagt und was er gemeint hat. Als ich dann später via West-Fernsehen die Bilder von der Bornholmer Straße sah, wie die Ostberliner die Mauer wegdrückten und nach Westberlin strömten, konnte ich eigentlich immer noch nicht glauben, was ich sah. Ich bin mit meiner Frau nicht sofort losgelaufen, denn unsere Kinder lagen bereits im Bett und schliefen. Aber es war uns klar: Wenn dies kein Traum war, dann könnten wir dieses wunderbare Ereignis auch in den nächsten Tagen erleben. Man sah die Ereignisse, aber gleichzeitig glaubte man nicht, was man sah.

W.W.: Aber unser heutiges Thema ist die Schuld. Wie würden Sie persönlich Schuld definieren?

W. Thierse: Schuld lädt man auf sich, wenn man durch absichtsvolles Handeln oder durch absichtsvolles Unterlassen anderen Menschen Leid zufügt. Schuld setzt allerdings voraus, daß man Entscheidungsmöglichkeiten hat, denn wenn man diese nicht hat, kann man auch nicht schuldhaft handeln. Schuld setzt also ein Bewußtsein von Wirkungen des eigenen Tuns voraus. Ich warne aber davor, alles Handeln in einen unentrinnbaren Schuldzusammenhang zu stellen, denn das macht den einzelnen vollständig unfrei und handlungsunfähig. Wenn man aus lauter Angst vor Fehlentscheidungen nicht mehr entscheiden kann, weil man glaubt, anderen Menschen Unrecht zu tun, hätte man hier die moralische Kategorie Schuld an ihrem negativen Zipfel gepackt. Die Entmoralisierung, die Entfernung der moralischen Kategorie Schuld aus dem öffentlichen Bewußtsein, halte ich allerdings für ebenso problematisch, denn dann ist die Reflexion über das eigene Verhalten nicht mehr möglich.

Die schlimmsten Verbrechen der Menschheit

W.W.: Ist es überhaupt zu benennen, welche Schuld z.B. Nazi-Deutschland mit der Zerstörung halb Europas und der Vernichtung der Juden auf sich geladen hat?

W. Thierse: Nazi-Deutschland hat die Verantwortung für den schlimmsten Krieg der Weltgeschichte, gleichzeitig für die schlimmsten Verbrechen der Menschheit überhaupt. Insofern haben viele Individuen sowie das gesamte Volk Schuld auf sich geladen, und daran laborieren wir und versuchen auf immer neue Weise, mit dieser Schuld umzugehen.

W.W.: Wer konkret hat dabei die Schuld: nur die Täter oder das gesamte Volk? Und wer hat darüber hinaus die Kollektivverantwortung?

W. Thierse: Das ist bereits in der Nachkriegszeit schon recht differenziert behandelt worden, indem man zwischen Kollektivscham, Kollektivschuld und einer kollektiven Verantwortung für die Folgen der Verbrechen unterschieden hat. Und diese Verantwortung ruht auf den nachfolgenden Generationen, ohne daß diese selbst Schuld auf sich geladen haben. Die Nachfolgegenerationen sind nicht schuldig geworden, nur weil sie Söhne oder Enkel von Tätern sind. Aber sie haben eine Verantwortung für die Schuld ihrer Väter und Mütter übernommen.

Schuldig im Dritten Reich sind vor allem die Täter und Ideologen geworden, aber natürlich auch diejenigen, die aus Angst oder Feigheit weggeschaut haben. Aber hier muß man sehr differenziert unterscheiden, auf welche Art und Weise Menschen Schuld auf sich geladen haben. Denn ein Ideologe ist ganz anders schuldig geworden als der kleine Mitläufer, der überhaupt keine Möglichkeit gesehen hat zu widersprechen. Mit solchen Menschen muß man vernünftigerweise sanfter umgehen als mit den eigentlichen Verbrechern, vor allem mit den Ideologen, die selbst nicht Hand angelegt haben, aber die den Ungeist in die Menschen hineingeprügelt haben.

Eine Demokratie rechnet nicht mit Heiligen

W.W.: Welche Konsequenzen hat Deutschland aus seiner Schuldgeschichte gezogen?

W. Thierse: Das Wichtigste war, mit Hilfe der Alliierten eine Demokratie zu errichten, einen Rechtsstaat mit allen Grundrechten. Diese Grundrechte sind das Allerheiligste unserer Grundordnung überhaupt. Der wichtigste Vorteil der Demokratie ist für mich – das hängt auch mit meiner Biographie und meiner Diktaturerfahrung zusammen –, daß sie nicht mit Heiligen rechnet, sondern mit der Fehlbarkeit der Menschen. Deshalb hat unsere demokratische Grundordnung Regeln und Mechanismen, wie diese Fehler der Menschen korrigiert werden können: durch Abwahl, durch öffentliche Kontrolle, durch den Rechtsstaat als Korrektur und Gegengewicht zur politischen Macht. Eine Diktatur kann überhaupt nur dann funktionieren, wenn der Diktator selbst ein Heiliger ist, aber so etwas hat es noch nie in der Geschichte der Menschheit gegeben. Und die Demokratie setzt genau dieses nicht voraus, sondern sie rechnet mit Erbärmlichkeit, Fehlbarkeit und Schuldhaftigkeit der Menschen. Dazu hat sie Korrektur- und Regelungsmechanismen, die es ermöglichen, daß aus den Fehlern einzelner kein universeller Schuldzusammenhang erwächst.

Das Verführerische der kommunistischen Ideologie

W.W.: Die DDR war ein Spitzelstaat erster Klasse. Man hat die Privatsphäre unzähliger Menschen, ihr Freiheits- und Demokratiebedürfnis verletzt sowie ganze Existenzen vernichtet. Auf welche Weise ist hier Schuld seitens des Staates und einzelner Menschen entstanden?

W. Thierse: Die kommunistische Diktatur hat sich ideologisch als ein System verstanden, das gerechtere und menschlichere Verhältnisse herstellen wollte. Man wollte Menschen zwangsweise zu ihrem Glück verhelfen. Das macht das Moment der Verheißung an ihr aus und zugleich den Grund ihres Scheiterns. Denn Menschen lassen sich offensichtlich nicht erfolgreich zu ihrem Glück zwingen. Das muß man immer berücksichtigen, wenn man begreifen will, was das Verführerische der kommunistischen Ideologie gewesen ist. Und die schärfste Kritik am kommunistischen System ist, daß dieser Utopie Menschen ihr Leben opfern mußten. Das ist der Gesamtzusammenhang, in den das schuldhafte Verhalten einzelner eingebettet ist.

Menschen sind z.B. aus ideologischer Überzeugung schuldig geworden, weil sie sich einem „messianischen Ziel“ verbunden gefühlt und weil sie daran mehr oder minder religiös geglaubt haben; weil sie sich zu Taten haben bewegen lassen, bei denen sie unter anderen Umständen sicherlich ein schlechtes Gewissen gehabt hätten. Wie oft ist einem zu DDR-Zeiten gesagt worden, daß alles mißlich sei, was man täte, aber man tue es, um dem kommunistischen Ziel näherzukommen. Man sah sich in einer Klassenkampf-Situation, in einer Auseinandersetzung mit dem Feind, die härteste Maßnahmen rechtfertigte. Man baute z.B. die Mauer mit der Begründung, daß der Sozialismus sonst auf deutschem Boden keine Chance hätte und vom Westen zerschlagen würde usw.

Trotzdem bleibt es bei elementaren menschlichen Regeln: Ich bespitzele keine Menschen. Ich begehe keinen Verrat an Freunden. Ich erschleiche mir kein Vertrauen, um es dann zu verraten. Ich schade keinem Menschen bewußt. Alle ertappten Stasi-Spitzel haben immer zwei Ausreden formuliert: Es diente erstens dem guten Zweck namens Sozialismus; zweitens bekundete man, keinem geschadet zu haben. Das letztere konnten sie allerdings niemals überprüfen, weil ihre Spitzelberichte immer ihren Händen entzogen wurden. Was aus ihren Denunziationen gemacht wurde, konnten sie selbst überhaupt nicht entscheiden bzw. nachprüfen. Und das Herausreden auf den Sozialismuszweck fällt dann unter den allgemeinen moralischen Richtspruch, daß nicht jeder Zweck jedes Mittel heiligt. Statt dessen sollte es politischer Grundsatz sein, daß in den Mitteln der gute Zweck immer noch anwesend sein muß. Sonst wird der gute Zweck durch die schlechten Mittel desavouriert.

Menschen können sich ändern

W.W.: Können Sie eine ungefähre Einschätzung geben, ob viele der Stasi-Spitzel ihre Schuld eingesehen und sich auch öffentlich zu dieser Schuld bekannt haben? Sind dies nur wenige, sind es wenigstens einige mehr, die ihre Schuld im Stillen eingesehen haben, oder sind die meisten immer noch zu feige, ihre Schuld einzugestehen?

W. Thierse: Es gibt einige, die ihre Schuld öffentlich eingestanden und sich tatsächlich zu ihren Taten bekannt haben. Unter ihnen gibt es auch solche, die glaubwürdig Reue empfunden haben. Letztlich kann man aber als Außenstehender niemals vollständig beurteilen, wie aufrichtig eine solche Reue, eine solche selbstkritische Einsicht ist. Bei manchen

Wolfgang Thierse

beschleicht einen natürlich das Gefühl des Zweifels, und man fragt sich, ob es nicht Heuchelei ist. Aber dann mahne ich mich auch wieder selbst und sage mir, daß ich als aufgeklärter Mensch, als Christ, nicht das Recht habe, Einsichtsfähigkeit zu bestreiten und jemandem die Chance zu nehmen, sich verändern zu wollen und zu können. Wenn ich nicht daran glauben kann, daß Menschen einsichtsfähig sind, dann darf ich nicht öffentlich tätig sein und muß mich in meine eigenen vier Wände zurückziehen, um meine private Misanthropie zu pflegen. Aber die Grundüberzeugung, die man als aufgeklärter Mensch, als Christ und als Demokrat haben muß, daß Menschen sich ändern können und aus eigenem Fehlverhalten Konsequenzen ziehen, halte ich für notwendig, für eine demokratische Gesellschaft sogar überlebensnotwendig.

W.W.: Wie sollte Ihrer Meinung nach ein durch das Stasi-System schuldig gewordener Mensch seine Schuld wiedergutmachen? Auf welche Weise sollte er persönlich auf diejenigen zugehen, die er verraten hat?

W. Thierse: Ich fand es immer sehr überzeugend, oft auch zutiefst bewegend, wenn ehemalige Spitzel zu denjenigen gegangen sind, die sie bespitzelt haben, ihnen ihre Taten zu erklären versucht haben und sich der Kritik gestellt haben. Und oftmals blieb es natürlich nicht bei der

Kritik, sondern es kamen ihnen heftige Vorwürfe und große emotionale Anklagen entgegen. So etwas zu ertragen war trotz ihrer Schuld sicherlich alles andere als einfach. Aber dieser Kritik haben sich nur wenige gestellt.

Die meisten waren dagegen immer wieder mit derselben Ausrede beschäftigt: Ich habe niemandem geschadet. Viele haben auch behauptet, daß sie zu ihrer Spitzeltätigkeit gezwungen worden seien, obwohl nachgewiesen ist, daß nur eine Minderheit zu diesen Taten gezwungen wurde. Meist war es eine Mischung aus Wichtigtuerei, Verführung und Ausnutzung einer problematischen privaten Situation. Oft spielten bei den Spitzeln auch Karriere- und Reisewünsche eine Rolle, also Teilnahme an Privilegien, die andere nicht hatten. Das sind natürlich keineswegs edle Motive, um es freundlich auszudrücken.

Die Schuld wiedergutmachen kann man also, indem man zu den Opfern der eigenen Bespitzelung hingeht und sich der Anklage und Kritik stellt. Zweitens sollte sich ein solcher Mensch mit öffentlichen Ansprüchen zurückhalten. Mich hat es immer sehr irritiert, daß es Menschen gibt, die als Stasi-Spitzel überführt worden sind, die aber keine Pause in ihrem öffentlichen Auftreten, in ihrer öffentlichen Wirksamkeit eingelegt haben. Solche Menschen sollten sich zurückhalten und bekunden: Ich habe einmal Macht über Menschen gehabt und sie mißbraucht. Dieses Kapitel ist jetzt für mich zu Ende, und ich habe keinen moralischen Anspruch mehr darauf, in der Öffentlichkeit zu wirken oder Vorgesetzter von Menschen zu sein.

Eine derartige Zurückhaltung war allerdings eher die Ausnahme, auch wenn manche Menschen so gehandelt haben. Natürlich müssen die Menschen weiterleben, einen Beruf ausüben, und wir haben schließlich nicht gesagt: Stasi ins Gefängnis, Stasi in die Wüste, sondern Stasi in die Produktion. Sie sollten leben und arbeiten können wie andere Menschen auch. Aber sie sollten keine Privilegien bekommen und keinerlei Chance, irgendeine Macht über andere Menschen auszuüben.

Voyeurismus

W.W.: War das Geflecht der Stasi-Spitzeleien auch so mit den Bürgerinnen und Bürgern der DDR verstrickt, daß man vielfach unschuldig schuldig wurde, aus purer Vermutung Menschen als Stasi-Spitzel verdächtigte und sie so in die Isolation trieb?

W. Thierse: Auch das hat es gegeben. Mittlerweile hat sich die Atmosphäre beruhigt, aber Anfang der 90er Jahre spielten diese Themen in der Öffentlichkeit eine viel größere Rolle. Manche Medien haben dieses Kapitel unserer Geschichte zu unschönen Geschichten über Feigheit und Verrat vermarktet. Nichts war schöner als Entlarvungsgeschichten! Der wohlsituierte und gesättigte Bürger des Westens konnte sich daran weiden, wie andere Menschen Verrat geübt, sich angepaßt haben und schlichtweg feige waren. Hier ist sicherlich manchem Unrecht geschehen, weil sich einzelne Betroffene in der öffentlichen Atmosphäre der Anklage nicht richtig erklären konnten. Sie wurden verdächtigt, hatten aber keine richtige Chance, sich, ihr Leben und ihre näheren Umstände darzustellen. Deswegen sollte man immer Behutsamkeit walten lassen zwischen der Aufdeckung dessen, was wirklich gewesen ist, und einer überzogenen öffentlichen Anklage oder gar einer öffentlichen Hinrichtung. Leider kam dieses Medienspektakel vor, aber lediglich mit dem Ziel, die eigene Auflage zu erhöhen und den politisch-moralischen Voyeurismus Unbeteiligter zu befriedigen.

Einladung zum Verzeihen

W.W.: Gibt es auch das umgekehrte Verhältnis: Ein durch das System Getriebener ist vielfach schuldig geworden, hat seine Schuld eingesehen, hat alles dafür getan, auf seine Opfer zuzugehen - aber diese verzeihen nicht und werden dadurch ihrerseits schuldig?

W. Thierse: Da wäre ich ganz vorsichtig. Verzeihen kann nur das betreffende Opfer. Versöhnung ist nicht etwas, das man öffentlich deklarieren kann, sondern sie findet zwischen individuellen Menschen statt. Man kann eine öffentliche Atmosphäre schaffen, in der Versöhnung und Verzeihen erleichtert werden, aber der erste und wichtigste Schritt muß immer von demjenigen ausgehen, der schuldhaft tätig gewesen ist. Auch gibt es kein Verzeihen auf Vorschuß. Ich glaube nicht, daß man einem Menschen, der nicht verzeihen kann, weil er vor seinem durch Verrat zerstörtem Leben steht, vorwerfen kann, daß er nun seinerseits schuldig wird. Soll man sich als Richter über jemanden erheben, dessen Leben wirklich zerstört worden ist? Vielleicht kann er sich aus seinem Unglück nicht befreien. Man kann ihn einladen, um Versöhnung bitten, und sicherlich ist es für ihn ein heilsamer Vorgang, sich von der eigenen elenden Opfergeschichte zu befreien, wenn er verzeihen kann. Aber es muß als Einladung verstanden werden, nicht als Forderung oder Zwang. Es ist eine Chance.

Entschuldigung kann nur der andere gewähren

Wir haben im deutschen Sprachgebrauch ein Problem durch das Wort Entschuldigung. Man kann sich selbst nicht entschuldigen. Man kann um Verzeihung und um Entschuldigung bitten, aber die Entschuldigung selbst kann immer nur der andere gewähren. Diese Freiheit obliegt dem Opfer. Wenn es zur Versöhnung bereit ist, ist das ein großer Schritt, der das Opfer sicherlich auch aus der eigenen Schicksalsverstrickung befreien kann. Manchen Menschen gelingt dies, aber das ist individuell verschieden.

Diese individuelle Ebene sollte man auf jeden Fall von der gesellschaftlichen Ebene - dem kommunistischen Unterdrückungssystem - unterscheiden. Gesellschaftlich war und ist die radikale Aufklärung nötig, damit wir verstehen, was in diesem System geschehen ist und was die ideellen und politisch-moralischen Voraussetzungen dieser Diktatur gewesen sind. Nur so kann man die Mechanismen verstehen. Ich persönlich habe bei der Betrachtung der Individuen viel eher zur Großzügigkeit geneigt. Trotzdem sehe ich, daß andere nicht entsprechend großzügig sein können. Wenn man aber zu dieser Großzügigkeit neigt, prägt man den Schuldigen nicht das Kainsmal von kommunistischer Schuld für alle Zeiten auf die Stirn. Ich persönlich kann diese Großzügigkeit gewähren, weil ich weiß, daß die Geschichte letztlich gut ausgegangen ist.

Wir können doch großzügig sein

Ich werde niemals ein Gespräch mit Adam Michnik, dem wunderbaren polnischen Dissidenten, vergessen. Wir sprachen Anfang der 90er Jahre über die Unterschiede im Umgang mit der Vergangenheit Polens und der DDR. Und er sagte: „Warum sollen wir die Schuldigen verfolgen? Wir haben doch gesiegt! Da können wir doch großzügig sein!" Als er das sagte, hatte ich unmittelbar das Gefühl, daß man die Vergangenheit in Polen anders bewältigt. In Ostdeutschland haben nur wenige Menschen das Gefühl, daß sie gesiegt haben. Ich aber trage in mir noch heute ein Gefühl von Befreiung und historischem Glück, und wenn man in einer solchen Verfassung ist, hat man auch die Neigung zur Großzügigkeit.

In meinen Stasi-Unterlagen habe ich nur Überraschungen entdeckt. Menschen haben für mich zu meinen Gunsten gelogen, daß sich die Balken bogen. Als ich das las, habe ich immer wieder laut gelacht und mich gefreut. Das ist doch wunderbar! Selbstverständlich weiß ich, daß es auch andere Geschichten gibt. Aber die habe ich bisher noch nicht gelesen.

Je länger man sich mit der persönlichen Bespitzelung beschäftigt, desto mehr kleinere Enttäuschungen erlebt man natürlich, weil immer mehr Menschen offenbar werden, die auch Spitzel waren. Das betrübt einen vor allem bei solchen Menschen, mit denen man in einem engeren Vertrauensverhältnis stand.

W.W.: Können Sie ein Beispiel nennen, auf welche Weise Bekannte positiv für Sie gelogen haben?

W. Thierse: Ich habe in meinen Stasiunterlagen z.B. gefunden, wie meine Nachbarn in meinem Haus über mich ausgefragt wurden. Und diese Nachbarn haben immer nur gelogen und wunderbare Geschichten über uns erzählt. Darüber habe ich mich ungeheuer gefreut und gedacht: Schön, solche Nachbarn zu haben! Man fragte sie aus, und sie haben nichts als Nettigkeiten über uns erzählt.

W.W.: Sind Sie Ihrerseits auch auf diejenigen zugegangen, die Sie bespitzelt haben?

W. Thierse: Nein, ich habe nichts dergleichen unternommen. Warum sollte ich mich an sie wenden? Ich kenne die Grundmuster dieser Gespräche. Diese Menschen würden sich nur herausreden. Im großen und ganzen habe ich das Gefühl, daß ich aus dieser Diktatur glücklich herausgekommen bin. Wenn ich mir dagegen vorstelle, wie es mir jetzt ginge, wenn es die DDR noch gäbe, so ist das dagegen eine äußerst greuliche Vorstellung. Insofern kann ich sagen, daß ich eine glückliche Explosion meiner Lebensmöglichkeiten erfahren habe. Deshalb kann ich auch großzügig sein.

Verantwortlich sein wollen

W.W.: In welcher Weise sehen Sie eine Schuld der westlichen Industrienationen, der Global players und der Menschen der westlichen Nationen an dem Elend der Menschen in den ärmeren Ländern?

W. Thierse: Ihre Frage suggeriert schon eine Antwort. Wir im reichen Norden sind durchaus in der Weise schuldig, daß wir die begrenzten Ressourcen weltweit in einer Weise ausbeuten, die den Menschen des Südens nicht die gleiche Chance läßt. Hier werden wir durch Unterlassen schuldig, indem wir wahrlich nicht genügend tun, um die anderen Teile der Welt so zu entwickeln, daß sie einigermaßen erträglichen Wohlstand bekommen, elementare menschliche Sicherheit erleben, frei von nacktester Armut und entsetzlichster Not sind. Dieses Schuldverhältnis hat mit Tun und Unterlassen zu tun. Natürlich füge ich hinzu, daß es keineswegs so leicht ist, die Form der Politik und Wirtschaft zu verändern, wie es die moralische Forderung gebietet. Das ist unser großes Problem. Aber daß unsere Weltwirtschaftsordnung nicht sehr gerecht ist, ist ohne weiteres sichtbar. Daß die reichen Länder ihre Interessen energisch verteidigen, ist nicht das größte Problem; problematisch wird es erst dann, wenn sie ihre Machtvorteile so massiv einsetzen, daß die anderen keine Chance mehr bekommen.

W.W.: Nehmen wir an, wir kaufen eine Tafel Schokolade, für die Kindersklaven auf Kakaoplantagen in Afrika schuften mußten. Haben wir dann schuld, z.B. weil wir keine Transfair-Schokolade gekauft haben?

W. Thierse: Das ist schwierig. Schuldhaftes Verhalten setzt immer voraus, daß ich ein Bewußtsein von den möglichen Folgen und von Handlungsalternativen habe. Um bei diesem Beispiel zu bleiben, setzt schuldhaftes Verhalten voraus, daß man weiß, woher der Kakao für die Schokolade kommt und unter welchen Bedingungen Kakaobohnen auf den Plantagen geerntet werden. Selbstverständlich sollte ich mir dieses Wissen aneignen, und wenn ich alle Bedingungen kenne, habe ich Konsequenzen daraus zu ziehen. Wem es allerdings in Deutschland schlecht geht, der wird weniger Interesse haben, sich ein solches belastendes Wissen anzueignen, und der wird auch vielleicht nicht die wirtschaftlichen Möglichkeiten haben, die etwas teurere Transfair-Schokolade zu kaufen. Aber diejenigen, denen es besser geht, die haben diese Chancen, und sie sollten ihre Konsequenzen daraus ziehen.

Zu dem Thema Schuld gehört ein Grundmuster, das sich in den schönen Satz kleidet: Schuld sind immer nur die anderen! Schuld ist das System, schuld sind die da oben, schuld sind die Verhältnisse - niemals ist man selbst verantwortlich. Das ist die Grundhaltung der meisten Menschen. Man muß aber verantwortlich sein können und sein wollen. Die Schuld auf die anderen oder auf die Politik zu schieben, ist eine Form der Entmoralisierung des eigenen Verhaltens.

Deshalb muß man Verantwortung haben wollen, und gleichzeitig müssen die äußeren Bedingungen so sein, daß man diese Verantwortung auch ausüben kann. Wenn man alle moralisch relevanten Entscheidungen auf andere abwälzt, so kann das letztlich auch zu Schuld führen. Einfach nur zu sagen, daß man nichts zur Verbesserung der Weltverhältnisse beitragen kann, ist zu einfach. Jeder kann etwas genauer hinschauen, welche Lebensmittel er einkauft und unter welchen Bedingungen diese hergestellt worden sind. Besonders dann, wenn man nicht zu den Ärmsten gehört, muß man nicht immer das Billigste kaufen. Einem Armen kann ich nicht vorwerfen, daß er immer nur das Billigste kauft, aber wenn ich die Voraussetzungen habe, mich anders entscheiden zu können, dann sollte ich mich auch moralisch entscheiden.

W.W.: Wie kann man es als einzelner Bürger lernen, mehr Verantwortung für im Elend lebende Menschen zu ergreifen?

W. Thierse: Damit sprechen Sie die Erziehung an, in der Familie, in der Schule, in der Gesellschaft. Ein Teil dieser Erziehung muß auch moralische Erziehung sein. Dabei sollte es nicht um die äußeren Karriereabsichten gehen, genausowenig um den Dualismus Gut und Böse. Auf der einen Seite gibt es moralische Qualitäten, auf der anderen Seite können diese aber auch mißbraucht werden. Wenn z.B. der amerikanische Präsident ganze Länder in eine Achse des Bösen einordnet, dann werden diese moralischen Kategorien mißbraucht. Das ist eine falsche Moralisierung von Politik.

Zutiefst barbarisch

Interview mit Gore Vidal

von Katharina von Bechtolsheim

Gore Vidal, *Geburtsname Eugene Luther Vidal, geb. 1925 in Westpoint, New York. US-amerikanischer Schriftsteller, Historiker und Drehbuchautor. Herkunft aus einer der politisch einflußreichsten Familien der USA, verwandt mit Al Gore. Gore Vidal, produktiver, vielseitiger Enkel des Senators Thomas Pryore Gore, bezeichnet sich heute als „das schwarze Schaf des Gore-Clans".*

Studium an der Philips Exeter Academy, 1945 Stabsobermaat in der US-Army, 1948 ausgedehnte Europareise, seit 1950 Hollywood-Drehbuchautor, („Ben Hur", „Caligula", „The Best Man", „Billy the Kid" u.v.a.), Theaterautor („Visit to a Small Planet" u.a.). Seit Mitte der 50er Jahre aktives Engagement in der Politik der Vereinigten Staaten: Redenschreiber für John F. Kennedy, 1960 Kandidatur für Kongreßsitz mit der Forderung der Anerkennung der Volksrepublik China,

1970 Mitgründung der „People's Party", 1982 Antritt zu den Vorwahlen für den kalifornischen Senat und Positionierung auf Platz 2. Seit 1960 Veröffentlichung von 20 historischen Romanen, u.a. über Julian Apostata, Xerxes, Lincoln und Burr. Neuere Buchveröffentlichungen: „American Plastics" (1986), „Screening History" (1992), „The Golden Age" (2000), „Perpetual War for Perpetual Freedom" (2002), „Dreaming War. Blood for Oil" (2003) u.v.a. Gore Vidal lebt zur Zeit in Italien und Los Angeles. Er ist profilierter Kenner und scharfer Kritiker der US-amerikanischen Sicherheits- und Außenpolitik.

Die Vehemenz, mit der die Bush-Administration nach dem 11. September 2001 ohne nachvollziehbare Beweisführung Beschuldigungen in den Raum stellte, aus denen zwei Kriege erwuchsen, das rasende Tempo, in dem Institutionen, die über Schuld und Unschuld, Recht oder Unrecht entscheiden, übergangen, ausgeschaltet oder mißachtet wurden, die Leichtigkeit, mit der Gesetzespakete durch den Kongreß gingen, die der „Sicherheit" Vorrang gegenüber der „Freiheit" einräumen, hinterließen bei vielen Menschen ein Gefühl der Ohnmacht, lösten Protest aus, Empörung und Erschütterung.

Die Doktrin des Präventivkriegs, die Gore Vidal in diesem Interview die „Doktrin des perfekten Bösen" nennt, stülpt die Schuldfrage völlig um: ein Kriegsschuldgrund muß nicht mehr vorliegen, der Erstschlag rechtfertigt sich mit diffusen Anklagen.

Bereits kurze Zeit nach dem 11. September wurde über Nacht der „Patriot Act I" verabschiedet (**P**roviding **A**ppropriate **T**ools **R**equired to **I**ntercept and **O**bstruct **T**errorism Act), ein Gesetzespaket, das 2003 durch den geplanten Patriot Act II (noch nicht verabschiedet) erweitert wurde und das die Freiheits- und Bürgerrechte von US-Bürgern und Ausländern stark beschneidet, indem es die Justiz einschränkt und der Regierung zubilligt, über Schuld und Unschuld zu entscheiden. Streng genommen beschuldigt die US-Regierung in beiden Acts jede Organisation, jeden Bürger, jeden Einwanderer, jeden Ausländer und jeden Touristen des potentiellen Terrorismus und befugt sich und die Organe der Staatssicherheit u.a., unbegründete Inhaftierungen vorzunehmen, US-amerikanische Staatsbürger auszubürgern, Hausdurchsuchungen, Personenüberwachung, Datenverwertung und DNA-Proben ohne richterlichen Beschluß durchzuführen. Paragraph 103 des Patriot Act II erlaubt der Regierung, das Kriegsrecht ohne Kongreßbeschluß anzuwenden, Paragraph 205 gewährt Regierungsmitgliedern, wirtschaftliche Transaktionen geheimzuhalten. In fast allen Paragraphen verstößt dieses Gesetzespaket gegen die „Bill of Rights", die Zusatzartikel zur US-amerikanischen Verfassung, die die Grund- und Menschenrechte des Individuums sichern – und deren Aushöhlung Gore Vidal seit über zehn Jahren scharf anprangert.

Gore Vidal, scharfzüngiger Kritiker der US-Außen- und Sicherheitspolitik, taucht in seinen Aussagen und Schriften, wie er sagt, die Ereignisse der Zeitgeschichte in ein analytisches Säurebad, um die „imperialen Glanzschichten" aufzulösen.

Der Historiker, Drehbuchautor, Theaterschriftsteller und Journalist verfolgt das „politische System" der US-Regierung seit über 50 Jahren und lastet der Bush-Administration in diesem Interview wirtschaftliche Habgier, Imperialismus, menschen- und staatsfeindliche Unrechtmäßigkeit, Betrug, Barbarei, Krieg gegen die Bürger der eigenen Nation und Vernachlässigung der Fürsorgepflicht im eigenen Land an.

Er sucht die Ursachen vor dem Civil War und in den frühen Anfängen der Nachkriegszeit des Zweiten Weltkriegs, beleuchtet die eschatologische, religiöse Haltung in den USA genauso wie den verheerenden Zustand der US-Bildungspolitik und die Macht der korrumpierten Medien.

Das Interview fand am 4. Oktober 2004 statt, also wenige Wochen vor der letzten US-Präsidentschaftswahl, die George Bush erneut ins Amt gehoben hat.

Katharina von Bechtolsheim: Sie beschäftigen sich intensiv mit dem Thema Ursache und Wirkung, auch im Hinblick auf die augenblickliche Weltlage. Spielt hier für Sie der Begriff der Schuld eine Rolle? Was ist für Sie Schuld – und relativiert sich Schuld, wenn die Tat eine Reaktion auf eine Kränkung oder Verletzung ist?

Gore Vidal: Was ist Schuld? Schuld hängt immer mit der Absicht zusammen, die hinter einer Tat steckt. Schuld ist ein Begriff, mit dem die Menschen heute inflationär umgehen.

Wenn ich auf mein Leben schaue, finde ich kaum ein Ereignis oder eine Tat, das bzw. die in mir Schuldgefühle auslöst. Auch anderen gegenüber fühle ich mich eher in meinen Taten und Worten mißverstanden, als daß ich andere schuldig spreche. Mich selbst könnte ich für das eine oder andere ohrfeigen – aber die Frage nach Schuld ist sehr komplex. Ich habe ein ernsthaftes Problem mit diesem Begriff. Schuld hat strenggenommen immer eine religiöse Dimension. Und ich muß sagen, ich bin nicht nur Atheist, sondern mir fehlt auch jede religiöse Veranlagung.

Wenn ein Mensch irgendeinen Fehler begangen hat, etwas falsch gemacht hat, dann ist das für mich einzig und allein eine Frage der Ethik. Nennen Sie es Schuld; ich möchte diesen Begriff gar nicht in den Mund nehmen. Es widerstrebt mir, zurück in den Garten Eden zu spazieren.

Doktrin des perfekten Bösen

K.v.B.: Gut, wir werden uns dennoch sicher immer wieder begrifflich einigen können, auch in den folgenden Fragen.

Wenn Sie die augenblickliche Außenpolitik der Bush-Administration in Augenschein nehmen, finden Sie eine Anhäufung von offensichtlich ganz gezielt beabsichtigten Rechtsverstößen, von menschlicher und politischer Unrechtmäßigkeit. Welcher wiegt für Sie am schwersten?

G. Vidal: Das ist für mich eindeutig die Doktrin des Präventivkriegs. Das ist eine Doktrin des perfiden, des perfekten Bösen. Sie rechtfertigt alles, jede Form der Gewalt, die unmenschlichsten Morde, die unrechtmäßigsten Kriege. Die gesamte US-amerikanische Nation steht wie unter dem Fluch dieser Doktrin.

Einer unser größten Generäle und gleichzeitig einer unserer schlechtesten Präsidenten, General Grant, hat als junger Offizier 1846 von Westpoint aus vollbewußt und mit dem Ziel, Kalifornien einzunehmen und es der Union einzuverleiben, Mexiko den Krieg erklärt. Der Krieg begann. Kalifornien und eine Handvoll anderer Staaten wurden eingenommen. General Grant schrieb dann später in seinen Memoiren: „Ich betrachte den Krieg gegen Mexiko nach wie vor als einen zutiefst teuflischen Krieg einer starken Nation gegen eine schwächere. Bisher kannten wir diese Vorgehensweise nur von den Europäern. Amerika hat nie so gehandelt. Ich glaube, daß Nationen und Individuen dafür werden büßen müssen. Und ich bin der festen Überzeugung, daß der Bürgerkrieg unsere rechtmäßige Strafe war." Worte eines großen Mannes.

K.v.B: Und in der Gegenwart: Wo stehen die USA in dieser Hinsicht?

G. Vidal: Nun, der Krieg gegen Mexiko war nichts im Vergleich zu dem, was wir heute im Mittleren Osten anrichten. Alles um des Öls willen. Das Motiv ist Habgier. Wir machen uns an Staaten, an Menschen, an Nationen schuldig, um diesen Begriff zu gebrauchen. Auch der Iran ist im Visier. Und wenn es irgendwann einen Gegenschlag für all unsere Vergehen geben wird, dann wird er immense Ausmaße haben.

K.v.B: Ich werde darauf zurückkommen. Neben der politischen Schuld - ich nenne das jetzt so - macht sich die US-Regierung der arabischen Welt gegenüber spätestens seit dem Zusammenbruch des Sowjetimperiums schuldig, indem sie deren kulturelle Identität mit Füßen tritt, deren Religion dämonisiert, plumpe Feindbilder schafft und ihre Kulturgüter vernichtet, wie das in Bagdad geschehen ist: Die Museen wurden geplündert, und die Dokumente einer jahrtausendealten Kultur wurden hinweggefegt. Geht es wirklich nur um Öl?

Zutiefst barbarisch

G. Vidal: Öl spielt eine große Rolle, das wissen Sie so gut wie ich. Dennoch: Wir haben es mit einer angelsächsischen Haltung zu tun, einer Attitüde. Durch unsere Adern fließt schon lange kein angelsächsisches Blut mehr - aber die Attitüde pflegen wir intensiv. Wir benehmen uns ununterbrochen barbarisch. Es gibt kein treffenderes Wort dafür.

Es begann damit, daß die Angelsachsen das Römische Reich bekämpften - dort herrschte Zivilisation -, und seither treiben wir dieses barbarische Spiel unaufhaltsam weiter. Natürlich haben sich die Europäer im letzten Jahrhundert auch barbarisch benommen. Aber bei den Vereinigten Staaten finden Sie eine Art von mittelmäßigem christlichem plattem Zorn und Haß auf jede Art von hochentwickelter Zivilisation: „Gott mit uns! Und nur mit uns!" wird da gebrüllt.

Ich habe bei den US-amerikanischen Soldaten und bei der Regierung wahrgenommen, wie sie wirkliche Wonnegefühle, wirklichen Genuß dabei empfanden, als all diese Kulturgüter vernichtet wurden, als das Museum in Bagdad geplündert wurde. Sie haben es genossen, eine Zivilisation zu eliminieren - weil sie sie einfach nicht brauchen können. „Das brauchen wir nicht. Was wir brauchen, ist Öl! Wenn es uns paßt, können wir jederzeit jedes Museum abfackeln. Wem nutzt dieser Kram hier? Damit kann ich mein Auto nicht tanken. Weg damit." Das ist eine zutiefst barbarische Haltung.

Wir katapultieren uns nach 250 Jahren mehr oder weniger hochentwickelter Zivilisation zurück ins Jenseits. Politisch verfahren wir, als wären wir im Bronzezeitalter. „Ihr habt Gold, Ihr habt Silber, Ihr habt Zinn, Ihr habt Öl...wir wollen alles haben, haben, haben! Ist alles unseres!!!

Gott sagt das: Es ist unser!“ Und so wird Gott zur übergeordneten Rechtfertigung, alles an sich zu reißen.

K.v.B.: Eine derartige Demütigung wird doch Konsequenzen nach sich ziehen, Racheakte...

G. Vidal: ...worauf Sie Gift nehmen können.

K.v.B.: Und das geschieht ja auch schon.

G. Vidal: Das braucht niemanden zu erstaunen. Actio gleich Reactio. Dieses physikalische Gesetz bewahrheitet sich immer wieder.

K.v.B.: Damit sind wir wieder nahe am Schuldbegriff. Noch einmal zu den Racheakten und Vergeltungstaten. Es kann eigentlich kaum angehen, daß die US-Regierung sich nicht klar darüber ist, daß ihre Actio eine Reactio hervorruft. Rechnet sie mit diesen Vergeltungstaten? Ist das Teil eines politischen Kalküls?

G. Vidal: Ganz offensichtlich nicht. Aber da rumort noch eine andere Sache in der US-amerikanischen Psyche: das Ende der Welt, der Weltuntergang. Das Reich Gottes ist nah. Und alle bösen Menschen fahren zur Hölle, die Guten aber werden ins Himmelreich aufgenommen. Der Planet Erde hat ausgedient, Schluß mit ihm. Also - was soll's, die Erde ist egal. Sie ist nur ein Übergangsort, ein Stadium zwischen dem, wo auch immer wir herkommen, und dem, wo auch immer wir hingehen. US-amerikanische Menschen sind ganz offensichtlich die Guten, insofern ist klar, wo sie hingehen. In Amerika finden Sie einen ganzen Sack voller eschatologischer Gefühle.

Und das ist eine enorme Gefahr. Dieser Gefahr müssen wir ins Auge schauen.

Ein Haufen ungebildeter, unkultivierter Geisteskranker, die sich eher wie Tiere gebärden als wie Menschen - auch wenn sie die anderen für Tiere halten und sich für die Auserwählten - lebt in der Überzeugung, daß es mit der Welt, mit der ganzen Welt bald zu Ende ist. Wissen Sie, das sind Menschen, die eher Selbstmord begehen würden, als auf Diesel oder Benzin für's Auto zu verzichten. Oder nein: Eher noch würden sie alle anderen umbringen. Hirne, die so denken, Menschen, die so fühlen, sind gemeingefährlich. Das erleben wir ja nun.

„Man vergreift sich nicht ungestraft an uralten Kulturen“

K.v.B.: Wo wird diese Haltung hinführen?

G. Vidal: Sie können diverse Szenarien entwerfen. Sie sprachen selbst von Racheakten, von Vergeltung. Nehmen Sie den Iran. Der Iran ist eine der ältesten Kulturen der Welt. Das sind beileibe keine Wilden. Und sie sind nicht wirklich Muslime. Sie sind Zoroastriker. Es ist sehr, sehr unklug, den Iran ins Visier zu nehmen. Sagen wir, New York oder Washington könnte mit einem Schlag in die Luft fliegen. Und wenn dieser Flächenbrand um sich greift, kann die ganze Welt ausgelöscht werden.

K.v.B: Wieso halten Sie gerade den Iran einer solchen Tat für fähig?

G. Vidal: Wie ich bereits sagte: Man vergreift sich nicht ungestraft an uralten Kulturen. Und dort gibt es Atomwaffen.

Bin Laden – eine Sache für Interpol

K.v.B: Hat die Welt- und Staatengemeinschaft nach dem 11. September 2001 irgendeine Unterlassungssünde begangen? Was hätten andere Staaten tun können, das sie nicht getan haben?

G. Vidal: Ich hätte nicht erwartet, daß es so viele Staaten gibt, die zustimmen, daß Afghanistan und Irak hochgejagt werden, obwohl die angeblichen Gründe dafür nie nachgewiesen werden konnten. Alles, worauf man sich als Kriegsgrund berief, war Lüge, aus der Luft gegriffen – und das war viel mehr Staaten und Institutionen bekannt als denen, die sich irgendwie zu Wort meldeten.

Eigentlich wäre die ganze Bin-Laden-Angelegenheit eine Sache für Interpol gewesen, eine Angelegenheit der Polizei, nichts anderes. Darauf hätte man viel eindringlicher bestehen können. Wie viele Nationen stimmten ein in das Geheul, die gesamte US-amerikanische Nation, die gesamte westliche Welt sogar befände sich im Krieg durch diesen Anschlag! Das ist Humbug. Sie können den Anschlag mit einem Mafia-Anschlag vergleichen; wenn auch mit größerem symbolischem Wert! In diesem Fall handelte es sich um eine internationale Gruppe, also hätte die internationale Polizei die Sache in die Hand nehmen sollen.

Man hätte sich weigern können, das Wort Krieg in den Mund zu nehmen, und man hätte sich vehement dagegen wehren können, unschuldige Länder anzugreifen.

Aber in ganz Asien und ganz Europa wurde nicht wirklich intelligent, nicht wirklich aufrecht argumentiert. Auch in Deutschland nicht. Natürlich behauptete man, den Krieg gegen den Irak nicht zu befürworten – aber: Hat es viel genutzt? Nein. Wenn eine Regierung eine ganze Nation hinter sich hat, kann sie sehr viel erreichen, sehr viel sagen, sehr viel tun. Sehr viel sicherer und entschiedener auftreten, als das geschehen ist.

Und was Tony Blair angerichtet hat, ist nun wahrlich beschämend, demütigend - für die ganze Welt. Darüber brauchen wir gar nicht zu sprechen, das ist der reine Hohn.

Weltkenntnis ist militärischen Machtimpulsen im Weg

K.v.B: Lassen Sie uns auf Amerika selbst schauen. Es gibt Hunderttausende denkfähiger, kritischer Menschen in den USA.

G. Vidal: *(lacht)*

K.v.B.: Sie lachen! Ist dem nicht so?

G. Vidal: Stellen Sie ruhig Ihre Frage.

K.v.B.: Wer ist eigentlich schuld daran, daß immer noch ein Großteil der US-amerikanischen Nation diese Politik unterstützt? Ist das geschürte Angst?

G. Vidal: Mit Sicherheit. Aber eine schwerwiegende Rolle, was die „denkfähigen Menschen" betrifft, wie Sie sie nennen, spielt in den USA das Bildungssystem. Es gibt eigentlich kein wirklich ernstzunehmendes Bildungssystem. Sehen Sie, in den Schulen wird kein Geographieunterricht erteilt. Deswegen weiß keiner, wo sich was befindet. Iran, Irak, Afghanistan, das sind alles weiße Flecken für die Menschen. Und so lassen sich die weißen Leinwände leicht mit platten Bildern bemalen. Das scheint zu funktionieren!

K.v.B.: Das kann ich kaum glauben - übertreiben Sie da jetzt nicht ein bißchen? Gibt es wirklich keinen Geographieunterricht in den Staaten?

G. Vidal: Ich weiß sehr wohl, was ich sage. Bis etwa 1950 wurde Geographie unterrichtet, dann nicht mehr.

K.v.B.: Seit Truman also?

G. Vidal: Exakt.

K.v.B: Gezielt? Hat das Methode?

G. Vidal: Das nehme ich an. Weltkenntnis und Kultiviertheit sind reinen Machtimpulsen und militärischen Zwecken ohnehin im Weg.

Es gab vor kurzem eine statistische Erhebung, eine Umfrage. Man setzte erwachsenen Menschen einen Globus vor die Nase, alle Kontinente und Inseln waren zu sehen, jedoch nur als Topographie, ohne Länder- und Staatennamen. Und man fragte die US-amerikanischen Erwachsenen: „Können Sie uns zeigen, wo die Vereinigten Staaten sind?" Eine Großzahl der Leute deutete auf Panama, ein erheblicher Anteil wußte sich überhaupt nicht zurechtzufinden, die wenigsten konnten ihren eigenen Staat, geschweige denn die USA identifizieren. Ein enormes Ausmaß an Ignoranz also. Wie wollen Sie angesichts eines so großen Unwissens von wirklicher Kultur sprechen? Wie wollen Sie da Verständnis für andere Kulturen heranbilden?

Unsere Universitäten sind ziemlich gut, aber unsere öffentlichen Schulen sind miserabel. In Georgia gibt es z.B. eine ganze Menge großer Universitäten. Dort hat der Staat die Entwicklungslehre von Darwin aus dem Universitätslehrplan gestrichen. Später wurde dann die darwinistische Evolutionstheorie erlaubt, aber nur, wenn gleichzeitig die Schöpfungsgeschichte gelehrt würde. Das ist zutiefst beschämend. Sogar Jimmy Carter, der ja nun wirklich einer unserer „Jesus-Christus-Präsidenten" war, war entsetzt darüber. Nun ja, Carter ist Wissenschaftler, das mußte ihm einfach gegen den inneren Strich gehen. Er ist ein kluger Mann.

Korrumpierte Medien

K.v.B.: Welche Rolle spielen die Medien? Wieviel Schuldanteil geht auf ihr Konto?

G. Vidal: Die Medien spielen eine gigantische Rolle. Die Medien sind völlig korrumpiert. Sie geben die Meinung der Regierung wieder, nichts sonst - und dahinter stehen wiederum Medienkonzerne, die mit der Regierung unmittelbar verquickt sind.

Ich habe am eigenen Leib erfahren, daß einem schlichtweg der Ton abgeschnitten wird, wenn man nicht die vorherrschende Meinung vertritt. In einem Interview gab es, als ich auf einen sensiblen Punkt zu sprechen kam, plötzlich einen technischen Defekt. Dies passierte mir später noch einige Male. Das geht dann so weit, daß man die wenigen kritischen Menschen überhaupt nicht mehr zu Wort kommen läßt. Ihre Artikel werden nicht gedruckt, ihre Veranstaltungen werden ignoriert oder boykottiert, ihre Sendungen werden nicht ausgestrahlt. Das Volk soll gar nichts wissen. Man kann eigenständig denkende Menschen überhaupt nicht gebrauchen.

Patriot Act – Krieg gegen Individuen und Bürgerrechte

K.v.B.: Inwiefern vergreift sich die Regierung an den Individuen ihres Landes, indem sie die Bürgerrechte beschneidet und solche Dinge ins Leben ruft wie den Anti Terrorism Act und den Patriot Act? Verstößt das nicht alles gegen die Bill of Rights?

G. Vidal: Wissen Sie, der Durchschnittsbürger weiß nichts von der Bill of Rights und hat solche Namen wie Jefferson nie gehört oder weiß nur ganz vage irgend etwas über sie. Es wird sehr wenig gelesen in den USA. Ich gebe hin und wieder Schriften zu diesem Thema heraus. Aber es ist äußerst schwierig, Verständnis dafür zu schaffen.

Wenn die US-amerikanischen Bürger die Bill of Rights nicht kennen, bemerken sie doch auch überhaupt nicht, daß sie nach und nach außer Kraft gesetzt wird. Es wird eine Bedrohung von außen suggeriert. Das gibt Gelegenheit, die Menschen in ihren Rechten und Freiheiten zu beschneiden, und wenn man es richtig verkauft, lieben die Menschen sie hinterher sogar dafür, weil sie denken, es geschieht zu ihrem Schutz.

Auch hier finden Sie das Jahr 1950 als Schlüsseljahr.

K.v.B. : Wieder Truman?

G. Vidal: Ganz genau, wieder Truman. Seit 1950 werden beständig Kriege geführt. Das kündigte sich bereits im Sommer 1945 an, als Truman den Kongreß dazu aufrief, einem Programm universaler Militärschulung zuzustimmen. Das war bereits in Zeiten des Friedens, bedenken Sie! Und schon im Frühjahr 1946 wurde der deutsche Sektor wiederbewaffnet. Truman ermutigte die Franzosen, Indochina wieder zu kolonisieren, und mischte sich militärisch in China und Südkorea ein. Von da an begann man, die Bill of Rights zu korrumpieren. Anderen Staaten wurde der Krieg erklärt - aber nicht nur das: Man erklärte den Bürgern der Vereinigten Staaten den Krieg, indem man einen Nationalen Sicherheitsstaat ausrief.

Und man führt noch heute Krieg gegen die amerikanische Bevölkerung. Man kann sie einfach nicht gebrauchen - und man kann sie nicht leiden. Man hält sie für Idioten. Es werden enorme Steuern erhoben, und die Bürger bekommen rein gar nichts als Gegenwert. Man unterstützt sie nicht, hilft ihnen nicht. Man bildet sie nicht - Gott bewahre! - und gibt ihnen keine anspruchsvolle Erziehung. Man bestiehlt sie, nimmt ihnen die Rechte, die Gelder.

Eine besonders wirksame Methode, den Menschen ihr Geld wegzunehmen, besteht darin, Kriege zu führen. Gigantische Verträge werden geschlossen und den eigenen Freunden zugeschoben. Dafür erhalten die Macher von den Freunden große Gelder, mit denen sie ihren Wahlkampf finanzieren können. Das ist ein endloser Kreis von Korruption.

Und so geht das: Der Krieg gibt den Machthabern die Rechtfertigung, persönliche Freiheiten einzuschränken - wie etwa durch den Patriot Act.

In der Verfassung gibt es leider den Passus, daß der Präsident „im Falle militärischer Notwendigkeit" wie ein Diktator agieren kann. Die Regierung, die eher eine Bande, eine Clique ist als die Administration der USA, hat den Krieg ganz einfach genutzt, um „militärische Notwendigkeit" zu proklamieren, um zu erreichen, daß sie jeden, der ihr nicht in den Kram paßt, einsperren, nach Guantanamo Bay oder ins Exil schikken, ihm die Staatsbürgerschaft entziehen können usw. - das ist alles im Patriot Act enthalten.

Der Kongreß hat das niemals korrekturgelesen, es wurde einfach „durchgeschoben"; mitten in der Nacht. Und jetzt ist der Kongreß auf einmal alarmiert, entsetzt darüber, jetzt wird den Vertretern mit einem Male klar, was es war, für das sie da gestimmt haben.

K.v.B. : Besteht irgendeine Hoffnung auf Rücknahme?

G. Vidal: Sehr, sehr weni**G.**

K.v.B. : Keine Richter, Gerichte, die sich dagegen wehren?

G. Vidal: Das Ding ist durch!

„Ich bezweifle, daß man Kerry ins Amt läßt"

Aber es gibt glücklicherweise eine Menge Leute, unter ihnen tatsächlich eine Handvoll Richter, die versuchen, Bush Unrechtmäßigkeit nachzuweisen und ihn zu überführen, besonders im Hinblick auf Wahlfälschung. Sie wissen, daß Bush durch Wahlfälschung an die Macht gekommen ist. Bei der nächsten Wahl werden bei jeder Urne einige Rechtsanwälte stehen. Es wird hoch hergehen bei der nächsten Präsidentenwahl.

K.v.B. : Erwarten Sie den wiederholten Versuch einer Wahlfälschung?

G. Vidal: Oh ja, natürlich. Es wird nicht so leicht sein, wie bei der letzten Wahl, da, wie gesagt, Leute wie Jimmy Carter und die besagten Richter das Ganze wachsam verfolgen werden. Aber wissen Sie, die Regierung weiß genau, was sie tut - und sie weiß vor allen Dingen, was sie erreichen will. Und sie hatte genug Zeit, sich vorzubereiten. Auch wird sie die Zeit von Wahlbeginn bis zum Ende der Auszählung nutzen. Und wenn nicht diese Zeit, dann die Zeit unmittelbar davor oder danach.

Ich denke, daß Kerry der rechtmäßige Gewinner werden wird, aber ich glaube nicht, daß man ihn ins Amt läßt. Es wird ihnen irgendwie gelingen, Bush einfach zum Präsidenten zu ernennen, das ist meine Prognose.

Sieben Trillionen Dollar für Krieg und Tod: Bankrott ist die einzige Hoffnung

K.v.B. : Auf deutsch heißt finanzielle Schuld auch Schulden. Haben Sie eine Vorstellung vom Staatsbudget? Kann man an den Schulden ablesen, daß sich alles immer weiter in Richtung reiner Militärpolitik entwickelt? Bleibt die Regierung den Menschen Geld schuldig, das sie in Aufrüstung und Militär steckt?

G. Vidal: Daß das Ganze weiter in Richtung Militär und Krieg geht, sehen Sie nicht nur an den enormen Staatsausgaben für militärische Zwecke, sondern auch daran, daß die Regierung eine weitere Million Soldaten für die Armee fordert! Das paßt ganz wunderbar in die Lage der Nation - wenn wir sauber rechnen, bedeutet das eine Million Arbeitsplätze! Insgesamt werden dann also zwei Millionen Menschen mit Militär und Krieg ihren Unterhalt verdienen. Natürlich werden die Männer zugreifen. Und dann kann es weitergehen: Es wird für Öl Krieg geführt. Ganz egal, daß das Öl um 2020 herum alle ist - verbraucht.

K.v.B.: Haben Sie Hoffnung auf eine Wende in dieser Politik? Reale Hoffnung?

G. Vidal: Na, sehen Sie, das ganze Geld ist ausgegeben. Und die Hoffnung, die ich habe, ist die Hoffnung auf Bankrott. Staatsbankrott. Ich hoffe auf die rein finanzielle Unfähigkeit, sieben Trillionen Dollar für Kriege, Kriegsmaschinerie und Tod zu zahlen. Das ist gewissermaßen ein hoffnungsvoller Ausblick. Auf einen moralischen oder ethischen Wandel aus irgendeiner Einsicht heraus hoffe ich nicht. Aber selbst so ein Bankrott kann Veränderung hervorrufen. Und Amerika ist immer noch ein Land, in dem immer wieder Wandel möglich ist.

Der Schmerz des Gewissens

Interview mit Michael Engelhard

von Wolfgang Weirauch

Michael Engelhard, *geb. 1936 in Hamburg. 1945 je zweimal in Hamburg und Osnabrück ausgebombt. 1956 Abitur und Aufnahme in die Studienstiftung des Deutschen Volkes, Beginn des Studiums (Germanistik, Romanistik, Anglistik) in Hamburg. 1958 Wechsel zum Jura-Studium. 1958 Jura-Studium an der Universität Lausanne/Schweiz, 1959 Universität München. 1961 Erstes Staatsexamen, 1966 Zweites Staatsexamen und Aufnahme in den Diplomatischen Dienst. 1966–2001 Auswärtiger Dienst: Zentrale, Korea, Kamerun (Botschafter), Mailand (Generalkonsul), Chicago (Generalkonsul).*

Vom 01.01.1985–30.06.1989 Redenschreiber für Bundespräsident Walter Scheel, vom 01.01.1985–31.12.1986 für Bundespräsident Richard von Weizsäcker, vom 01.01.1988–01.11.1991 für Bundesminister Hans-Dietrich Genscher.

Michael Engelhard ist seit 1961 verheiratet und hat einen Sohn.

Buchveröffentlichungen: „Giacomo Leopardi: Gesänge" (1990); „Michelangelo: Sämtliche Gedichte" (1992); „Michelangelo: Sämtliche Sonette" (1992); „Niccolò Forteguerri: Ricciardetto" (1998); „Alexander S. Puschkin: Gedichte" (1999). – Literatur: „Landschaften der Freundschaft. Zu Ehren Michael Engelhard" (1999).

Das menschliche Miteinander ist von mehrdimensionaler Schuld geprägt. Zwischenmenschliche Schuld bindet Täter und Opfer mit unsichtbaren Ketten aneinander, begleitet von großen Emotionen, von Haß und Wut, von Scham und Reue, Enttäuschungen, Versäumnissen und Gewissensschmerz. Die Einsicht des Täters in die jeweilige Schuld und der Versuch, die Schuld auszugleichen einerseits, und das breite Spektrum des Opfers von der Verweigerung jedweden Verzeihens bis hin zum vollständigen Vergeben andererseits, sind so unterschiedlich wie die Menschen individuell sind.

Schuld tritt aber nicht nur in mehrdimensionaler Weise zwischen einzelnen Menschen auf, sondern auch zwischen Gruppen, gegenüber Völkern, gegenüber der Natur oder auch gegenüber Gott. In erster Linie tritt Schuld sogar gegenüber sich selbst auf, denn ein Mensch, der an anderen schuldig wird, entspricht nicht mehr dem ursprünglichen Menschenbild und wird an dem eigenen Ideal schuldig.

In diesem Interview mit Michael Engelhard sprechen wir über die Bedingungen und das Wesen, über die Voraussetzungen und Folgen der Schuld, über die Täter-Opfer-Beziehung und das Wesen des Verzeihens. Ausgehend von dem Begriff der Schuld und den verschiedenen Ebenen der zwischenmenschlichen Schuld erweitern wir das Thema auf die Schuld der Nazis an den Juden, den palästinensisch-israelischen Konflikt, die Schuld der US-Administration und vieler Amerikaner gegenüber dem Irak und die vielseitigen Verstrickungen im Stasiland DDR.

Wolfgang Weirauch: Was verstehen Sie unter Schuld?

Michael Engelhard: Wir müssen objektive und subjektive Schuld unterscheiden. Für das Strafrecht ist „Schuld" eine Voraussetzung der Strafe. Ein Täter ist schuldig, wenn er zum Zeitpunkt der Tat für sein Handeln verantwortlich war und er ein durch das Strafrecht geschütztes

Rechtsgut vorsätzlich oder fahrlässig verletzt hat. Treffen diese Voraussetzungen zu, spielt es keine Rolle, ob sich der Täter subjektiv schuldig fühlt oder nicht.

Freilich werden sich viele Straftäter auch schuldig fühlen, obwohl das immer seltener zu geschehen pflegt. Aber er fühlt sich nicht schuldig, weil er gegen einen Paragraphen des Strafgesetzbuches verstoßen hat, sondern weil er gegen Werte verstoßen hat, die er für sich selbst freiwillig als verbindlich anerkennt. Diese Werte fallen gewöhnlich, aber nicht immer, mit den Werten der durch das Strafgesetz geschützten Rechtsordnung zusammen. So kann es durchaus vorkommen, daß sich jemand im Sinne des Gesetzes schuldig bekennt, sich selbst aber vor seinem Gewissen von aller Schuld frei fühlt. Beispiel: eine liebende Frau tötet ihren schwer leidenden unheilbar kranken Mann. Sie sieht vor dem Richter ein, daß die Rechtsgemeinschaft sie dafür bestrafen muß, betrachtet die Strafe jedoch als ein letztes Liebesopfer, das sie ihrem Mann bringt und bringen muß.

W.W.: Wie kommt das persönliche, subjektive Schuldbewußtsein zustande?

M. Engelhard: Das Schuldbewußtsein eines Menschen hat nichts mit seiner Rationalität zu tun. Es ist Ausdruck und Folge seiner Gesamtperson. Es stellt sich vollkommen spontan, ohne alles Nachdenken, ein. Der Verstand versucht natürlich, das fehlerhafte Verhalten zu entschuldigen, zu rechtfertigen. Tausend Gründe werden zu diesem Behuf herbeigeholt. Aber das nützt nichts. Immer wieder sagt irgend etwas in uns: Es war nicht gut, was du getan hast. Dieses Irgend etwas nennt man seit altersher das Gewissen. Das ist ein schönes Wort. Es will uns sagen, daß der Mensch, weil er Mensch ist, weiß, was gut und böse ist, und daß dieses Wissen seiner selbst ganz „gewiß“ ist, unfehlbar. Das Gewissen ist die Grundlage jeder sittlichen Kultur.

„Und das selbständige Gewissen
Sei Sonne deinem Sittentag.“ (Goethe)

Hat man etwas getan, was das eigene Gewissen verletzt, dann gibt es keine Ruhe. Immer wieder lesen wir von Fällen, in denen sich Menschen, ohne äußeren Zwang, oft nach vielen Jahren den Gerichten stellen, weil ihr Gewissen ihnen keine Ruhe läßt. Das Gewissen nagte die ganze Zeit in ihrem Innern. Dieses Nagen nennen wir mit einem ausdruckstarken Wort Gewissensbiß. Gewissensbisse tun der Seele weh. Das Schuldgefühl ist ein Schmerz der Seele. Je größer die Schuld, um so größer der Schmerz, der sich bis zur Unerträglichkeit, bis zum Selbstmord steigern kann.

Schuldig sich selbst gegenüber

W.W.: Wem gegenüber fühlt man sich schuldig?

M. Engelhard: Zunächst einmal sich selbst gegenüber: Man weiß gewiß, daß man gegen das, was man selbst als gut anerkennt, verstoßen hat. Man kann sich selber nicht mehr achten, solange die Schuld nicht „gesühnt“ ist. Lebt man, nachdem man Schuld auf sich geladen hat, weiter so dahin, als wäre nichts geschehen, wird das ganze weitere Leben zur Lüge. Man weiß, daß man die Achtung, die die anderen einem entgegenbringen, nicht mehr verdient. Und so fühlt man sich schuldig gegenüber der Gesellschaft.

Aber natürlich quält, „beißt“ einen die Schuld insbesondere gegenüber den Menschen, denen gegenüber man schuldig geworden ist.

Religiöse Menschen haben das Gewissen stets als Stimme Gottes in der eigenen Brust verstanden. Und so empfinden sie Schuld gegenüber Gott, Schuld, die letztlich nur Gott selbst vergeben kann.

W.W.: Gibt es noch andere Schuld?

M. Engelhard: Oh ja, gegenüber Tieren, gegenüber der Natur, gegenüber der Wahrheit. Die Griechen kannten noch eine geheimnisvolle, dunkle Schuld: die Schuld gegenüber dem Schicksal. Ödipus z.B. wußte nicht, daß es sein Vater war, den er erschlug, er wußte nicht, daß es seine Mutter war, mit der er schlief. Gleichwohl sprach ihn das Schicksal schuldig, und er fühlte sich schuldig vor dem Schicksal. Goethe ruft die „himmlischen Mächte“ an:

„Ihr führt ins Leben uns hinein,
Ihr laßt den Armen schuldig werden,
Dann überlaßt ihr ihn der Pein,
Denn alle Schuld rächt sich auf Erden.“

W.W.: Wie ist es mit dem Schuldgefühl heutzutage bestellt?

M. Engelhard: Ich habe das Gefühl, daß es langsam abnimmt. Und damit zerfällt jede sittliche Kultur.

Die Abschaffung Gottes

W.W.: Können Sie Beispiele nennen?

M. Engelhard: Ich sehe Herrn Ackermann, den Chef der deutschen Bank, und seine Mannen das Geld, das andere verdient haben, unter sich aufteilen. Ich habe mir im Fernsehen die Gesichter dieser Herren sehr genau angesehen. Ich habe auch nicht den leisesten Anflug von Schuldgefühl in ihnen entdecken können. Im Gegenteil: jede Schurkerei, die man begehen kann, ohne das Gesetz zu verletzen, wird als erlaubt angesehen. Das Gewissen solcher Menschen scheint abgestorben

Ein anderes, mir unvergeßliches Bild: Nachdem der Irak-Krieg beschlossene Sache war, besuchte Herr Berlusconi Herrn Bush in Washington. Ich sah sie im Fernsehen nebeneinander. Was taten sie? Sie grinsten über alle ihre vier Backen. Es freute sie, daß sie ihren Krieg endlich bekamen. Herr Putin hält es immerhin noch für nötig, ein ernstes Gesicht zu machen, wenn er seine Mordaktionen in Tschetschenien befiehlt. Das scheint heutzutage schon sehr viel an Gewissenssubstanz zu sein.

W.W.: Würden Sie sagen, daß das auch schon für die Bevölkerungen gilt?

M. Engelhard: Gott sei Dank, nein. Obwohl mich die Wiederwahl Bushs in dieser Hinsicht einigermaßen verwirrt hat. Wahlforscher haben herausgefunden, daß Bush wegen der „Werte", für die er eintritt, wiedergewählt wurde. Die Zahlen der irakischen Opfer des Krieges werden von der US-Regierung ja nicht bekannt gegeben. Ernsthafte Schätzungen beziffern sie auf über 100.000 Menschen. Damit scheint die Mehrheit des amerikanischen Volkes einverstanden zu sein. Da kann einem schon bange werden, wenn das Eintreten für „Werte" solche Folgen hat.

Trotzdem: Wenn unsere Gesellschaften noch einigermaßen zusammenhalten, so deshalb, weil die Mehrheit der Menschen noch über ein Gewissen verfügt. Aber diese Grundlage jeder sittlichen Ordnung nimmt ab.

W.W.: Woran liegt das?

M. Engelhard: Man hat den lieben Gott abgeschafft.

„Der Herr sprach zum Propheten:
Die Menschen sollen beten,
Denn wenn sie mir entlaufen,
Dann morden sie und saufen."

Die alleinige Herrschaft der Rationalität führt notwendigerweise zu einem Verlust an Personalität. Diese aber ist allein Träger des Gewissens.

„Alles will ich", sprach das Gold,
„Alles hab ich", sprach der Dolch.
„Alles kauf ich", sprach das Gold,
„Alles nehm ich", sprach der Dolch. (Puschkin)

Und die Rationalität konzentriert sich in den Individuen und in den Staaten immer ausschließlicher auf ein Ziel: wirtschaftlichen Erfolg. Für anderes bleibt kaum noch Raum. Und das treibt natürlich in die Barbarei. Die vier Zeilen Puschkins sind eine schreckliche Prophetie der Triebkräfte unserer Zeit: Geld und Gewalt. Und das sind ebenfalls die Hauptingredienzien des Irak-Kriegs wie natürlich auch Saddam Husseins und ähnlicher Konsorten. Das alles hat mit Gewissen nur noch ziemlich wenig zu tun.

W.W.: Was folgt daraus?

M. Engelhard: Die eigentlich Schuld dieser Epoche besteht darin, daß alles getan wird, um das Gewissen der Menschen auch angesichts der schrecklichsten Ereignisse weiter ruhig und fest schlafen zu lassen. Alles arbeitet da Hand in Hand: Politik, Wirtschaft, Medien. Ich sprach schon davon, daß die Zahl der Kriegstoten des Irak-Kriegs von der amerikanischen Regierung, die diese Zahl ja wohl wissen sollte, bis heute nicht bekanntgegeben wurde. Warum? Weil diese Zahlen sicherlich einige Gewissen aus dem Tiefschlaf reißen könnte. Und eben dieses muß auf alle Weise verhindert werden.

Denken Sie an Abu Ghraib: Ein paar Fotos von diesen Schändlichkeiten wurden, ganz gewiß nicht auf Veranlassung der Regierung, veröffentlicht – seit Nazi-Tagen mit das Scheußlichste, was eine westliche Nation sich hat zuschulden kommen lassen. Und was geschieht? Fräulein England wird angeklagt und verurteilt. Sie ganz allein! Aber es gab doch noch Tausende von anderen Fotos, die, nach Aussage eines republikanischen US-Senators, noch viel scheußlichere Dinge zeigen, als die bekanntgewordenen. Der Senator sagte auch, daß man diese Fotos auf keinen Fall veröffentlichen könne. Sie würden dem Ansehen der USA in der Welt allzu großen Schaden zufügen. Na so was! So ist das also: Nicht die Folterungen schaden dem Ansehen der USA, sondern die Fotos der Folterungen.

Solange nicht fotografiert wird und solange diese Fotos nicht in die Öffentlichkeit gelangen, kann man, das schließe ich daraus, machen, was man will. Und auf all diesen Tausenden von Fotos ist immer nur Fräulein England zu sehen? Niemand sonst? Aber wenn auf diesen Tausenden von Fotos noch andere Folterer zu sehen sind, hat man etwas gegen diese anderen unternommen? Wurden sie zur Rechenschaft gezogen? Ich habe nichts davon gehört. Die amerikanische Militärjustiz spielt sich im Geheimen ab. Ich habe überhaupt *nichts* mehr von diesen Tausenden von Fotos gehört. Warum wohl nicht? Weil sie wohl doch einige Gewissen in den USA aus ihrem Tiefschlaf gerissen hätten. Und eben das muß mit allen Mitteln verhindert werden. Statt dessen verurteilt man Fräulein England. Und damit ist der Fall erledigt.

Ein amerikanischer Soldat erschießt in Falludscha, einen Tag nach der Erstürmung einer Moschee, einen zwischen zahllosen Leichen liegenden Iraker: "Der tut ja nur so, als sei er tot." Peng! Und das geschieht vor der laufenden Kamera eines „eingebetteten" Journalisten. Dieser Fall wird, so sagt man uns, „untersucht". Wie schön und beruhigend. Als Ergebnis dieser Untersuchung möchte ich jedoch in aller Bescheidenheit festhalten, daß man einen angeschossenen Iraker einen ganzen Tag lang in der Moschee hat liegen lassen. Man hatte ihn beim Abknallen schlicht übersehen. Auf die Idee, diesem Menschen zu helfen, ist offenbar keiner dieser Befreier des irakischen Volkes gekommen.

Und angesichts dieser Fernsehaufnahmen stelle ich in aller Bescheidenheit die Frage: Was treiben diese Soldaten denn, wenn sie nicht vor laufenden Kameras agieren? Verhalten sie sich dann auf einmal human und nach den Normen der Genfer Konvention? Werden Iraker nur abgeknallt, wenn Kameras dabei laufen? Warum stellt in unserer westlichen Welt niemand diese Fragen? Wir sind frei, wir haben eine freie Presse, freie Medien. Fragen wird man ja wohl noch dürfen, oder? Aber diese Fragen werden nicht gestellt, weil sie doch einige Gewissen aus ihrem Tiefschlaf reißen könnten. Und eben das muß mit allen Mitteln verhindert werden. Dieser *eine* Fall wird nun „untersucht". Alles andere wird unter den Teppich gekehrt.

Ich gebe Ihnen ein weiteres Beispiel: Ich sehe die Reportage eines mutigen deutschen Journalisten in Afghanistan. Er sucht Afghanen auf, die aus den amerikanischen Gefangenenlagern nach zwei Jahren als „unschuldig" entlassen wurden. Was sie erzählen und an Wundmalen vorweisen, ist schlimmer als das, was in Abu Ghraib geschah. Kräht auch nur ein Hahn danach? In Ruanda wurden Hunderttausende von Menschen hingemetzelt. Die Welt schaute zu, weil die USA, angefeuert durch ihre „Werte", ein Eingreifen der UNO durch ihr Veto verhinderte.

In Darfur krepieren die Menschen derzeit wie die Fliegen. Aber was geschieht? Freundliche Ermahnungen werden ausgesprochen: Man solle doch nicht so arg viel morden. Noch nicht einmal ein Waffen-Embargo wird verhängt. Das könnte ja die Bilanzen der Rüstungsindustrie schmälern.

Alle diese Ungeheuerlichkeiten werden den Menschen durch Politik und Medien so präsentiert, daß sich kein Gewissen zu regen braucht. Und da kommen einem die Verrenkungen der Christdemokraten bei ihrem Konzept zur Gesundheitsreform gerade recht. Darfur? War da was? Die Leichenberge werden mit Petitessen zugedeckt.

Gefangene werden nicht gemacht

W.W.: Wie hängen Rechtsgefühl und Schuldgefühl zusammen?

M. Engelhard: Ein sittlich normaler Mensch wird, wenn er gegen das Gesetz verstößt, auch Schuldgefühle entwickeln. Denn die Gesetze schützen im allgemeinen nur das Minimum dessen, was einem ein funktionierendes Gewissen ohnehin verbietet. Aber das Rechtsgefühl kann das Gewissen auch totschlagen. Das sehen wir z.B. in der Todesstrafe in den USA. Sie entspricht offenbar dem Rechtsgefühl der Mehrheit des amerikanischen Volkes. Herr Bush, der als Gouverneur von Texas mehr als 300 Todesurteile bestätigt hat, wird deshalb sicherlich kein kleines Bißchen in seinem Gewissen beunruhigt.

Doch so etwas färbt ab. Jedermann, der sich zur Zeit gegen die ungerufenen amerikanischen Truppen wehrt, hat sich offenbar damit schon selbst das Todesurteil gesprochen. Der amerikanische General, der die Operationen in Falludscha leitete, sprach vor den Fernsehkameras davon, daß er noch etwa 1.500 bis 2.000 Aufständische in der Stadt vermute, die alle zu töten seien. Gefangene werden nicht gemacht. Schließlich sind bei der Besetzung der Stadt ja 38 Amerikaner ums Leben gekommen. Da *muß* man ja mindestens 1.500 Iraker töten. Der Herr General sieht da keine andere Möglichkeit.

W.W.: Schauen wir einmal auf die zwischenmenschliche Schuld: Ein Mensch fügt einem anderen etwas zu, das letzterer als Leid empfindet. Ersterer weiß davon aber überhaupt nichts und hat auch ganz andere Schuldkategorien. Ist Schuld etwas Objektives, das zwischen beiden Menschen besteht, oder hängt es nur von dem Subjekt und seinen Wertvorstellungen ab?

M. Engelhard: Das ist eine Frage des Aspekts, des Anblicks eines Sachverhalts. Wenn ich als Dritter von außen einen Vorgang zwischen zwei Menschen beobachte, dann beurteile ich das Verhalten sowohl des Täters als auch des Opfers von meinem Wertesystem aus. Wenn ich beispielsweise ein glühender Republikaner bin, der die Todesstrafe für das Beste in der Welt hält, werde ich einen Gouverneur, der die Todesstrafe hundertfach vollziehen läßt, ständig verteidigen und ihm keinerlei Schuld zumessen. Wenn ich aber ein Wertesystem habe, in dem ich die Todesstrafe als reinste Barbarei ansehe, dann werde ich einem solchen Gouverneur Schuld zusprechen. Der Begriff der Schuld ist also nicht objektiv in dem Sinne, daß er von allen Menschen anerkannt wird.

Scham und Empörung

W.W.: Gehört das Schuldgefühl zum Menschen?

M. Engelhard: Das Gefühl der Schuld selbst ist anthropologisch jedem Menschen eigen. Aber die Inhalte dessen, weshalb ein Mensch sich schuldig fühlt, wechseln im Laufe der Menschheitsgeschichte ständig. Das Rechtsgefühl hängt mit den anthropologisch vorhandenen Gefühlen der Scham und der Empörung zusammen. Wenn ich mich einer Tat, die ich selbst begangen habe, schäme, fühle ich mich gleichzeitig auch schuldig. Ich schäme mich vor mir selbst und letzten Endes vor allen Menschen, denen ich ein ähnlich strukturiertes Gewissen zutraue wie mir selbst. Es gibt im Grunde keine einzige menschliche Handlungsweise, die nicht irgendwann im Laufe der Menschheitsgeschichte einmal mit oder ohne Schuldgefühl betrachtet worden wäre. Dieser Veränderungsprozeß, in dem sich die Inhalte für Schuldgefühle ständig befinden, muß allerdings nicht unbedingt einen Fortschritt bedeuten.

W.W.: Können Sie dazu einmal ein Beispiel geben?

M. Engelhard: Zur Zeit haben wir die absurde Diskussion über den geplanten Ehebruchsparagraphen in der Türkei im Zusammenhang mit den Beitrittsverhandlungen der Türkei zur EU. Vor 100 Jahren wurde Ehebruch auch in Europa bestraft, aber heute halten wir so etwas für albern. Man hält den Ehebruch für eine rein private Sache. Lebt man aber in einer Gemeinschaft, in der Ehebruch als Verstoß gegen ein göttliches Gebot gilt und in der dieses Gebot auch als für einen selbst verbindlich gilt, dann ist das für einen solchen Menschen ein Verbrechen. Daß wir in Europa durch die Aufklärung bestimmte Dinge in den privaten Bereich verlagert und aus einer objektiven göttlichen Ordnung herausgenommen haben, ist eine Veränderung, aber nicht unbedingt ein Fortschritt.

Wenn die Ordnung durch einen selbst gestört wird

W.W.: Betrachten wir einmal die Zeit eines menschlichen Lebens. Ein Mensch wird nach seinem eigenen Empfinden und auch nach dem Empfinden anderer schuldig. Ist diese Schuld etwas, was fortwährend bestehenbleibt, oder kann sie auch fortgenommen werden?

M. Engelhard: Die erste Voraussetzung, mit der Schuld fertigzuwerden, ist, daß man die Schuld als Schuld anerkennt, daß man weiß, daß es Schuld ist, weswegen man sich schuldig fühlt. Schuld muß man als existentielles Problem der eigenen Person sehen. Man muß die Schuld bereuen bzw. - um mit Johannes dem Täufer zu sprechen - Buße tun. Man muß also den Schaden, den man angerichtet hat, aktiv mit Taten wiedergutzumachen versuchen. Zumindest sollte der Wille, etwas wieder in Ordnung zu bringen, vorhanden sein. Schuld empfindet man immer dann, wenn man das Gefühl hat, daß eine legitime objektive Ordnung durch einen selbst gestört worden ist. Etwas ist durch einen selbst in Unordnung geraten, und diese Ordnung muß man selbst wiederherstellen. Ich muß den Schaden oder das Leid, das ich angerichtet habe, soweit es in meinen Kräften steht, mit Taten wieder in Ordnung bringen. Alles Wehgeschrei nützt nichts, wenn nicht Taten folgen. Aber damit ist die Schuld gegenüber dem Geschädigten natürlich noch nicht aus der Welt.

Schuld und Vergebung

Hier muß man einen zweiten Begriff hinzufügen, nämlich den der Vergebung oder des Verzeihens als Gegengewicht zur Schuld. Damit wird die Schuld im Hegelschen Sinne aufgehoben. Wenn den Schädiger eine Schuld in seinem Gewissen belastet, ist das für ihn eine schlimme Lage. Da wir alle fortwährend anderen Menschen in gewissem Sinne wehtun, sind wir alle auch schuldig und auf Vergebung durch andere angewiesen. Eine Gesellschaft, die aber keine Vergebung mehr kennt, ist kaltherzig. Wenn ich als Geschädigter jede Verbindung zu dem Schädiger abtrenne und nicht in Rechnung stelle, daß dieser unter seiner Schuld leidet - denn das Schuldgefühl des einzelnen ist ein seelischer Schmerz -, dann belasse ich den anderen in seinem seelischen Schmerz. Und das wird m.E. letzten Endes wiederum zur neuen Schuld.

Anderen Menschen wehzutun, begründet Schuld. Das setzt natürlich voraus, daß ich weiß, daß der andere unter seiner Schuld leidet. Wenn er nur behauptet zu leiden, ansonsten jedoch seinen Geschäften nachgeht, hat die Vergebung bei ihm keine Funktion mehr. Aber wenn ich weiß, daß der andere mit seiner Schuld nicht zurechtkommt, daß sein Leiden seinen seelischen Frieden zerstört, dann gebietet es mein Gewissen, diesen anderen von seiner Schuld zu befreien. Vergebung ist also auch ein Akt der Schuldaufhebung dem Geschädigten gegenüber.

Das kann man in dem wörtlichen Text, den uns Jesus Christus hinterlassen hat, wunderbar erkennen, dem Vaterunser. Darin steht die Bitte an

Gott: „Vergib uns unsere Schuld, wie auch wir vergeben unseren Schuldigern." Das bedeutet, daß wir keine Vergebung unserer Schuld gegenüber Gott erlangen, wenn wir nicht bereit sind, denjenigen zu verzeihen, die uns gegenüber schuldig geworden sind. Beides hängt sehr eng miteinander zusammen.

Der Mensch ist frei zu wählen

W.W.: Damit sprechen Sie auch die Freiheit des Menschen an. Mit dem Freiwerden des Menschen geht auch das Schuldigwerden einher. Inwiefern hängen Freiheit und Schuld zusammen?

M. Engelhard: Schuld setzt Freiheit voraus. Man muß frei sein, um die Wahlmöglichkeit zu haben, sich selbst oder einem anderen gegenüber schuldig zu werden. Wenn ich keine Wahl habe, kann ich auch keine Schuld haben. Deswegen ist auch die Notwehr von der Schuld ausgenommen. Wenn jemand die Pistole auf mich anlegt und ich mich wehre, kann ich anschließend keine Schuld empfinden. Es kann einem leid tun, daß man den anderen schwer geschädigt hat, aber es ist keine Schuld. Denn man war in einer Lage, in der man eigentlich keine andere Wahl mehr hatte, und es gibt ein elementares Recht auf das eigene Leben. Aber daß diese Wahlmöglichkeit objektiv nicht mehr vorhanden ist, kommt höchst selten vor. Die Rechtfertigungsgründe, anderen Menschen wehzutun, taugen fast nie etwas, denn es gibt fast immer eine andere Wahlmöglichkeit. Die Umstände, die eine Schuld ausschließen, wenn ich jemand anderem schade, sind sehr eng begrenzt. Die Freiheit setzt voraus, was Goethe treffend so formuliert hat: Der Mensch allein „unterscheidet, wählet und richtet." Das Schlechte zu wählen, setzt eben auch Freiheit voraus. In dem Maße, in dem die Freiheit eingeschränkt wird, wird auch die Wahlfreiheit eingeschränkt.

Goethe hat auch einmal etwas gesagt, was mich tief nachdenklich gestimmt hat; es ist dies aber kein wörtliches Zitat: Wir können die Idee der Freiheit nicht aufgeben, selbst wenn sie einen Irrtum bezeichnen würde. - Das ist der tiefe Wille des humanen Menschen, der ein Gewissen hat. Heute wird alles mit sogenannten Sachzwängen gerechtfertigt, aber meistens sind dies lediglich Techniken, die wir brauchen, um das eigene Schuldgefühl auszuschließen. Aber wenn ich mir die Freiheit einräume, zumindest der Idee nach, daß ich besser handeln kann, dann habe ich ein Gewissen, bzw. ich habe diese Idee, weil ich ein Gewissen habe.

Das eigene Bild beschmutzen

W.W.: Den meisten Menschen ist der Wille eigen, eine Schuld auszugleichen. Ist das Gewissen dafür der Initiator?

M. Engelhard: Die Schuld ist das Gefühl, daß man eine für sich selbst verbindliche Ordnung erheblich gestört hat, und dann entsteht der Antrieb, alles mögliche zu tun, um diese Ordnung wiederherzustellen. Die Herstellung dieser Ordnung ist ein innerer Akt des Menschen vor sich selbst.

Wir verstehen Schuld meist nur im Hinblick auf die Schuld an anderen. Aber die Schuld an anderen ist zunächst einmal eine Schuld vor sich selbst. Goethe hat über diese Dinge auf eine besonders tiefe Weise nachgedacht, denn er spricht von der Ehrfurcht vor sich selbst. Schuld ist für ihn, wenn ich dem Bilde, das ich mir von mir als dem Ebenbild Gottes gemacht habe, nicht mehr entspreche. Wenn ich mich als das Beste definiere, was mir möglich ist, und wenn ich gegen dieses Beste verstoßen habe, mich miserabel verhalten habe im Vergleich zu dem, was ich eigentlich von mir denke und erwarte, dann empfinde ich vor mir selbst Schuld. Denn ich habe das Bild, das ich von mir selbst habe, beschmutzt.

Gerade heute morgen sah ich noch einen Bericht über die Frage der Managergehälter. Die Höhe dieser Gehälter ist eine absolute Schamlosigkeit. Diese Menschen verlangen von anderen, daß sie mehr arbeiten, daß ihr Urlaubsgeld gekürzt wird, und sie selbst lassen zahlreiche Stellen streichen - und dann lassen sie sich, nachdem sie einen Betrieb in den Sand gesetzt haben, z.B. mit zehn Millionen Euro abfinden. Das ist eine Schamlosigkeit, die mir vollkommen unbegreiflich ist. Wer so handelt, muß ein Bild von sich haben, das keinen einzigen Wert mehr anerkennt. Solche Menschen haben einfach keine Selbstachtung und scheinen ausschließlich aus Geldgier zu bestehen. Sie sind im Wortsinne „Geldsäcke“, nichts weiter. Ich kann gar nicht sagen, wie sehr ich diese Menschen verachte.

Schuld sind immer nur die anderen

W.W.: Wie kommt es, daß viele Menschen von heute nicht mehr nach dem Bild eines Menschen handeln, das nach bestimmten Wert- und Moralvorstellungen ausgerichtet ist? Wieso denken die meisten Menschen in der Regel, daß immer nur die anderen schuld sind, während man selbst dagegen fast immer recht hat?

M. Engelhard: Weil man für alles fortwährend Rechtfertigungsgründe hat. Wir glauben ja, daß wir die Ideologien überwunden hätten. Dabei haben wir eine ganz zentrale Ideologie in unserem Kapitalismus, und das ist das Streben nach Geld. Und im Rahmen dieser Ideologie ist scheinbar fast alles erlaubt. Was mich bei den Kirchen so enorm stört, ist, daß sie ihren Frieden mit dieser Art von Gier gemacht haben, während das Schuldgefühl und viele Wertvorstellungen auf der Strecke geblieben sind. Und in der Politik werden die Flaggen der Freiheit und der Demokratie immer durchscheinender und fadenscheiniger, weil unter ihnen der Dollar durchschimmert, die nackte Gier.

Natürlich gibt es sehr edle und gute Unternehmer, die sich um ihre Arbeitnehmer kümmern. Aber diese Unternehmertypen bestimmen keineswegs die Wirtschaft. Wenn man nur einmal sieht, wie die großen Firmen in den USA, z.B. Enron, Bilanzfälschungen vorgenommen haben, dann kann man nur erschrecken. Oder schauen wir auf den US-Konzern Halliburton und seine Verflechtung mit dem Irak-Krieg. Das kam auch bei der Wahlkampfdebatte zwischen Vizepräsident Cheney und Senator Edwards zur Sprache. Die Schamlosigkeit und das penetrant gute Gewissen, mit dem der ehemalige Vorstandsvorsitzende von Halliburton, Cheney, diese Verstrickung von Halliburton verteidigte, rauben mir die Worte. Und diese Schamlosigkeit wird öffentlich demonstriert. Das kann einfach nicht wahr sein! Wir werden von Menschen regiert - und sie bestimmen das Schicksal dieser Welt -, die eine derartige Schamlosigkeit an den Tag legen.

W.W.: Man könnte etwas überspitzt fast sagen, daß einer der wesentlichen Gründe des Irak-Krieges die Bereicherung des Vizepräsidenten bzw. von Halliburton war.

M. Engelhard: Zumindest kann man den Verdacht nicht loswerden, daß dies ein entscheidender Grund für den Krieg war, auf jeden Fall entscheidender als die angeblich vorhandenen Massenvernichtungswaffen Saddam Husseins.

Gleicher Terror auf beiden Seiten

W.W.: Kann man zwischenmenschliche Schuld in Kategorien einteilen? Welcher Unterschied besteht beispielsweise zwischen Schuld als Aktion und Schuld als Reaktion? Ist eine Schuld geringfügiger zu werten, wenn sie nur Reaktion ist?

M. Engelhard: Dieses Problem stellt sich z.B. derzeit ganz aktuell in Nahost. Gerade haben die Amerikaner wieder Sicherheitsresolutionen mit ihrem Veto abgelehnt, weil sie zu einseitig seien. Dabei geht man von ganz einfachen Ansichten aus: Alle Akte der Palästinenser werden als Terror bezeichnet, alle Akte der Israelis - gleich, ob dabei Frauen oder Kinder oder Tausende Unschuldiger zu Tode kommen - werden als legitime Verteidigung bezeichnet. Dabei sind meiner Meinung nach - ich kann einfach nicht anders denken - beide gleich schuld. Die palästinensischen Selbstmordattentäter haben keinerlei Berechtigung, israelische Kinder umzubringen und umgekehrt. Es ist der gleiche Terror. Wenn man nicht erkennt, daß die einen wie die anderen gleich schuld sind, dann wird man immer weiter in die Sackgasse hineintaumeln.

Hier sind wir wieder bei der Frage der Freiheit. Die Freiheit läßt dem einzelnen die Möglichkeit, nicht schuldig zu werden. Aber diese Freiheit wird nicht genutzt. Sie wird auf beiden Seiten nicht genutzt. Beide Seiten argumentieren, daß sie sich in einer Zwangslage befänden. Und in dieser Zwangslage, so argumentieren sie dann, müßten sie Frauen und Kinder umbringen, die aber mit diesem ganzen Konflikt nur äußerst wenig zu tun haben. Und das Schuldgefühl ist auf beiden Seiten ganz offensichtlich nicht vorhanden. Und das geht nun schon seit fast 60 Jahren so.

Aber ich möchte ganz dezidiert betonen, daß die Unrechtsreaktion auf ein mir zugefügtes Unrecht niemals Recht ist, und sie müßte bei einem funktionierenden Gewissen immer Schuldgefühle begründen. Eine Entschuldigung für die palästinensischen Selbstmordattentäter sehe ich nicht. Eine Entschuldigung für die israelischen Panzer sehe ich ebenfalls nicht. Es gibt ja hin und wieder auch einige israelische Offiziere und Soldaten, die Gewissensbisse bekommen, wenn sie Kinder töten sollen. Aber diese werden als Feiglinge eingestuft; eine Umkehrung elementarster Grundwerte!

W.W.: Aber nehmen wir noch einmal den zwischenmenschlichen Bereich: Ein Mann schlägt seine Frau immer wieder, und irgendwann schlägt sie zurück, sticht ihn beispielsweise mit dem Messer. Ist ihre Schuld nicht geringfügiger, als wenn sie mit Vorsatz zugestochen hätte?

M. Engelhard: Das würde ich stark differenzieren. Wenn der Mann sie massiv schlägt und vergewaltigt und sie sich in einem solchen Moment massiv wehrt, ist es schlichte Notwehr. Wenn sie ihn aber betrunken macht und wartet, bis er schläft, und dann ein Messer nimmt und ihn ersticht, dann sehe ich keine Möglichkeit der Reduzierung von Schuld, denn sie hat die Möglichkeit fortzulaufen oder zur Polizei zu gehen, um ihn ins Gefängnis zu bringen. Die Ermordung des Mannes im Schlaf wäre, weil sie die erwähnten Wahlmöglichkeiten hat, nichts als Rache.

Was mich bei dem ganzen Nahost-Problem so stark irritiert, ist, daß die Israelis ihre gesamten Aktionen als Vergeltung bezeichnen, also als Rache. Was für eine sittliche Kategorie! Das ist vom sittlichen Standpunkt aus die reinste Barbarei. Die ganze Welt schaut zu, und die Amerikaner legen ihr Veto ein, wenn wieder einmal eine Resolution gegen die Israelis in den Sicherheitsrat gelangt.

Das Phänomen des Verzeihens

W.W.: Über das Verzeihen haben Sie schon etwas gesagt, aber vielleicht können Sie diese menschliche Fähigkeit noch etwas weiter ausführen. Welche Stellung sollte das Verzeihen haben, wenn jemandem etwas angetan worden ist? Wann ist das Verzeihen sinnvoll, wann nicht? Sollte man einem Menschen nur dann verzeihen, wenn er seine Schuld einsieht, oder sollte man ihm auch dann verzeihen, wenn er seine Schuld nicht einsieht?

M. Engelhard: Auch hier möchte ich wieder unterscheiden. Ich bin zweimal in meinem Leben direkt bzw. indirekt beteiligt gewesen, als ein Mensch ermordet worden ist. Das erste Mal war es die Entführung und anschließende Ermordung von Hanns Martin Schleyer (BDI-Präsident; am 18.10.1977 durch die RAF ermordet; W.W.), das zweite Mal die Ermordung meines Freundes Gero von Braunmühl (Diplomat; am 10.10.1986 auf offener Straße von der RAF erschossen; W.W.).

Die Familie Schleyer bestand auf der Strafverfolgung der Terroristen und weigerte sich konsequent, mit ihnen zu reden. Die Witwe von Gero von Braunmühl wollte zunächst nicht verzeihen, aber sie wollte zumindest verstehen: „Warum ist mein Mann ermordet worden? Was geht in den Köpfen derjenigen vor, die zu solchen Taten fähig sind?“ Sie haben einen charakterlich und intellektuell ungeheuer wertvollen Menschen einfach umgebracht. Und die Witwe wollte wissen, woher der Haß stammt, der ihrem Mann das Leben kostete. Deswegen hat sie sich in ihr Auto gesetzt, ist in die Gefängnisse gefahren und hat sich diese Tat von den Terroristen erklären lassen.

Wer hat nun sittlich richtig gehandelt? Ich meine, es wäre anmaßend, darüber zu urteilen. Beides sind legitime menschliche Reaktionen.

Das Verstehenwollen ist jedoch der erste Schritt zum Verzeihen. Wenn jemand gegenüber einem anderen Schuld hat, wird durch diese Schuld ein sehr spezielles Verhältnis zwischen diesen zwei Menschen oder Gruppen etabliert, das sich von allen anderen Verhältnissen unterscheidet. Begründet wird dieses besondere Verhältnis durch die Schuld, wie es z.B. auch im Verhältnis zwischen Deutschland und Israel vorliegt.

Wenn der Geschädigte an den Schuldigen denkt, gibt es ganz spezifische und ausgeprägte Gefühle, aber umgekehrt ebenfalls. Der Schuldiggewordene denkt mit Sicherheit auf eine sehr spezielle Weise an den Geschädigten, seine eigene Tat bedrückt ihn, er muß fortwährend an ihn denken, und allein das Fallen des Namens des Geschädigten löst schon heftigste Gefühle aus. Ebenso entwickelt der Geschädigte ein sehr spezielles Gefühl zu dem Schädiger, und es reicht oft aus, daß lediglich dessen Name fällt, um ihn aus dem seelischen Gleichgewicht zu bringen. Beide haben ein existenzberührendes Verhältnis miteinander.

An dieser Stelle kann das Phänomen des Verzeihens einsetzen. Die Verzeihung kommt nicht nur dem Schädiger zugute. Sie kommt auch dem Geschädigten zugute, denn er kann, nachdem er vergeben hat, wirklich besser schlafen. Er bringt also mit seinem Verzeihen die gestörte Ordnung, die er auch für sich als verbindlich anerkennt, ein Stückweit wieder in Harmonie. Daß man über die Möglichkeit des Verzeihens im Nahost-Konflikt nicht nachdenkt, hängt mit dem Haß zusammen. Haß bedeutet, daß man auf gar keinen Fall vergeben will, daß überhaupt keine Umstände denkbar sind, unter denen man vergeben könnte. Und so bleibt dort die Welt konsequenterweise auch permanent in Unordnung.

Christus formuliert paradoxerweise, daß man einem, der einen auf die rechte Wange schlägt, auch noch die linke hinhalten solle, und auf die Frage, ob man siebenmal verzeihen solle, antwortet er: „Nein, sieben mal sieben." Christus ist eigentlich auf die Welt gekommen, um uns zu erlösen, also auch, um unser Gewissen zu schärfen, um uns begreiflich zu machen, was Schuld ist, und um die Schuld, soweit es in unserer Kraft steht, von uns fernzuhalten. Er formuliert auch, daß wir in dem Maße, in dem wir schuldlos sind, glücklich sind. Man ist nicht in dem Maße, in dem man Geld oder Macht ansammelt, glücklich, sondern in dem Maße, in dem man sich von Schuld freihält. Und bei diesen Bemühungen wollte Christus uns helfen.

Eine dollarregierte Kultur, die sich auf Christus beruft

Und dann schauen wir einmal darauf, daß man die Türkei als ein islamisches Land in gewissen Kreisen aus der EU fernhalten will, weil man selbst eine christliche Kultur vertritt. Was ist denn von dieser Christlichkeit unserer Kultur übriggeblieben?

W.W.: Nichts.

M. Engelhard: Genau. Die sogenannte Christlichkeit ist nichts weiter als ein Schild. Ein historisches Faktum wird einfach zu einem aktuellen deklariert, ohne daß irgendeine Substanz dahintersteht. Das gehört zu dem Lächerlichsten, was man sich überhaupt nur vorstellen kann: eine dollarregierte Kultur, die sich auf Christus beruft! Und mit diesem Argument möchte sie andere Menschen ausschließen. Das ist phantastisch unchristlich!

Die Kollektivschuld vieler Deutscher

W.W.: Der Begriff „Kollektivschuld“ wird oft auf das deutsche Volk angewendet und beruht auf der Beteiligung an nationalsozialistischen Verbrechen und deren Duldung. In letzter Zeit wird eher der Begriff „kollektive Verantwortung“ verwendet, mit dem die Pflicht der Deutschen zur Wiedergutmachung verbunden wird. Kann man allgemein von einer Kollektivschuld eines Volkes oder einer Gruppe sprechen?

M. Engelhard: Es begann mit Theodor Heuss, der von einer Kollektivscham sprach, was den Dingen schon einigermaßen nahekommt. Scham empfindet man nur, wenn man Schuld hat. Man kann nicht von Kollektivscham sprechen ohne daraus die Schlußfolgerung, daß man eine Kollektivschuld hat. Dann gibt es die Kollektivverantwortung. Beide Begriffe wollen eigentlich dem Nachdenken über eine Kollektivschuld ausweichen.

Irgend jemand möge mir doch bitte erklären, warum Hunderttausende von Deutschen das Vorgehen der Nazis während der Reichskristallnacht geduldet haben. Gerade gestern sah ich einen Fernsehfilm über Joseph Goebbels, in dem auch die Reichskristallnacht dokumentiert war, und man sah, wie zahlreiche Deutsche zuschauten, als die Flammen aus den Synagogen schlugen. Alle diese Menschen, die zugeschaut haben, die Goebbels' Worte hingenommen haben, sie alle haben sich schuldig gemacht, auch wenn sie selbst keine Juden totgeschlagen haben.

Einer kommentierte sogar die Tatsache, daß man Matratzen und andere Gegenstände einer jüdischen Wohnung durch das Fenster auf die Straße warf, mit der fadenscheinigen Begründung: „Ich dachte, das sei ein Umzug.“ Ein Umzug durch Männer in SA-Uniform! Das kann ja wohl nicht wahr sein! Das bedeutet, daß man weggeschaut hat, daß man wußte, worum es ging, und Goebbels hatte es auch als Erfolgsmeldung ganz öffentlich deklariert, daß -zig Synagogen in Flammen aufgegangen sind. Warum alle diese Menschen, die zugeschaut oder gar mitgemacht haben, keine Kollektivschuld haben sollen, das möge mir bitte einmal jemand erklären. Das verstehe ich rein intellektuell nicht.

Auch wer Adolf Hitler war, war ohne weiteres vor den Wahlen zu erkennen, und zwar aufgrund seiner eigenen Worte, nicht etwa der Äußerungen seiner Gegner. Man brauchte sich nur anzuhören, was dieser Mensch für einen barbarischen unmenschlichen Quatsch deklamierte. Er begründete eine politische Bewegung, deren Grundlage der Rassenhaß war. Wie kann man so etwas wollen? Ich werde das niemals begreifen, und es ist für mich eines der größten Geheimnisse der Weltgeschichte, wie so viele Menschen darauf hereinfallen konnten.

Eine Frau kommentierte in dem Goebbels-Film, daß er bei Versammlungen reden konnte, was er wollte, und die Menschen als Antisemiten aus der Versammlung heraustraten. Muß man Antisemit werden, wenn man Herrn Goebbels reden hört? Ich sehe da eigentlich keine Notwendigkeit, aber viele Menschen behaupteten, daß es notwendig war. Diese Menschen waren nicht mehr frei und konnten nicht mehr entscheiden. – Natürlich gibt es auch eine große Anzahl Deutscher, die sich gegen ihn entschieden haben, aber die letzte Wahl begründete eine Kollektivschuld derer, die ihn gewählt haben. Es war zu erkennen, daß Hitler ein menschenverachtender politischer Führer war. Und wie kann man einen Menschen wählen, der die Menschenrechte und die Menschenwürde auf dermaßen tiefste Weise verachtet?

W.W.: Also halten Sie den Begriff Kollektivschuld für vollkommen berechtigt?

M. Engelhard: Zumindest insoweit, als eine große Anzahl von Deutschen an einem riesigen Verbrechen teilgenommen hat und die Mehrheit es geduldet hat. Schuld ist auch, Unrecht zu dulden, gegen das man hätte einschreiten können.

W.W.: Sollte man dann von einer Kollektivschuld aller Deutschen sprechen?

M. Engelhard: Nein, ich würde nicht von einer Kollektivschuld *der* Deutschen sprechen, denn schließlich gab es auch Deutsche, die gegen den Faschismus gekämpft haben. Aber man kann von der Kollektivschuld derjenigen sprechen, die aktiv oder passiv beteiligt waren. Man brauchte ja nicht auf die Versammlungen zu gehen, auf denen gegen die Juden gehetzt wurde.

Einem berühmten Neurologen aus Freiburg wurde damals vom Reichsministerium die Leitung des Euthanasieprogramms angetragen. Aber er hat Nein gesagt. Und es ist ihm überhaupt nichts passiert. Auf diese Weise hätten viel mehr Deutsche Nein sagen können, weil es elementare sittliche Werte gibt. „Ich kann so etwas nicht tun, aus Achtung vor mir selbst!“ So hätte man als Deutscher reden und handeln müssen. Aber von solchen Menschen hat es leider viel zu wenige gegeben.

Die anderen, die dann die Leitung z.B. des Euthanasieprogramms übernommen haben, sagten später, sie hätten keine Wahl gehabt. Aber sie hatten eine!

W.W.: Gibt es eine Schuld an den Nazi-Verbrechen für diejenigen Deutschen, die nicht aktiv beteiligt waren bzw. später geboren wurden?

M. Engelhard: Nein, hier tritt das ein, was man unter dem Begriff der kollektiven Verantwortung versteht. Schuld haben diejenigen, die während der Nazi-Zeit noch ganz jung waren oder später geboren wurden, nicht.

Vergessen im Rausch des Hasses und des Wahns

W.W.: Welche persönliche Stellung haben Sie zu der Nazi-Generation?

M. Engelhard: Ich habe in meinem Leben zwei oder drei Menschen kennengelernt, die im Widerstand waren. Vor kurzem ist gerade einer meiner besten Freunde gestorben, der als 15jähriger als Kurier des italienischen Widerstands gearbeitet hat. Dann habe ich einen Herrn Deichmann kennengelernt, auf dessen 90. Geburtstag ich eine Rede gehalten habe; er hat in Rumänien Zigtausenden von Juden das Leben gerettet. Dann gibt es noch meinen väterlichen Freund von Herwarth; er gehörte zum militärischen und zivilen Widerstand und hatte 14 Tage die Bombe für Herrn Hitler, die Stauffenberg dann gezündet hat, unter seinem Feldbett versteckt. – Ich habe die Bekanntschaft mit diesen Männern als eine Art Erlösung empfunden. So hätte ich mir meinen Vater und meinen Großvater gewünscht. Daß es deutsche Männer gab, die sich so verhalten haben! Ich habe zwar meinen Vater geliebt, aber eine tiefe Achtung konnte ich nicht vor ihm haben; ebenfalls nicht vor dieser ganzen Generation.

Da setzt natürlich der Akt des Verzeihens bei *mir* ein. Aber Achtung setzt achtungswürdiges Verhalten voraus. Und das hat es in Deutschland viel zu wenig gegeben. Man sagt ja auch, daß der deutsche Widerstand die deutsche Ehre gerettet habe, aber das scheint mir doch eine viel zu einfache Formulierung für diejenigen zu sein, die die deutsche Ehre beschmutzt haben. Das Problem des deutschen Widerstandes war, daß das Volk an ihm nicht teilnahm. Dieser Widerstand mußte vor dem deutschen Volk verborgen werden; in Belgien, Holland, Italien und anderen Ländern war das völlig anders. In diesen Ländern wurden die Widerstandskämpfer gegen die Barbarei unter eigener Gefahr vom Volk unterstützt.

Aber was ist das für ein Volk, in dem es gefährlich ist, gegen einen Verbrecher wie Hitler zu kämpfen? Eigentlich müßte das die Sympathie der Menschen erregen. Aber es stimulierte ihren Vernichtungswillen. Ich verstehe es nicht. Es gibt tausenderlei von Erklärungen zu diesem Phänomen, aber es bleibt ein großer Rest an Unerklärlichem übrig. Es ist für mich nicht verstehbar, obwohl ich mich wirklich sehr bemüht habe. Elementarste sittliche Werte sind in diesem Volk verschwunden, in einer Nation, die nun wirklich über eine große geistige Hinterlassenschaft verfügt und in der man deutlich ausgesprochen hat, was Recht und Unrecht ist. Aber unter Hitler wurde alles vergessen, vergessen im Rausch des Hasses und des Wahns. Welteroberung, Herrenrasse - was sind das alles für unsägliche Idiotien!

Das spezielle deutsche Verhältnis zu Israel

W.W.: Gehen wir einmal von der Schuld der Deutschen an den Juden aus: Welchen Anteil haben die Nazi-Verbrechen an der Gründung des Staates Israel? Waren dies die entscheidenden Gründe für die UN-Resolution vom 29.11.1948 für die Teilung Palästinas zum 1.11.1948?

M. Engelhard: Von dieser Schuld der Deutschen muß man ausgehen, und ohne die Schuld der Deutschen hätte es den Staat Israel trotz Theodor Herzl nicht gegeben. Die Juden brauchten eine Zuflucht. Insofern herrscht bis in alle Ewigkeit zwischen Deutschen und Juden bzw. zwischen Deutschland und dem Staat Israel ein spezielles Verhältnis.

W.W.: Sind wir Deutschen dann auch an den Verbrechen des Staates Israel an den Palästinensern mitschuldig?

M. Engelhard: Nein. Auf gar keinen Fall. Ich weigere mich, diese Schuld anzuerkennen. Denn die Israelis sind frei. Sie können sich entscheiden, und was sie tun, ist ihre Verantwortung. Daß aus der Notwendigkeit der Begründung des Staates Israels die Notwendigkeit, Palästinenser umzubringen, entstünde, das sehe ich nicht ein. Ich weigere mich, so zu denken, und zwar aus Respekt vor der Freiheit der Israelis.

W.W.: Aber bei der Begründung des Staates Israel, Ende der 40er Jahre, wurden die Palästinenser massiv vertrieben und ermordet. Haben die Deutschen nicht hier eine Mitschuld?

M. Engelhard: Ich würde sie nicht von Mitschuld freisprechen wollen, obwohl ich die primäre Schuld bei den Israelis sehe. Den Palästinensern ist schon durch die schlichte Tatsache der Gründung des Staates Israel großes Unrecht geschehen. Insofern der Staat Israel überhaupt gegründet wurde, tragen die Deutschen an dem anfänglichen Unrecht der Israelis Mitschuld. Aber nicht an dem, was anschließend folgte. Die Schuld der Israelis besteht darin, daß sie das Lebensrecht dieses unendlich gequälten Volkes bis heute nicht richtig anerkennen. Das gleiche muß man aber auch von palästinensischer Seite sagen: Auch sie erkennen das Lebensrecht des ebenfalls unendlich gequälten Volkes der Juden nicht an. Und wenn es in ihren Reihen heißt, daß man das Volk Israel ins Meer treiben wolle, dann provoziert man auf seiten Israels natürlich jede denkbare Verteidigungsstrategie. Und alles muß man natürlich vor der entsetzlichen Erfahrung sehen, die die Israelis mit den Deutschen gemacht haben.

Hier gibt es einen Selbstverteidigungskomplex, der den eines jeden anderen Volkes übersteigen muß. Angesichts einer Sprache, die Hamas und andere radikale Kräfte führen, sollte das von uns Deutschen ganz besonders begriffen werden. Das zu verstehen, ist die erste Voraussetzung, damit wir uns in diesen Zusammenhang einordnen können. Die Israelis können auf die tagtägliche Bedrohung nicht normal wie andere Völker reagieren. Es gibt ja kaum einen Juden, von dem nicht irgendwer in der Familie oder im engeren Freundeskreis ermordet worden ist. Und die ungeheure Härte, mit der sich ein großer Teil der israelischen Bevölkerung verteidigen will, hängt natürlich mit diesen historischen Erfahrungen zusammen. Das bedeutet aber nicht, daß bei ihnen die Schuld ausgeklammert ist. Verstehen bedeutet keineswegs zu behaupten, daß keine Schuld vorliegt.

Vor einigen Tagen las ich wieder in der Zeitung, daß israelische Panzer in ein palästinensisches Dorf eingezogen sind. Drei Palästinenser haben auf die Panzer geschossen, wurden sofort umgebracht und anschließend als Terroristen bezeichnet. Das Selbstverteidigungsrecht wurde ausgeschlossen. Was erwartet man denn von den Palästinensern, wenn israelische Panzer auf ihre Häuser schießen? Ist es ihre Menschenpflicht, danebenzusitzen und sich totschießen zu lassen? Das ist für mich so unsäglich absurd, daß mir einfach die Worte fehlen. Da kommen in mein Land Panzer mit dem Ziel, Häuser zu zerstören und Menschen zu töten, und mir wird das Recht abgesprochen, mich zu wehren? Das ist absurd, und es hat mir noch kein Mensch erklären können, wie das zu rechtfertigen wäre.

Die Kritik an Israel als Freundschaftsakt

W.W.: Ist es berechtigt, wenn man von israelischer Seite den Deutschen oftmals Antisemitismus vorwirft, sobald sie die israelische Politik gegenüber den Palästinensern sachlich kritisieren?

M. Engelhard: Die Kritik an der Politik Israels gegenüber den Palästinensern ist ein Akt tiefer Freundschaft gegenüber dem israelischen Volk. Wenn ich humane Sympathie mit den Israelis habe, muß ich ihnen raten, ihr fehlerhaftes Vorgehen in den palästinensischen Gebieten zu unterlassen. Denn damit verspielen sie ihre eigene Selbstachtung. Wenn die nächste Generation der Israelis nach vielleicht 30 Jahren auf diese Politik zurückschaut, werden die jungen Menschen wahrscheinlich sagen: „Um Gottes Willen, was haben wir da gemacht?!"

Das unterentwickelte Gewissen

Ich denke dabei an einen Schweizer Polizisten, der während der Nazi-Zeit nicht, wie das Gesetz es befahl, die Juden zurück nach Deutschland getrieben, sondern sie ins Land gelassen hat. Er konnte es vor seinem Gewissen nicht verantworten, daß sie in die Hände der Mörder zurückgetrieben wurden. Er handelte anders als alle anderen und rettete damit die Ehre seines Volkes, aber er wurde entlassen und verlor bis zum Lebensende seine Pensionsberechtigung. Die Menschen, die er gerettet hatte, sowie deren Kinder und Enkel setzten sich für ihn ein, aber es nützte nichts.

W.W.: Warum nicht?

M. Engelhard: Weil die Anerkennung der Richtigkeit seines Verhaltens zu gleicher Zeit das Urteil über das Fehlverhalten aller anderen gewesen wäre. Man hatte ja nur ein Gesetz befolgt. Und das war auch die Entschuldigung aller Deutschen, die während der Zeit des Dritten

Reiches im Reichsministerium des Inneren, geführt von Herrn Himmler, alles unterschrieben hatten. Alle Gesetze wurden von Tausenden von Beamten durchgeführt. Die Fähigkeit, aufgrund des eigenen Gewissens Nein zu sagen, war in dieser Zeit der deutschen Geschichte auf eine erstaunliche Weise unterentwickelt.

Bis zum letzten Mann?

W.W.: Können Sie die palästinensischen Selbstmordattentäter verstehen? Haben sie wirklich religiöse Motive, oder sind ihre Attentate weitgehend aus nackter Verzweiflung gegen einen übermächtigen Unterdrükkungsstaat geboren?

M. Engelhard: Vorwiegend ist es ein Akt absoluter Selbstbehauptung. Man will überhaupt noch existieren. Wenn man ihre Führer in den palästinensischen Gebieten oder im Libanon gezielt mit Raketen angreift, werden sie dadurch veranlaßt, ähnliches zu tun. Allerdings kommen sie an Herrn Scharon und seine Minister nicht heran, weil sie nicht über die entsprechende Technik verfügen. Deshalb müssen sie sich mit ihren Mitteln wehren. Ihre Waffen sind gegenüber den israelischen primitiv. Modernste israelische Waffen werden eingesetzt, um die primitiven Waffen der Palästinenser zu zerstören. Diese Situation ist vollkommen absurd.

W.W.: Welche Lösung sehen Sie denn überhaupt noch für Palästina auf staatlicher Ebene, nachdem Scharon die Siedler aus Gaza abgezogen hat, aber im Gegenzug die Road Map und den Abzug der Siedler aus dem Westjordanland fallengelassen hat?

M. Engelhard: Etwas überspitzt gesagt scheint diesem Mann nichts als das Draufschlagen einzufallen. Das ist eine ähnliche Handlungs- und Denkweise wie die von George W. Bush.

W.W.: Dann wird man sich also bis zum letzten Mann gegenseitig auslöschen?

M. Engelhard: Wenn es so weitergeht, wird es so kommen. Die Toten werden sich zu Bergen häufen. Alles mit der Begründung, daß man weitere Tote verhindern möchte. Die Leichenberge werden sich also auf beiden Seiten weiterhin auftürmen, bis eine oder beide Seiten begreifen werden, daß es auf diese Weise nicht weitergehen kann.

Beide Seiten haben eine ähnliche Denkweise. Das Problem des palästinensischen Volkes ist, daß die israelische Regierung permanent Ursachen setzt, die bei der palästinensischen Bevölkerung Wut und Haß hervorrufen und die dann zur Folge haben, daß man auf palästinensischer Seite den Selbstmordattentätern immer mehr Sympathie entgegenbringt. Wann immer sich ein Gewissen der palästinensischen Bevölkerung gegenüber dem palästinensischen Terrorismus rührt, kommen wieder die Israelis und schießen Frauen und Kinder tot. Und dann sagen sie sich: So geht es nicht, solange die Israelis entsprechend handeln, tun wir es auch. Dann kommt wieder ein palästinensischer Selbstmordattentäter, spaziert in ein israelisches Café und sprengt völlig unschuldige Menschen in die Luft. Und dann nimmt die israelische Regierung wieder Rache und so weiter und so fort. – Bedenkenswert ist allerdings die Zahl der Toten auf beiden Seiten. Es ist völlig unbestritten, daß mindestens dreimal so viele Palästinenser wie Israelis getötet werden.

W.W.: Das Verhältnis ist genau 1000 : 3500. Das stand heute in der Presse.

M. Engelhard: Sehen Sie, genau das ist das Problem. Das ist ein sittliches Problem. Wieso bringt der angeblich Angegriffene dreieinhalbmal mehr Menschen um als der Angreifer? Normalerweise ist das umgekehrt. Als die Deutschen während des Dritten Reiches Rußland angriffen, kamen etwa vier Millionen Deutsche zu Tode bzw. in Gefangenschaft, brachten aber 20 bis 25 Milionen Menschen aus den sowjetischen Völkern um. Das ist ein normales Verhältnis zwischen Angreifern und Verteidigern. Aber daß die angeblich Angegriffenen dreieinhalbmal so viele Menschen umbringen wie die Angreifer – das ist in der Weltgeschichte einmalig. Ich kenne keinen einzigen Parallelfall.

Aber Sie fragten nach einer Lösung in Palästina: mit Herrn Scharon und Herrn Bush sehe ich keine. Die Voraussetzung für die Lösung des Nahost-Problems ist die Erkenntnis, daß beide Seiten gleichermaßen Schuld auf sich geladen haben. Solange man nur von dem Selbstverteidigungsrecht der Israelis spricht, nicht aber von dem Recht der Palästinenser auf eine entsprechende Selbstverteidigung, ist eine Lösung nicht in Sicht. Und so lange wird das gegenseitige Morden weitergehen. Das aber bedeutet gleichzeitig, daß Europa und die gesamte westliche Welt an diesem Morden mitschuldig sind. Wir alle müssen auf dem Lebensrecht der Palästinenser bestehen, und zwar mit der gleichen Intensität wie auf dem Lebensrecht der Israelis. Und das ist kein antisemitischer Akt, sondern ein Akt, der sich aus unserer Schuld gegenüber den Juden der Welt ergibt.

„Darauf wäre Joseph Goebbels stolz gewesen"

W.W.: Daß der Irak-Krieg seitens der US-Administration mit Lügen bemäntelt wurde, war vielen Menschen schon Monate vor dem Krieg klar. Mittlerweile ist es auch offiziell bekannt, daß sämtliche Kriegsgründe – Massenvernichtungswaffen, Al-Qaida-Verbindung, Uranlieferungen aus dem Niger usw. – nichtig waren. Selbst Verteidigungsminister Rumsfeld und der ehemalige Zivilverwalter im Irak, Bremer, haben es auf Pressekonferenzen am 5.10.2004 mehr oder weniger zugegeben. Welche Schuld hat sich das amerikanische Volk und vor allem die US-Regierung mit dem Irak-Krieg aufgeladen?

M. Engelhard: Hier würde ich zwischen Schuld und mangelndem Verständnis differenzieren. Die Berichte über Bremers Äußerungen waren übrigens sehr eigenartig: Die erste Nachricht war ganz anders als die Folgenachrichten. In der ersten Fernsehnachricht über Bremers Kritik an den amerikanischen Truppen stand, daß er zwei große Fehler angemerkt habe: daß es zu wenig Truppen im Land gegeben habe und man den gesamten Irak polizeilich und militärisch hätte besetzen müssen. Weil dies nicht geschehen sei, hätten sich in großen Gebieten des Irak immer mehr terroristische Elemente einnisten können. Die zweite Kritik galt den Plünderungen des Nationalmuseums, des Koran-Instituts in Bagdad usw. Diese zweite Kritik Bremers habe ich nur ein *einziges* Mal in den Berichten über die Bremer-Kritik gehört. Anschließend wurde sie von den meisten Redaktionen gestrichen.

Was mich bei der Fernsehdiskussion der Vizepräsidentschafts-Kandidaten im US-Präsidentschaftswahlkampf auch sehr gewundert hat, ist, daß man über Abu Ghraib kein Wort verloren hat. Edwards hat das mit keinem Wort erwähnt, und das gegenüber einer Regierung, die das zu verantworten hat. Auch Guantanamo Bay wurde mit keinem Wort erwähnt. Was sind das für Demokraten? Immerhin ist es die Ehre der Vereinigten Staaten, die hier beschmutzt worden ist. Warum tritt hier niemand für die Ehre seiner Nation ein? Das ist für mich vollkommen rätselhaft. Die Frage der Selbstachtung spielt in der politischen Auseinandersetzung anscheinend überhaupt keine Rolle mehr. Hier stehe ich mit meinem Verständnis vor einer dunklen Wand. Warum kann eine Opposition, die einen Präsidenten stellen will, nicht sagen: Wir wollen die Ehre der amerikanischen Nation wiederherstellen, die durch diese Regierung aufs Übelste verletzt worden ist? Eigentlich wäre dies das Zentralproblem, wenn man ein wahrer Patriot ist. Patriotismus besteht nicht darin, die eigene Nation über andere Nationen zu setzen, sondern die sittliche Ehre der Nation als das höchste Gut zu betrachten. Das wäre guter, richtiger, freiheitlicher Patriotismus.

W.W.: Und welche historische Schuld haben die USA sich mit dem Irak-Krieg gegenüber der irakischen Kultur und dem irakischen Volk aufgeladen?

M. Engelhard: Hier sollte man sich die Einstellung der US-Bürger zum Irak-Krieg anschauen. Bis vor kurzem waren noch 65 % derjenigen, die die Republikanische Partei wählen, der Meinung, daß Saddam Hussein für den 11. September 2001 mitverantwortlich war. Das ist eine Leistung - und das sage ich mit aller Deutlichkeit -, auf die Joseph Goebbels stolz gewesen wäre: mit einem nicht vorhandenen Faktum einen Krieg zu rechtfertigen. Da wird indirekt oder direkt insinuiert, daß Saddam Hussein Mit-Initiator des entsetzlichen Verbrechens vom 11. September gewesen sei. Natürlich wird dieser Zusammenhang nie genau erklärt, weil es ihn nicht gibt.

Das Versagen der amerikanischen Intellektuellen

Diese Einstellung hat sich offenbar bei den nicht-republikanischen Wählern geändert. Aber zunächst suchte man aufgrund des ungeheuren Schocks des 11. September einen Gegner. Es kam eigentlich überhaupt nicht darauf an, ob er etwas mit dem 11. September zu tun hatte, man brauchte einfach irgend jemanden, den man aus Rache vernichten konnte. Und da gab es so furchtbar viele böse Taten von Saddam Hussein, daß er der geborene Gegner wurde. Hinzu kommt, daß die Lynchjustiz, die Todesstrafe, der flächendeckende Waffenbesitz Produkte dieses in den USA lebendigen Rachegedankens sind. Das mag alles verständlich sein, ändert aber nichts daran, daß es in bezug auf den 11. September und den Irak-Krieg ein totales Versagen der amerikanischen Intellektuellen gegeben hat. Es gab zwar einige Studenten und Schauspieler, die gegen den Irak-Krieg protestiert haben, aber alles in allem gab es eine Welle des Hasses und des gerichteten Willens, mit einem Krieg das irakische Regime zu vernichten.

Psychologische Erblindung

W.W.: Es ist mir nach wie vor unbegreiflich, daß das amerikanische Volk mehrheitlich diesen Krieg unterstützt hat und ihn noch heute als richtig empfindet, dabei aber offensichtlich den einfachsten sachlichen Argumenten nicht zugänglich ist, wie z.B. bezüglich der Kriegslüge, dem Ansteigen des Terrorismus, Saddam Husseins angeblicher Schuld am 11. September 2001, den Erniedrigungen der arabischen Welt. In der ersten Fernsehdiskussion des US-Wahlkampfes zwischen Kerry und Bush hat Kerry ausgesprochen, daß Saddam Hussein nichts mit dem 11. September zu tun gehabt habe, und Bush hat dies bestätigt. Meinen Sie, daß diejenigen Amerikaner, vor allem die republikanischen Wähler, die an eine Beteiligung Saddams Husseins glaubten, dies nach dieser Fernsehdiskussion der Präsidentschaftskandidaten immer noch glauben?

M. Engelhard: Ja, das ist das Verrückte!

W.W.: Wie ist so etwas zu erklären?

M. Engelhard: Ich habe einmal eine Rede für von Weizsäcker über das Waldsterben entworfen. Nachdem die Grünen 20 Jahre behauptet hatten, unser Wald stürbe, hatten zu dem damaligen Zeitpunkt die Schwarzwaldbauern herausgefunden, daß ihre Bäume starben. Sie hatten aufgrund ihrer Ideologie und ihrer anti-ökologischen Haltung das Sterben der eigenen Bäume nicht bemerkt. Und plötzlich dämmerte ihnen, daß die Grundlage ihrer wirtschaftlichen Existenz zu sterben begann. Das Verrückte daran war, daß diese Blindheit 20 Jahre lang anhalten konnte, selbst bei den Betroffenen.

W.W.: Sie sahen also den Wald vor lauter Bäumen nicht?

M. Engelhard: Genauso ist es. Bäume starben immer, so dachte man. Aber daß die Bäume noch nie in dieser hohen Anzahl starben, bemerkte man nicht. Das ist ein Phänomen der Psyche, daß bestimmte Ideologien die Augen auf eine bestimmte Weise erblinden lassen, die geradezu verrückt ist.

Und ähnlich ist es in bezug auf die Umstände des Irak-Krieges: Mittlerweile gibt es genügend Berichte darüber, daß das Hussein-Regime keine Verbindung zu Al-Qaida hatte, daß Saddam Hussein keine Verbindung mit dem 11. September hatte und daß es zur Zeit des Krieges keine Massenvernichtungswaffen mehr im Irak gab. Gleichwohl behaupten nach wie vor sehr viele Amerikaner weiterhin, daß Saddam Hussein am 11. September beteiligt gewesen sei.

Hintergrund ist das Thema unseres Gesprächs: Es ist eine Flucht vor dem eigenen Schuldgefühl! Man will selbst bei dem unsäglichsten Quatsch ein reines Gewissen haben. Man will nicht schuld gewesen sein. Aus der dunkelsten und verrücktesten Ecke werden Rechtfertigungsgründe für eigentlich nicht Entschuldbares hervorgezerrt. Und wenn es keine Gründe mehr gibt, dann gibt es immer noch das dunkle Gefühl, daß die eigene Handlungsweise doch richtig war. Das sind Reaktionen, die symptomatisch anzeigen, daß das menschliche Gewissen nicht mehr richtig funktioniert. Denn sonst müßte man sagen: Das ist Unrecht!

„Die ganze Welt wurde vor dem Irak-Krieg angelogen"

Auch wenn die jetzige Generation den Zweiten Weltkrieg nicht mehr miterlebt hat, so kennt man ihn doch noch sehr gut aus Erzählungen, geschriebenen Berichten oder durch Bilder. Ich selbst habe noch traumatische Kriegserinnerungen aus meiner Kindheit. So etwas kennen die Amerikaner nicht. Deswegen erscheint uns ihre Erschütterung nach dem 11. September so disproportional, und wir stehen angesichts der amerikanischen Reaktion im Grunde vor einem Rätsel. Aber wir unterschätzen die Tiefe des Schocks, die diese Bilder in der amerikanischen Seele ausgelöst haben. Man kann sich diesen Schock nicht tief genug vorstellen.

Was ich jedoch als das weitaus Übelste der gegenwärtigen amerikanischen Politik betrachte, ist die Tatsache, daß sie nichts tut, um diesen Schock zu mildern - denn Schock bedeutet eine enorme neurotische Störung der amerikanischen Seele -, sondern daß sie alles tut, um die Ängste, die mit diesem Schock verbunden sind, aufzuputschen. Das ist im Grunde das Mittel, das alle Diktatoren - vor allem die in Deutschland - angewandt haben. Man schürt Ängste, Haßgefühle, Instinkte, um sie dann auf die eigenen politischen Mühlen zu leiten.

Nicht Rationalität, sondern ungeprüfte fehlgeleitete Emotionalität bestimmt die Politik der derzeitigen amerikanischen Regierung. So etwas ist eines demokratischen Staates nicht würdig. Die Politiker eines demokratischen Staates sollten nur rational mit ihren Bürgern reden und ihnen lediglich das sagen, was sie rational verkraften können. Statt dessen fälschte man Dokumente und sprach bewußt die Unwahrheit. Immer wieder hört man aus Geheimdienstkreisen, daß man von Anfang an keinerlei Beweise für Massenvernichtungswaffen hatte. Und dann sehe ich noch Colin Powell, wie er im Februar 2003 vor der UNO-Vollversammlung seine angeblichen Beweise mit Satellitenbildern und Zeichnungen von Lastwagen vorlegte! Die ganze Welt wurde angelogen!

Selbst wenn die amerikanische Regierung geglaubt hätte, daß die Analyse ihrer Recherchen richtig war, wieso gab es denn niemanden in der gesamten Regierung, der auf einer sorgfältigeren Prüfung bestanden hatte? Es gab ja Stimmen von Amerikanern, die behaupteten, daß sämtliche Beweise nicht stimmten; und wenn solche Stimmen von Amerikanern erhoben werden, hat eine Regierung die Pflicht, die eigenen Anschuldigungen sorgfältiger zu prüfen. Aber nichts dergleichen geschah, und man griff gierig nach jedem Anhaltspunkt, um das eigene Handeln rechtfertigen zu können. Gleichzeitig wurde das Volk aufgeputscht, so daß seine tiefe innere Erschütterung ständig wachgehalten wurde. Oder denken Sie nur an das unendlich alberne Gehabe in bezug auf Anthrax. Eine erwachsene Nation kann sich eigentlich überhaupt nicht so verhalten. Da wurden kleine weiße Stäubchen monatelang über die amerikanische Seele gestreut, um die Angst aufrechtzuerhalten.

„Man wollte den Krieg"

W.W.: Wie erklären Sie aber die Pressekonferenz von Rumsfeld Anfang Oktober 2004, auf der er erstmals erklärte, es habe im Irak tatsächlich keine Massenvernichtungswaffen gegeben? Auch wenn er kurz darauf wieder zurückruderte, was ist denn in ihn gefahren, so etwas auszusprechen?

M. Engelhard: Am Tag danach wurde der Bericht von Charles Duelfer (dem Leiter, der mit der Suche nach den vermuteten Massenvernichtungswaffen beauftragt war; W.W.) veröffentlicht, und dessen Ergebnis kannte er. Wahrscheinlich waren die Beweise für ihn so erdrückend, daß ihm gar nichts anderes übrigblieb.

In der Cheney-Edwards-Diskussion wurde dann auch gesagt, daß Saddam Hussein nichts mit Osama bin Laden zu tun gehabt habe, aber mit Al-Sarkawi! Und das stützte sich auf eine einzige Nachricht, daß Al-Sarkawi zur Zeit Saddam Husseins zu einer Herzoperation in Bagdad gewesen sei. Aber da hat er im Irak keinerlei terroristische Aktionen durchgeführt. Und nun wird die pure Anwesenheit Al-Sarkawis in Bagdad zu Zeiten Saddam Husseins nachträglich als eine Rechtfertigung für die Behauptung einer Verbindung Saddam Husseins zu Terroristen und damit als Kriegsrechtfertigung genommen. Aber die terroristischen Taten Al-Sarkawis wurden erst durch den Irak-Krieg der Amerikaner provoziert.

W.W.: So macht man die Wirkung zur Ursache.

M. Engelhard: Genauso ist es. Immer noch werden neue Kriegsgründe erfunden. Und Cheney weiß natürlich ganz genau, wie die wirkliche

Sachlage ist. Das ist Politik von einer Unredlichkeit, die einen nur in Erstaunen versetzen kann. Aber ich hoffe, daß die Amerikaner nun allmählich merken, was wirklich passiert und wie dieser Krieg zustandegekommen ist: weil man ihn wollte! Dieser Krieg war lange vor dem 11. September gewollt und geplant.

Die Schuld der amerikanischen Regierung

W.W.: Bush hat seine Politik weitgehend mit dem Kampf gegen den Terrorismus begründet, aber seit dieser Politik hat der Terrorismus weltweit vehement zugenommen. Erreicht hat er also das Gegenteil. Besonders kraß drückt sich dies im Chaos des Nachkriegs-Irak aus, unter dem die Menschen im Irak besonders leiden. Welche Verantwortung hat die US-Regierung gegenüber dem irakischen Volk?

M. Engelhard: Die Verantwortung und die Schuld liegen eindeutig auf seiten der derzeitigen amerikanischen Regierung. Bremer hat durchaus recht, daß es viel zu wenig Truppen im Irak gab, so daß man die gesamte Sicherheitslage überhaupt nicht beherrschen konnte. Andererseits muß man sehen, und das vergessen wir so leicht, daß es sich bei den Irakern in großen Teilen um ein tief religiöses Volk handelt. Man mag es als aufgeklärter Europäer für mittelalterlich halten, aber es ist eine Tatsache, daß diese frommen Muslime in ihrem Land keine fremden ungläubigen Beherrscher mögen. Die pure Anwesenheit westlicher Menschen, die in ihrem Lande westlich gekleidet auftreten, Alkohol trinken und Schweinefleisch essen, ist ein großes Problem. Hinzu kommt der nun wirklich historisch nachweisbare Unabhängigkeitswille der Araber. Sie sind ein freiheitsliebendes Volk, und Freiheit bedeutet, keinem anderen, besonders keinem Fremden, untertan zu sein.

Keine Lösung im Irak?

W.W.: Welche Lösung sehen Sie denn überhaupt noch für den Irak? Ist ein sofortiger Abzug der ausländischen Soldaten noch möglich?

M. Engelhard: Wenn sie abziehen, bricht das absolute Chaos aus. Die irakischen Sicherheitskräfte sind weder zahlenmäßig ausreichend noch entsprechend ausgerüstet, um im Land für Sicherheit sorgen zu können. Hinzu kommt, daß die Amerikaner keineswegs nur irakische Ziele verfolgen, sondern amerikanische. Und die provisorische Regierung des

Irak ist so schwach, daß sie dem nichts entgegensetzen kann. Die Amerikaner tun, was sie wollen. Das führt zu einer zunehmenden Ablehnung seitens des Volkes und zu immer weiteren Terroranschlägen.

W.W.: Was wäre die beste Lösung für den Irak? Gibt es die überhaupt nach den derzeitigen Geschehnissen?

M. Engelhard: Die Schwierigkeit besteht darin, daß sich nach dem Irak-Krieg so viel ideologische Masse - Antiamerikanismus, Islamismus, Terrorismus, organisierte Kriminalität - angehäuft hat, daß sich das gesamte Land in einem absoluten Chaos befindet; vor allem deswegen, weil es riesige geographische Räume gibt, in denen sich das Chaos und der Terrorismus ausbreiten können. Und wenn es eine Zielrichtung der momentanen Gegner des irakischen Regimes gibt, dann sind es die Anschläge auf die Sicherheitskräfte. Vor den Rekrutierungsbüros der Polizisten und der Armee werden die Attentate verübt. Das wichtigste Ziel dieser Chaoten ist also die Verhinderung der Sicherheitslage im Irak. Sie wollen das Chaos. Und die Zahl der amerikanischen Toten steigt von Monat zu Monat.

W.W.: Also sehen Sie auch keine Lösung?

M. Engelhard: Nein. Die Situation ist absolut verfahren. Die Amerikaner haben sich in eine Lage hineingebracht, in der sie machen können, was sie wollen: Sie ziehen immer den kürzeren. Kerry und die Demokraten haben natürlich auch keine Lösung. Eine Lösung des Irak-Problems mit einer neuen amerikanischen Regierung wird es nicht geben. Die derzeitige republikanische Regierung hat alles getan, damit es eine solche Lösung gar nicht geben kann. Das ist natürlich auch der Schwachpunkt von Kerry. Er behauptet zwar, die Irak-Frage lösen zu können, kann dies aber nicht.

Europa braucht alle Menschen

W.W.: Die türkische Regierung wollte den Ehebruch bestrafen, hat diese Absicht aber in letzter Sekunde wieder fallengelassen. Wie stehen Sie zu der Ablehnung des geplanten Strafgesetzpunktes durch Vertreter der EU? Können die Länder der EU die westlichen Menschenrechte als Maßstab eines EU-Beitritts setzen?

M. Engelhard: Wir können wohl nicht verlangen, daß die Türkei ein christliches Land wird. Aber die Türken können auch von uns nicht verlangen, daß wir ihnen zuliebe unsere Gesellschaftsordnung ändern. Man muß also unterscheiden zwischen dem, was in der Türkei gilt und dem, was bei uns gilt. Wir haben in der Türkei die türkische Ordnung und die Türken haben bei uns unsere zu respektieren. In einer Demokratie bestimmt das Volk, welche Ordnung es haben will, also in der Türkei die Mehrheit der Türken und in Deutschland die der Deutschen. Bei uns herrscht Religionsfreiheit, das gehört zum europäischen Standard. Also können und müssen die Europäer von der Türkei, wenn sie denn ein Teil Europas sein will, Religionsfreiheit verlangen. Das Gleiche gilt für alle Grund- und Menschenrechte. Auch wenn es türkischen Männern Freude macht, ihre Frauen zu verprügeln - wenn sie Europäer sein wollen, müssen sie auf diesen Spaß verzichten.

Nun gibt es einige Punkte, wo ein orthodoxer Islam und die Grundrechte in Widerstreit geraten. Diese sind zunächst einmal auszumachen, zu definieren und zu benennen, damit man über sie ins Gespräch eintreten kann. Leider muß man realistischerweise feststellen, daß nichts den Haß so anheizt wie die Religionen. Überall auf der Welt brennen Kirchen, Moscheen, Tempel und Synagogen.

Die Türkei kann der EU nur beitreten, wenn sie sicherstellt, daß damit der innere Friede in der EU nicht gefährdet ist. Das ist nicht nur ein politisches, sondern auch ein theologisches Problem. Hier liegt eine hohe Verantwortung muslimischer Theologen. Die Türkei kann ihre Brückenfunktion zur muslimischen Welt nur erfüllen, wenn sie in ihrem Land, und d.h. auch in ihren Moscheen, die genaue Einhaltung der Menschenrechte durchsetzt. Das wären die Brückenpfeiler auf dem europäischen Ufer. Der Brückenpfeiler auf dem muslimischen Ufer ist ein im Sinne der Menschenrechte aufgeklärter Islam. Ob die Türkei das leisten kann, kann ich nicht beurteilen. Sie geben sich augenscheinlich ganz große Mühe. Diese Entwicklung wird noch manche Jahre dauern. Wir werden ihre Ergebnisse prüfen und nach diesen Ergebnissen entscheiden.

Und nun zu Ihrer Frage: Kriminalisierung des Ehebruchs. Ist das wirklich eine Frage der Menschenrechte, eine Frage der Menschenwürde? Ist eine solche Strafsanktion wirklich mit unserem Europa-Verständnis unvereinbar? Warum? In Amerika ist Beleidigung nicht strafbar. Bei uns ist sie strafbar. Wir schätzen die Ehre einer Person als ein so hohes Rechtsgut ein, daß wir glauben, der Staat solle sie mit Strafsanktionen schützen. Die Amerikaner sind da anderer Auffassung: Sie glauben, die Ehre einer Person sei ihre Privatangelegenheit, in die sich der Staat nicht einzumischen habe. Verhält es sich beim Ehebruch nicht genauso? Darf ein Staat in Europa die Unverbrüchlichkeit der Ehe nicht als ein so hohes

Rechtsgut einschätzen, daß er es mit Strafe bewehrt, wenn die Rechtsgemeinschaft der Überzeugung ist, daß dies rechtens ist?

Ich habe erhebliche Zweifel, ob Herr Verheugen sich hier richtig verhalten hat. Ich meine, daß ein gläubiger demokratischer Türke von Respekt vor der türkischen Kultur und Identität getragen sein darf. Ich habe den Eindruck, weil uns dieses und jenes an dieser Kultur, manchmal sogar zu recht, nicht gefällt, daß wir in Gefahr stehen, sie pauschal und ganz und gar abzulehnen, anstatt all die Dinge und Ideen wahrzunehmen, die uns entweder schon jetzt gemeinsam sind oder unsere eigene Kultur bereichern könnten. Die Idee der Toleranz kann ungeheuer intolerant sein. Als ich die Diskussion im EU-Parlament um Herrn Buttiglione verfolgte, hatte ich zuweilen den ziemlich erschreckenden Eindruck, daß in diesem Europa ein wahrhaft gläubiger Katholik nicht mehr Politiker sein dürfe. Der Satz „Das ist ja ein Freund des Papstes" wurde als Argument gegen Herrn Buttiglione gebraucht. Ich vertrete kaum eine der Gewissenspositionen von ihm, aber wenn wir mit ähnlicher Unduldsamkeit das Gespräch mit den muslimischen Türken führen, wird das ihre Europabegeisterung sicher nicht befeuern. Gerade auf all den Gebieten, die nicht die zentralen Menschenrechte betreffen, sollten wir den Türken die Freiheit lassen, sich nach ihrer tradierten Kultur zu richten. Mein Gott, die Ehescheidungsrechte in Italien, Deutschland, Polen, Irland, Spanien sind doch auch verschieden, ohne daß es irgendwann auffällt, oder einen EU-Kommissar stört.

Und da denke ich wieder an Goethe, der einmal formulierte: „Wenn Ihr einander schon nicht lieben könnt, versucht doch wenigstens, einander anzuerkennen." Das ist Goethes Haltung gegenüber der Welt. Die Klugheit dieses Menschen wird mir bei jeder Zeitungslektüre immer wieder von neuem bewußt. Eigentlich sind es ganz elementare humane Einsichten. Im Faust sagte einmal Faust zu Mephisto: „Dein widrig Wesen, bitterscharf, was weiß es, was der Mensch bedarf?" Zu wissen, was der Mensch braucht, was ist das Geheimnis der Humanität.

Kulturübergreifende Werte

W.W.: Wenn man die Idee Europas so faßt, wie Sie es eben skizziert haben, mit Einschluß anderer Religionen und Kulturen, wie steht es dann aber mit den westlichen Menschenrechten? Gibt es hier nicht Grenzen der Akzeptanz? Sollte man an einen EU-Staat nicht den Maßstab setzen, daß z.B. nicht gefoltert werden darf?

M. Engelhard: Aber selbstverständlich. Es gibt einfach kulturübergreifende Werte. Folter und auch die Todesstrafe sind Verstöße gegen die Idee des Menschen. Und hier muß bis aufs I-Tüpfelchen, nicht nur auf dem Papier, darauf gedrungen werden, daß jede Form von Folter abgeschafft werden muß. Auch das wäre ein Verrat an der Idee Europas, wenn man Folter irgendwo zuließe. Wir müssen die Ehre dieses Kontinents verteidigen und hochhalten. Und Folter wie auch der Ausschluß von anderen Religionen verstößt gegen die Ehre Europas. Es ist auch jedem Muslim klarzumachen, daß die Abschaffung der Todesstrafe und der Folter notwendig ist.

Die sittliche Verdorbenheit des Stasisystems

W.W.: Ist die Vergangenheit bei den ehemaligen Bürgern der DDR richtig aufgearbeitet worden? Was ist der angemessene Weg - bzw. wäre es gewesen - mit den Tätern des DDR-Regimes umzugehen?

M. Engelhard: Ich sehe hier kaum einen Unterschied gegenüber dem Nazi-Terror, obwohl das Ausmaß des Terrors natürlich wesentlich geringer ist. Menschen, die sich während der DDR-Zeiten menschenverachtend verhalten haben, gehören aus Selbstachtung vor sich selbst vor ein Gericht. Ein Staat, der auf einer Spitzeltätigkeit gegenüber jedermann aufgebaut ist, ist das Freiheitsfeindlichste und Verachtenswerteste der Welt. Für diese Stasi-Brüder sehe ich keine Entschuldigung.

Gerade gestern sah ich ein Kabarett, in dem einer über einen Vater und seinen Sohn aussagte, daß deren Verhältnis sehr innig gewesen sei. Worauf der andere antwortete: „Natürlich, er mußte ihn ja auch überwachen." An diesen wenigen Sätzen wird die ganze sittliche Verdorbenheit dieses Regimes deutlich.

Man hat die Pflicht, Politiker und ganze Staaten an der Sittlichkeit der Menschenrechte zu messen. Und ich habe auch noch niemals einen einzigen Gedanken gelesen oder gehört, warum das falsch sein sollte. Auch kann ich sehen, daß es den Menschen gut geht, wenn sich die Regierenden an diese Menschenregeln halten.

Ich bin z.B. ein tiefer Bewunderer des originalen afrikanischen Dorfes. Das ist eine wunderbare Menschengemeinschaft. Sie ist voller Demokratie, Achtung vor jedem einzelnen Individuum - Frau, Kind, Mann, Greis -, jeder wird ernstgenommen. Für jeden wird gesorgt, jeder steht für jeden ein. Das ist eine vorbildliche menschliche Gemeinschaft. Von einem solchen afrikanischen Dorf können wir das Elementare jeder Politik lernen. Sobald der Westen in diese Dörfer eindringt, geht diese Gemeinschaft natürlich in die Brüche, und es entsteht Neid, Geldgier und Haß.

Es gibt afrikanische Gemeinschaften, die in ihrer Sprache - z.B. bei den Massai - kein Wort für Zaun, Schloß oder Schlüssel haben. Man schloß nichts ab, weil nichts gestohlen wurde. Sie kannten das Phänomen des Stehlens überhaupt nicht.

Die meisten haben kein Schuldempfinden

W.W.: Wie kann man mit der persönlichen Schuld umgehen, wenn z.B. ein Freund oder gar der Ehemann den Freund oder die Ehepartnerin jahrelang für die Stasi bespitzelt hat? Auf welche Weise ist hier Verständigung, Sühne, Ausgleich möglich? Haben Sie Vorschläge, oder liegt das grundsätzlich im Ermessen der einzelnen Betroffenen?

M. Engelhard: Da muß ich natürlich sofort an den Fall des Dichters Uwe Johnson denken, der aus Verzweiflung darüber, daß seine Frau eine Agentin war, Selbstmord begangen hat. Er hat seine Frau geliebt. Und dann stellte sich heraus, daß sie an seiner Seite war, um ihn auszuspionieren. Das war für einen Menschen von der Sensibilität eines Uwe Johnson nicht zu ertragen. Sein Roman „Mutmaßungen über Jakob“ ist eine der wichtigsten Erscheinungen der deutschen Nachkriegsliteratur. Johnson war einer der intaktesten Menschen und ein skurriler Meister der Sprache. Ich liebe diese verqueren und dickichthaften Sätze von Uwe Johnson. Er hatte eine unglaublich persönliche Sprache.

Diejenigen, die in der DDR-Zeit in dieser Weise an anderen schuldig geworden sind, müssen zu den Menschen hingehen und ihnen sagen: „Das war ich! Ich war es, und ich bereue es! Jetzt urteile du über mich. Ich muß es dir sagen, auch wenn du noch so sehr enttäuscht von mir bist.“ Aber was tun die Menschen heute? Sie leugnen es, und wenn ihre Spitzeltätigkeit nachgewiesen wird, dann behaupten sie, irgendwie in die Akten hineingerutscht zu sein. Jeder leugnet, keiner gibt zu!

Das ist eine ungeheure Kläglichkeit, die von einem kaputten Gewissen zeugt. Wenn doch einer einmal die Größe bzw. den menschlichen Anstand hätte zu sagen: „Mein Gott, was für eine Schande habe ich damit auf mich geladen!“ Aber nichts dergleichen, die Menschen haben anscheinend kein Schuldempfinden. Vermutlich haben sie es im Stillen schon, aber sie versuchen es permanent zu verdrängen.

„Und die Heuschrecken fressen weiter"

W.W.: In der ganzen Welt herrscht fast allerorts gnadenlose Ungerechtigkeit. Ich denke hierbei vor allem an die systematische Ausbeutung der armen Länder und ihrer Menschen und Bodenschätze durch die reichen Nationen sowie die Global players. Wie kann man hier als einzelner Bürger wirksam agieren, damit man sich etwas weniger an dieser Schuld - Markenfirmen, Kindersoldaten, hohe Zollschranken für Lebensmittel usw. - beteiligt? Oder wie kann man überhaupt eine Einstellung zu den grausamen Ereignissen in den Krisenregionen, wie z.B. im Kongo oder in Darfur, im Sudan, gewinnen?

M. Engelhard: Es ist unsagbar kläglich, wie die Welt z.B. auf die Grausamkeiten in Darfur reagiert. Gerade war Tony Blair im Sudan und hat das Wort Genozid nicht benutzt, um die sudanesische Regierung nicht zu verärgern. Ich stehe davor, und mir fällt dazu nichts mehr ein. Oder denken Sie an die Heuschreckenplage in Nordafrika. Irgendein Reporter - ich kann nicht nachprüfen, ob die Zahlen stimmen - hat vor einigen Monaten behauptet, daß 9 Mio. Dollar gereicht hätten, um dieser Plage Herr zu werden. Jetzt aber ist die Plage völlig unbeherrschbar geworden, und nun wird einem halben Kontinent durch die Milliarden von Heuschrecken die Nahrung von Millionen von Menschen weggefressen. Diese Länder haben die 9 Mio. Dollar nicht, und wir schauen zu. Welche Maßstäbe haben wir eigentlich? Warum gibt es keinen Politiker in irgendeinem Kabinett der Welt, der aufspringt und sagt: Ich stelle meinen Posten sofort zur Verfügung, wenn diese 9 Mio. Dollar nicht überwiesen werden!?

W.W.: Das kostet das amerikanische Engagement im Irak fast täglich.

M. Engelhard: Mindestens. Statt dessen gibt es Beratungen, die Zeit vergeht, und die Heuschrecken fressen weiter. Ein 80 km langer Heuschreckenschwarm bewegt sich z.B. durch Mali. Und er verdunkelt, wie in der Bibel beschrieben, den Himmel. Es wäre möglich gewesen, diesen Ländern zu helfen. Aber nun ist es zu teuer.

Das eigene Gewissen schärfen

W.W.: Und wie kann man angesichts dieser Schrecken überall in der Welt als einzelner Bürger etwas tun, um die Schuld, in der man permanent steht, etwas kleiner zu machen?

M. Engelhard: Zunächst einmal sollte man sein Gewissen schärfen. Man sollte sich die Fähigkeit – denn das liegt dem Gewissen zugrunde – für die Scham und die Empörung bewahren. Alle Ungerechtigkeit in der Welt wird vom Menschen begangen, und deswegen ist es unsere elementare Pflicht, uns dafür zu schämen. Und man muß empört sein über die Ungerechtigkeit in der Welt. Und dann muß man diese Empörung äußern. Man darf sie nicht für sich behalten. Möglicherweise gibt es eine ganze Menge Menschen, die über die Ungerechtigkeit in der Welt empört sind, aber viel zu wenige sagen etwas.

Kein Journalist sollte zu den Ungerechtigkeiten in der Welt schweigen. Das Mindeste ist das Bekenntnis zu ganz elementaren Dingen, denn dann können sich alle Menschen mit einem noch funktionierenden Gewissen zusammentun. Das machen Sie beispielsweise in den FLENSBURGER HEFTEN. Ich schätze an ihnen, daß dort permanent Sachen ausgesprochen werden, die man normalerweise nicht sagen und die man nirgendwo sonst lesen kann. Sie kümmern sich nicht darum, was gerade opportun ist. Und aus diesen Gründen schätze ich Ihre Zeitschrift ganz außerordentlich. Das ist der Anfang eines Engagements, und das sollte zunächst jeder Mensch tun. Erst wenn dies immer mehr Menschen machen, haben wir die Voraussetzung dafür, daß wir gemeinsam das Unrecht in der Welt bekämpfen können. Sie geben den Menschen die Gelegenheit, ihrer Scham und ihrer Empörung Ausdruck zu verleihen. Wo finden Sie ein solches Gespräch wie das unsrige noch im Radio oder im Fernsehen? Immer wird um die entscheidenden Fragen herumgeredet. Oder meistens werden die Fragen überhaupt nicht gestellt. Und wenn sie gestellt werden, werden sie nicht beantwortet.

Das ist es, was der einzelne zunächst tun kann. Zunächst einmal muß man die Fakten dessen, was geschieht, zur Kenntnis nehmen. Dann muß man sie unter elementaren sittlichen Kategorien vor sich selbst beurteilen. Dann muß man sich entscheiden: Das ist richtig, das ist falsch. Mangelnde Selbstachtung sieht man auch daran, daß man sich selbst ständig belügt und für alles Entschuldigungsgründe findet. Was nottut, ist ein beunruhigtes Gewissen bei allen Entscheidungsträgern dieser Welt. Schlafen wir nicht alle zu gut angesichts der Entsetzlichkeiten dieser Welt?

Schuld und Wahrheit

Interview mit Ernst-Martin Krauss

von Wolfgang Weirauch

Dr. Ernst-Martin Krauss, *geb. 1935, bis zu seiner Pensionierung Strafsenatsvorsitzender am Oberlandesgericht in Schleswig. Autor des (vergriffenen) Buches „Holzwege, Steinwege ... Erlebnisse mit Elementarwesen“. Aufsatzveröffentlichungen zu geisteswissenschaftlichen, insbesondere Rechtslebensfragen.*

Schuld ist ein mehrdimensionaler Begriff und berührt fast alle Bereiche des menschlichen Zusammenlebens wie auch die Quellen der Moral und Wahrheit. Um möglichst viel Licht in die Komplexität und die geistigen Quellen des Schuldbegriffs zu bringen, habe ich mit dem ehemaligen Strafrichter des Oberlandesgerichts Schleswig, Ernst-Martin Krauss, gesprochen.

Wir beleuchten die geistigen Hintergründe des Schuldbegriffs mit Hilfe der Anthroposophie und sprechen über die geistigen Quellen von Moral, Sittlichkeit und Wahrheit, über Ethik und eine geistdurchdrungene Urteilsbildung. Im weiteren Verlauf des Interviews erörtern wir den Sinn des Strafens, sprechen über Reue und das Rache- bzw. Vergeltungsdenken und darüber, inwieweit man im Leben schuldig oder unschuldig schuldig werden kann, hinterfragen die Kollektivschuld und das dualistische Denken und sprechen über den Sinn und die Kraft des Verzeihens.

Wolfgang Weirauch: Was ist eigentlich Schuld?

Ernst-Martin Krauss: Die Schuldfrage ist eine der tiefsten, schwierigsten und komplexesten Fragen des menschlichen Zusammenlebens, und ich werde sie nicht mit ein paar einfachen Sätzen beantworten können. Sie ist eine der Kernfragen des Lebens. Unabdingbar damit verbunden sind die Fragen wie: Was ist Geist? Gibt es überhaupt so etwas wie Geist? Gibt es Sinn? Wer entscheidet über Nichtschuld und Schuld?

Schuld ist die Vorwerfbarkeit, das Belastetsein mit der Verantwortung für eine rechtswidrige Tat. So etwa wird Schuld in den juristischen Kommentaren umschrieben. Das ist aber nur eine sehr äußere Beschreibung, besagt noch nicht viel für ein Verständnis der Schuldfrage. Denn eigentlich kann man die Schuldfrage nur mit Hilfe anthroposophischer Begriffe befriedigend beantworten, also insbesondere die darin implizierte Frage nach den Quellen des Bösen.

Die ätherische Objektivitätswelt

Die Schuldfrage läßt sich befriedigend nur beantworten, wenn man die geistige Welt anerkennt, ansonsten bewegt man sich in Begriffshülsen bzw. gibt sich nur Scheinantworten, die die Seele im Innersten nicht befriedigen können. Die Schuldfrage läßt sich nur erfassen, wenn man insbesondere ein Verständnis für das hat, was in der Begrifflichkeit der Anthroposophie Ätherleib und Astralleib genannt wird. Mit unserem Ätherleib stehen wir nämlich im Zusammenhang mit dem Kosmos, mit der kosmischen Ätherwelt. Mit ihr ist alles verknüpft, was sich in der Zeit entwickelt. Im physischen Leib erleben wir nur die äußere Scheinwelt. Was an Wahrheitsfragen darüber hinausgeht, kann vollständig, d.h. mit allen dazugehörigen Zusammenhängen, nur der Ätherleib vermitteln. Will man also vollständige Wahrheit und nicht nur Teilwahrheiten, werden wir sie nur erfahren, wenn wir uns Zugang zur Ätherwelt verschaffen. Rudolf Steiner sagt deshalb, daß „die Wahrheitskräfte im Ätherleib sitzen." (GA 176/1982/03.07.1917/S.115)

Schuld, die ja sehr eng mit der Wahrheitsfrage zusammenhängt, kann man also im konkreten Fall nur wahrheitsgemäß erfassen, wenn man anerkennt, daß es eine solche ätherische Objektivitätswelt gibt.

Wenn man die Wahrheitsfrage nur mit äußeren Mitteln, mit Verstandeskräften, beantwortet, bezieht man nicht den kosmischen Zusammenhang mit ein, in dem der Mensch steht. Die äußerliche Beantwortung der Schuldfrage ist also immer unzulänglich, und zwar selbst dort, wo sie das richtige Ergebnis trifft.

Gewiß wird man sagen müssen, daß die meisten Menschen um Wahrheit bemüht sind; sie haben aber keinen wirklichen Zugang zu den Quellen der Wahrheit, die eben höher sind denn alle Vernunft, die nur mit reinem Denken, mit imaginativem Denken erfaßbar sind. Das jeweilig Wahre nimmt man also erst dann wirklich wahr, wenn es einem gelingt, seinen Ätherleib loszubekommen von der Herrschaft des Großhirns. Dies sich klarzumachen, ist vielleicht schockierend, kann uns aber anregen, mit Wahrheitsfragen ganz besonders achtsam umzugehen.

W.W.: Was ist demnach Schuld, wenn man diese Zusammenhänge mit einbezieht?

E.-M. Krauss: Das werden wir auch jetzt noch nicht sagen können; denn wir haben z.B. noch nicht über die Frage nach den Quellen des Sittlichen, von Gut und Böse gesprochen.

W.W.: Ja, wie hängt die Schuldfrage mit Gut und Böse zusammen, wo sind die Quellen des Sittlichen?

E.-M. Krauss: Auch die Quellen der Sittlichkeit, der Moral liegen in der geistigen Welt und sind keine ausgedachten Ideen. Die sittlichen Urimpulse sitzen, wie Rudolf Steiner so einleuchtend darlegt, im Astralleib (GA 176/1982/03.07.1917/S.115). Denn: „Durch den Astralleib hängt der Mensch zusammen mit der geistigen Welt; und in der geistigen Welt sind die Impulse des Guten." (ebd.)

An dieser Stelle entscheidet sich, vielleicht noch mehr als schon bei der Wahrheitsfrage, ob man mit dem Verständnis der geistigen Welt ernst macht oder es nur bei blassen Vorstellungen belassen will. Will man nämlich die Hintergründe der Sittlichkeit und der Moral erkennen, muß man bereit sein, geistige Wesen anzuerkennen, denn die machen die geistige Welt aus. Darüber hinaus aber müßte man sich eigentlich darum bemühen, sie real zu erleben.

Wir sehen also, in welche von der Welt im allgemeinen so gut wie unbeachteten Bereiche wir bei der Schuldfrage kommen. Menschheitlich gesprochen sind wir da noch weit von einem wirklichen Verständnis entfernt. Und dabei handelt es sich nicht etwa bloß um irgendwelche akademischen Fragen, die man auch auf sich beruhen lassen könnte. Vielmehr geht es um Fragen, die sowohl unser kleines Privatleben als auch die großen Weltprobleme aufs Intimste und auch Gravierendste tangieren.

W.W.: Nun hast Du aber immer noch nicht gesagt, was Schuld ist.

E.-M. Krauss: Ja, jetzt können wir vielleicht schon sagen - aber im Grunde immer noch zu früh: Eine Schuld können wir annehmen, wenn die Wahrheitssuche ergeben hat, daß ein Mensch in zu verantwortender Weise gegen Impulse der Sittlichkeit verstoßen hat.

Die Urschuld

W.W.: Gibt es eine Urschuld der Menschheit, und inwiefern hängt Schuld mit der Freiheit zusammen?

E.-M. Krauss: Die Urschuldfrage ist auf das Intimste mit der Schuldfrage als solcher verknüpft. Mit Urschuld bezeichnet man gewöhnlich den Umstand, daß die Menschen im sogenannten Paradies der luziferischen Einflüsterung verfielen. Diese Urschuld hat sich in den allerersten Anfängen der Menschheitsgeschichte ereignet. Die Urschuld liegt, wie Rudolf Steiner darlegt, darin begründet, daß die Menschen nicht abwarten konnten, vom Baum der Erkenntnis zu essen. Die Menschheit ist danach also zu früh in die Phase der Erkenntnismöglichkeit eingemündet - initiiert durch die überragende luziferische Macht.

W.W.: Das hört sich aber nun so an, als hätte der Mensch irgendeine Wahl gehabt. Die hatte er aber nicht. Luzifer hat in die Wesensglieder des Menschen auf die Weise eingegriffen, daß sie tiefer hinabgestoßen wurden bzw. schlechtergemacht wurden und der Mensch dadurch zu einem egoistischen Wesen wurde, so daß er letztlich in Berührung mit der Materie kam. Dagegen konnte der Mensch überhaupt nichts unternehmen, da er noch nicht einmal die Freiheit besaß.

E.-M. Krauss: Ja, das ist ein großes Problem, über das ich auch sehr lange nachgedacht habe. Rudolf Steiner sagt z.B., „daß der Mensch (...) nicht für den Sündenfall verantwortlich ist." (GA 131/1982/07.10.1911/S.89) Andererseits sagt er in „Die Welt der Sinne und die Welt des Geistes", die Menschen hätten darin gefehlt, „daß sie in zu früher Zeit die

Erkenntnis von der Unterscheidung von Gut und Böse sich haben aneignen wollen.“ (GA 134/1990/27.12.1911/S.24) Man wird da wohl unterscheiden müssen: Man wird sehen müssen, wie das, was als von Luzifer an den Menschen herangebrachte Versuchung umschrieben wird, eine außerhalb der Verantwortung des Menschen liegende Göttertat war; wie aber andererseits das Erliegen des Menschen eben doch diesem zuzurechnen ist.

Der Mensch konnte danach also nicht abwarten, bestimmte Seeleneigenschaften auszubilden, bestimmte Reifeprozesse durchzumachen. Und das, scheint mir, ist ein gravierender, wenngleich rätselhafter Punkt bei der Urschuldfrage: Dadurch nämlich, daß wir dem luziferischen Einfluß erlegen sind, konnte überhaupt nichts anderes passieren, als eine unzulängliche Erkenntnis. Denn durch den luziferischen Einfluß sind die vier Glieder der menschlichen Natur - physischer Leib, Ätherleib, Astralleib und Ich - unregelmäßig, wie Rudolf Steiner sich ausdrückt, zusammengefügt worden, und zwar so, daß insbesondere das Ich mit dem Astralleib vermischt worden ist, so daß das Ich zunächst nicht in der Lage ist, außerhalb des Denkens, Fühlens und Wollens zu stehen. (Vgl. GA 134/1990/29.12.1911/S.58 f.) Der Mensch hätte also länger heranreifen müssen, um zu Erkenntnissen kommen zu können, die die Wirklichkeit wirklich, unverzerrt und unverkürzt erfassen können.

Und dann fährt Rudolf Steiner fort, daß diese Ursünde noch heute begangen würde, indem die Menschen sich die Wahrheit aneignen wollten, ohne sich zuvor für sie reif zu machen.

Durch den luziferischen Eingriff während der lemurischen Zeit sind also unsere gesamten Erkenntnismöglichkeiten in eine Schieflage gekommen, indem wir zunächst zu keinem reinen Denken in der Lage sind; unser Denken ist nämlich in der Regel immer vermischt mit Egoismen, mit Gefühlen und Begierden.

Wahrhafte Urteilsbildung

W.W.: Wie kommen wir trotzdem doch zu einer rechten Urteilsbildung?

E.-M. Krauss: Da gibt es verschiedene Wege. In dem schon angesprochenen Zyklus „Die Welt der Sinne und des Geistes“ (GA 134) beschreibt Rudolf Steiner vier Stufen der Urteilsbildung. Die erste Stufe ist das Staunen, die zweite die Ehrfurcht, die dritte der weisheitsvolle Einklang mit den Welterscheinungen, mit den Weltgesetzen, und die vierte Stufe ist die Ergebenheit. Das ist nun das allergrößte Gerippe dessen, um was es eigentlich bei einer heilsamen Urteilsbildung geht. Um das wirklich zu leisten, was da angestrebt wird, sind sehr, sehr subtile Bemühungen erforderlich. Das gelingt nicht gleich auf Anhieb. Man muß eben, wie Rudolf Steiner sagt, „erst etwas durchmachen“, erst „darauf bedacht sein, wie man reif werden kann, um gewisse Wahrheiten erst zu begreifen.“ Aber wenn man mit einer solchen Schulung anfängt, wird man alsbald über das staunen, was sich nun alles an Heilsamem zeigt.

Ich selbst stehe auf dem Prüfstand

W.W.: Und wie soll man diese vier Stufen bei der Urteilsbildung in bezug auf das Schuldigwerden eines Menschen anwenden?

E.-M. Krauss: Nehmen wir an, jemand hätte mich schwer beleidigt. Dann ist nicht Empörung oder ein schnelles Urteil gefragt, sondern zunächst einmal das Staunen. Aber wie mache ich das in einem solchen Moment? Oder wie wende ich die zweite Stufe, die Ehrfurcht, auf denjenigen an, der mich beleidigt hat? So etwas ist für viele von uns nur sehr schwer möglich, und daran sehen wir, wie weit wir von einer wahrhaftigen Urteilsbildung im oben beschriebenen Sinne entfernt sind.

Man kann aber solche Bemühungen immer wieder probeweise anstellen. Auch wenn es zunächst nur stümperhaft vor sich gehen sollte, wird man bereits bei der ersten Stufe bemerken, daß es um Selbstüberwindung geht, daß man lernen muß, von sich selbst Abstand zu bekommen. Will ich wirklich den Versuch machen, in einer Situation wie der beispielhaft erwähnten in ein Staunen zu gelangen, so muß ich als erstes große Kraft aufbringen, um mich nicht länger von meinen Emotionen, meinen schnellen Urteilen bestimmen zu lassen. Und falls das gelingen sollte, muß ich alsdann versuchen, im Hinblick auf den anderen, auf mich, auf die Situation wirklich ins Staunen zu kommen. Das kann man sich nicht einfach so befehlen. Dazu muß vielmehr eine große innere Seelenregsamkeit aufgebracht werden, die auch nicht sogleich wieder verfliegt.

Man sieht, die Erkenntnis-, die Urteilsbildungsfrage fordert einen vom ersten Moment an höchstpersönlich heraus, einerlei, ob es dabei um Alltagsfragen, um Fragen der persönlichen Beziehungen oder um solche des Rechtslebens geht. Im Grunde ist das alles Rechtsleben. Und Rechtsleben kann man in rechter Weise nicht praktizieren, wenn man sich nicht selbst mit in die Waagschale wirft. Man steht deshalb also z.B. als Richter genau wie der Angeklagte selbst mit auf dem Prüfstand. Wenn ich jemanden beurteilen will - sei es nun als Richter oder als Privatperson -, kann ich das in dem Sinne, wie wir das hier erörtern, nicht machen, indem ich mich sozusagen fein raushalte, nur Beobachter bin. Da komme ich nie zu einem Urteil, das sozusagen mit der Wirklichkeit lebend im Einklang ist. Allenfalls komme ich dann zu einem richtigen Formalurteil. Und das tötet.

W.W.: Wie hängt die Frage der Ethik mit der Schuldfrage zusammen?

E.-M. Krauss: Im Grunde sprechen wir über diese Frage schon die ganze Zeit. Gibt es ewige Gesetze? Was ist überhaupt Gesetz? Sind wir nur Gesetzunterworfene oder Freie? Ist Ethik eine Normwissenschaft? Solche Fragen sind es doch, die uns heute in der Zeit der Bewußtseinsseele im Grunde fortwährend zumindest unterschwellig beschäftigen oder beunruhigen. Ob es sich um Fragen des Schwangerschaftsabbruchs, der Sterbehilfe oder um unsere ganz gewöhnlichen Beziehungsprobleme, ob es sich um unsere kleinen oder großen Kriege handelt, überall sprechen unterschwellig diese Fragen mit, und sie können, wenn man sich in dieser Hinsicht noch nicht zu einiger Klarheit gebracht hat, unter Umständen sehr bedrängend sein.

Über eines sollte man sich dabei im klaren sein: daß man alle diese Fragen mit dem Verstand zwar stellen, zufriedenstellend aber nicht beantworten kann. Insofern gilt hier dasselbe, wie zuvor bei der Frage der Urteilsbildung dargelegt.

Wenn ich ein Gesetz als feststehend und außerhalb von mir denke, sehe ich mich noch nicht als potentiell freien Menschen, sondern als Unterworfenen. Erst dann und in dem Maße, als es mir gelingt, die Gesetzmäßigkeit nicht als etwas bloß von außen Gegebenes zu erfassen, sondern als Inhalt des in lebendigem Tun begriffenen Subjekts, läßt sich, wie Rudolf Steiner immer wieder dargelegt hat, ein Handeln als ethisch bezeichnen, weil nicht erzwungen. Die Gesetzmäßigkeit herrscht dann nicht mehr *über* mit, sondern *in* mir.

Damit ist nicht etwa der Willkür Tür und Tor geöffnet, obwohl man sehen kann, daß in unserer überindividualisierten Zeit die Begrifflichkeiten des soeben grob skizzierten „ethischen Individualismus" zu solchem willkürlichen Tun auch mißbraucht werden. Nein, im Gegenteil! In diesem Verständnis von Ethik ist vielmehr die ganze Schönheit und Würde des Menschen veranlagt als etwas, was wir uns erringen können. Nur sollte man eben nicht vergessen: „... dieses sich in weisheitsvollen Einklang setzen mit der Wirklichkeit, das ist etwas, was nicht so ohne weiteres geht“ (GA 134/1990/27.12.1911/S.24). Immerhin geht es darum, den Eingriff Luzifers rückgängig zu machen!

Wir gehören alle zusammen

W.W.: Woran liegt es, daß man in früheren Gesellschaften Schuld empfunden hat, wenn man gegen die jeweils geltende Ordnung verstoßen hatte?

E.-M. Krauss: Das war nicht nur früher so, das ist auch heute noch der Fall. Wenn etwas nicht in Ordnung ist, geraten wir innerlich in Erregung. Als ich noch Strafrichter war, wurde ich immer wieder darauf angesprochen, was ich denn zu diesem oder jenem Fall, z.B. einem Mord, sagen würde, der gerade öffentlich diskutiert oder verhandelt wurde. Daran kann man sehen, daß das Gerechtigkeitsempfinden eigentlich bei uns allen ganz stark ausgeprägt ist, auf jeden Fall dann, wenn es um die Schuld der anderen geht. Dann sind wir sofort zur Stelle, kritisieren oder rügen den anderen und beteiligen uns an der öffentlichen Diskussion. Das beginnt schon beim Verhalten auf der Autobahn. Wenn sich jemand unvorschriftsmäßig verhält, regen wir uns auf.

An all diesen Phänomenen können wir sehen, wie es uns meist nicht gleichgültig ist, was unser Nächster macht. Wir gehören eben zusammen, wir sind *eine* Menschheit. Stumpfen wir ab, stimmt doch etwas nicht. Nur in dem Maße, in dem wir fähig sind zu „fühlen, daß wir ein Glied des Ganzen sind, daß wir für alles, was es gibt, mitverantwortlich sind“, sind wir auch fähig zu erfassen, daß wir mit schuld daran sind, „wenn morgen einer stiehlt“, sind wir auch fähig zu erfassen, wie alles mit dem Ganzen zusammenhängt. (GA 266/1/1995/15.02.04/S.34 f.)

W.W.: Und woher stammt das Bedürfnis beim Menschen, Schuld auszugleichen?

E.-M. Krauss: Das hat dieselbe Wurzel. Eigentlich ist der Mensch ursprünglich als ein gutes Wesen veranlagt gewesen. Durch den luziferischen Eingriff wurde er verschlechtert. Und nun ist die Sehnsucht im Menschen danach bestrebt, diese Schieflage, dieses Schlechtergewordensein wieder auszugleichen. Deswegen ist man empört oder betroffen, wenn man irgendwo etwas Häßliches sieht. Im tiefsten Inneren will der Mensch nicht, daß etwas Häßliches, Schlechtes oder Unrechtes geschieht. Er ist ja doch bestrebt, den guten – das Im-Einklang-mit-den-Weltgesetzen-Sein – Zustand wiederherzustellen, nun aber als ein bewußt Hervorgebrachtes.

W.W.: Schuldausgleich ist also eine Art Ursehnsucht zum Paradies?

E.-M. Krauss: So würde ich das verstehen. Die Ursehnsucht entspricht der Urschuld, die Ursehnsucht nach Rückgängigmachung des luziferischen Eingriffs.

Schuld – juristisch

W.W.: Wie ist der Schuldbegriff heute juristisch definiert?

E.-M. Krauss: Schuld wird in der Regel etwa wie folgt definiert: Sie sei Vorwerfbarkeit und das Belastetsein mit der Verantwortung für eine rechtswidrige Tat. Umgekehrt heißt es im Gesetz: Ohne Schuld handele, wer z.B. wegen einer tiefgreifenden seelischen Störung unfähig ist, das Unrechte seiner Tat einzusehen. Schuldunfähig ist ferner, wer bei der Begehung der Tat noch nicht 14 Jahre alt ist.

W.W.: Woran mißt man, ob jemand Schuld auf sich geladen hat?

E.-M. Krauss: Die Voraussetzungen sind im §20 des Strafgesetzbuches aufgeführt: Eine krankhafte seelische Störung würde die Schuld entfallen lassen u.ä. Man muß gegebenenfalls bei einer Straftat herausfinden, ob eine derartige Störung, eine tiefgreifende Bewußtseinsstörung oder eine andere schwere seelische Abartigkeit vorgelegen hat.

W.W.: Warum gibt es verminderte Zurechnungsfähigkeit bei der Strafzumessung, wenn ein Mensch bei einer Tat betrunken war? Müßte man in einem solchen Fall das Strafmaß nicht eher verdoppeln?

E.-M. Krauss: Alkoholisierung kann dazu führen, daß ein Mensch bei der Tat schuldunfähig oder vermindert schuldfähig ist. Ich verstehe Deine Frage so, daß Du wissen willst, wie es ist, wenn man sich vorsätzlich - also z.B. vor einem Mord - erheblich betrinkt in der Annahme, auf diese Weise zu erreichen, als schuldunfähig oder vermindert schuldfähig beurteilt zu werden. Für einen solchen Fall gibt es natürlich Mittel, um so etwas zu korrigieren. Jemand, der sich vorsätzlich betrinkt, um in diesem Zustand eine bestimmte Straftat zu begehen, wird genauso bestraft, als wenn er keinen Alkohol getrunken hätte.

W.W.: Ich meinte nicht nur das vorsätzliche Sichbetrinken.

E.-M. Krauss: Das sind zum Teil sehr schwierige juristische Fragen und immer auch Fragen der Beurteilung des Einzelfalles. Was hat zur Alkoholisierung geführt, haben dabei Fahrlässigkeiten eine Rolle gespielt? So etwas wird geprüft, und gewogen und in die Gesamtbeurteilung einbezogen.

Der Sinn des Strafens

W.W.: Wie wirkt sich Reue auf die Strafzumessung aus?

E.-M. Krauss: Die Reue spielt bei der Strafzumessung eine Rolle. Aber die Frage nach der Reue kann eigentlich sinnvoll nur beantwortet werden, wenn wir uns zuvor wenigstens einige Begriffe vom Sinn des Strafens gemacht haben: Die Frage nach den Strafzwecken ist eine äußerst schwierige. Hierzu werden in den Wissenschaften große Theorien ausgebreitet; und im Moment herrscht die sogenannte Vereinigungstheorie vor. Diese Theorie versucht, verschiedene Strafzwecke in ein ausgewogenes Verhältnis zueinander zu bringen. Hier gibt es z.B. die sogenannte Generalprävention und die Spezialprävention. Die Generalprävention hat vor allem die Allgemeinheit, die Spezialprävention den einzelnen Täter im Auge. Weitere Strafzwecke sind der Resozialisierungsgedanke, die Sicherung der Allgemeinheit und die Verteidigung der Rechtsordnung.

Anthroposophisch gesehen geht man an die Sache noch sehr viel grundsätzlicher heran. Wie immer geht es da um den Menschen und seine Bedeutung im Weltganzen. Geht man so vor, dann versteht sich eigentlich von selbst, daß Strafen - also nicht etwa Sicherung - eigentlich nur dann berechtigt ist, wenn man den Straftäter aufwecken will. Das ist wieder solch ein diffiziler Punkt. Jemand, der wirklich Unrecht getan hat, hat die schlechte Tat mit herabgedämpftem Bewußtsein begangen. Nun gilt es, sein herabgedämpftes Bewußtsein wachzurütteln und - falls es schon inzwischen wach geworden ist - sogar unter Umständen auf Strafe zu verzichten.

W.W.: Das hört sich jetzt sicherlich für viele Leser außerordentlich eigentümlich an. Du meinst mit dem herabgedämpften Bewußtsein sicherlich die Nichteinsicht in die allumfassenden Bereiche der physisch-sinnlichen sowie der geistigen Welt?

E.-M. Krauss: Ja, das verstehe ich. Aber muß man nicht wirklich sagen, daß, wenn man etwas Übles getan hat, man in diesem Moment jedenfalls keinen umfassenden Klarblick gehabt hat? Und muß man dann nicht auch weiter sagen, daß, wenn ein Mensch seine Straftat einsieht und Reue zeigt, und wenn ebenfalls klar ist, daß er so etwas nicht wieder tun wird, und wenn gewährleistet ist, daß sein Bewußtsein entsprechend geschärft ist, eine Strafe eigentlich nicht mehr nötig ist? Solche Gedanken werden übrigens auch schon in der Wissenschaft geäußert. Gesetzeslage ist das allerdings noch nicht. Immerhin gibt es da aber schon manches, was in diese Richtung geht.

W.W.: Dann müßte man aber absolut in der Lage sein, prüfen zu können, ob er wirklich seine Tat bereut, und zweitens genau beurteilen können, daß er so etwas nie wieder tun würde. Ist so etwas möglich?

E.-M. Krauss: Gute Pädagogen machen so etwas mit ihren Schülern schon immer. Und unsere persönlichen Beziehungen gedeihen auch nur, wenn wir den Partner nicht sinnlos abstrafen. Aber was meinst Du, was geschehen würde, wenn immer mehr Menschen bemüht wären, eine solche Haltung in sich zu kultivieren und insbesondere die Straflust in sich zu bekämpfen? Muß man nicht sagen, daß es dringend nötig ist, eine solche Haltung, die ja doch mehr Ausdruck eines erhöhten Interesses am Menschen wäre, zu entwickeln?

Frei von Rachegedanken?

W.W.: Wie war es für Dich als Richter, wenn Du die Strafzumessung bestimmen mußtest? Warst Du frei von jeglichen Vergeltungsgedanken?

E.-M. Krauss: Ich glaube, daß ich von derartigen Gedanken recht frei war. Mit den Angeklagten hatte ich da eigentlich keine Probleme, im Gegenteil, denn ich war als ein eher zu milder Richter bekannt. Ich hatte meist viel Verständnis für die Straftäter. Es ist als Richter auch gar nicht so sehr schwierig, sich von Rachegedanken freizuhalten, weil man sich von vornherein sine ira et studio - also ohne Zorn und ohne Eifer - um eine sachliche Beurteilung zu bemühen hat. Das ist unser Berufsethos, sozusagen unser Rahmen, in den wir hineinschlüpfen, so daß unsere persönlichen Schwächen da nicht so in die Erscheinung kommen.

W.W.: Wie ist es, wenn man die Schuld des Angeklagten spürt oder gar von ihr weiß, wenn man sie aber dem Angeklagten nicht beweisen kann? Ist man dann besonders bemüht, ihm irgend etwas nachzuweisen, oder geht man einfach sachlich zur Tagesordnung über?

E.-M. Krauss: Auch das gehört zur Schulung des Richters, daß er sich ganz nüchtern sagen können muß: Ich habe zwar das sichere Gefühl, daß dieser Mensch eine Straftat begangen hat, ich kann sie ihm aber nicht nachweisen - also ist die klare Schlußfolgerung der Freispruch.

W.W.: Und dabei bleibt bei Dir im nachhinein kein schaler Geschmack?

E.-M. Krauss: Vielleicht kein schaler Geschmack, aber ein gewisses Unbefriedigtsein, denn wir sind *ein* Mensch, und man merkt, daß hier etwas nicht richtig in Ordnung gebracht wird. Wir können aber mit irdischen Mitteln nicht immer alles in Ordnung bringen. Wir können uns nur darum bemühen, mit den Möglichkeiten, die uns zur Verfügung stehen, dem Gerechtigkeitsgedanken so gut wie nur irgend möglich nachzukommen und uns davor zu hüten, während dieses Bemühens selbst gegen das Rechte zu verstoßen. Ein kompliziertes Thema! Im übrigen: Den Ausgleich muß der Betreffende ja doch stets karmisch absolvieren.

Des Richters Schuld

W.W.: Inwiefern macht sich ein Richter schuldig? Ich denke dabei nicht an den Fall, daß ein Richter ein falsches Urteil fällt, sondern daran, daß er jedem Menschen, den er bestrafen muß, Leid zufügen muß. Auch wenn ein Mensch eine Strafe einsieht, wird für ihn jede Strafe ein gewisses Maß an Leid bedeuten. Und wenn man den Gedanken weiterdenkt, daß wir alle *ein* Mensch sind, dann gehört der strafende Richter auch zu diesem Leid hinzu. Macht er sich dadurch nicht auch seinerseits wiederum schuldig?

E.-M. Krauss: Auf jeden Fall. So etwas wird gelegentlich mit einer gewissen Schadenfreude den Strafrichtern vorgehalten. Einseitig anthroposophisch betrachtet, würde das dann bedeuten: Du hast so viele ins Gefängnis gesteckt - das wird Dir ganz übel bekommen.

Irgendwie stimmt das auch, denn keine Tat bleibt ohne Konsequenzen. Also bleibt auch das Handeln des Richters nicht ohne Folgen. Das ist ein ganz strenges Gesetz, das auch vor dem Richter nicht haltmacht. Aber dieses strenge Gesetz geht z.B. auch nicht an einem Lehrer vorbei, der schlechte Zensuren verteilen muß. In jeder Beziehung kommt dieses Gesetz zum Tragen, überall da, wo ich z.B. Kritik üben muß.

W.W.: Aber bei einem Richter ist es besonders massiv.

E.-M. Krauss: Richtig, das ist das Karma, das er sozusagen berufsbedingt auf sich nimmt. Da ist gar nichts dran zu ändern. Hat sich aber der Straftäter infolge der Maßnahme des Richters gebessert, so kommt diesem die gute Wirkung zustatten und mittelbar damit seiner Höherentwicklung.

W.W.: Dann bist Du als Richter also gehalten, so zu urteilen, daß der Straftäter seine Strafe möglichst einsieht und an seiner eigenen Verbesserung arbeitet?

E.-M. Krauss: Ja, selbstverständlich. Das ist gewiß das Ziel eines jeden Strafrichters.

Gerard David (1498)
König Kambyses und der Richter Sisamnes. Die Gefangennahme des Richters (Ausschnitt) Brügge, Musée Communal

Rückschritte und Fehler sind nicht zu vermeiden

Man muß die Angelegenheit auch noch von einer anderen Seite betrachten. Es gibt Menschen, die wollen nicht ihre Hände beschmutzen, wollen ein reines schuldfreies Leben führen. „Ich will mich doch nicht in der Entwicklung hemmen, indem ich anderen Schmerz zufüge." Wer so denkt, wird sich aber sagen müssen, daß er auf diese Weise erst recht schuldig wird, und zwar schuldig am Leben. Solche Menschen vermeiden das Leben.

W.W.: Erlebst Du diese Tendenz häufig?

E.-M. Krauss: Überall dort, wo Menschen bestrebt sind, geistig zu streben, besteht diese Gefahr. Wenn man geistig strebt, strebt man in Richtung Vollkommenheit und möchte das, was durch den luziferischen Einschlag schlechter geworden ist, nach und nach wieder vervollkommnen. Natürlich weiß jeder Mensch, daß es auf Erden keine Vollkommenheit gibt, aber man strebt in Richtung dieses Ideals. Deswegen besteht immer auch die Gefahr des Dogmatismus, der reinen Lehre. Man selbst will keine Fehler machen, und der andere soll auch keine machen. Das ist im Prinzip auch ganz richtig, nur, wo es ins Zuviel übergeht, wird es bedenklich. Will man sich also als Richter, Erzieher etc. der Verpflichtung, unter Umständen anderen Schmerzen durch Strafen, Kritik etc. zuzufügen, entziehen, so würde man aus Selbstsucht, aus Egoismus handeln und damit die Entwicklung mehr aufhalten als fördern. Das wird dem Leben nicht gerecht, denn „wo Leben ist, da wirkt der unausgeglichene Gegensatz"; so formuliert es Rudolf Steiner in „Mein Lebensgang" (GA 28/Tb. 1967/S.224). Wenn wir das Ziel der Menschheit erreichen wollen, kommen wir nicht umhin, Fehler zu machen. Auch Rückschritte werden wir nicht immer vermeiden können. Diese können sich übrigens ebenso wie Fehler unter Umständen als notwendige Schritte dafür erweisen, einen wirklichen und viel weiteren Entwicklungsschritt zu gehen. C.G. Jung hat das immer mit dem Begriff Felix culpa, der glücklichen Schuld, bezeichnet. So kann Schuld durch nachfolgende Prozesse zu etwas Glückhaftem werden. Das sollten wir nicht vergessen, so schwierig das auch zu denken ist.

Das überragende Beispiel in diesem Zusammenhang ist die Schuld des Judas. Ohne die Tat des Judas wäre es nicht zu dem größten Ereignis hier auf Erden gekommen. Daran kann man sehen, wie unauslotbar die Schuldfrage ist.

Das Interesse am anderen Menschen

W.W.: Wie lernt man es als Richter, Schuldige oder mutmaßlich Schuldige so anzuschauen und über sie zu urteilen, daß sie nicht als schlechtere Menschen dastehen?

E.-M. Krauss: Ich glaube, daß es zum Selbstverständnis eines jeden Richters gehört, daß ihm nichts Menschliches fremd ist und daß er bewußt oder unbewußt dem Gedanken dienen will, daß wir *ein* Mensch sind. Ein Richter wird mit seinem Beruf Probleme bekommen, wenn er nicht kontinuierlich an sich arbeitet. Tut er das aber, so wird er nicht so leicht in der Gefahr stehen, sich über einen Angeklagten zu erheben. Wenn ich mit meinen Kollegen z.B. in Gefängnisse gegangen bin, um mit einem Verurteilten zu sprechen, ob er gegebenenfalls nach zwei Drittel seiner verbüßten Zeit freigelassen werden könne, so war es für uns stets selbstverständlich, ihm unsere Namen zu nennen, ihm die Hand zu geben und ihm in die Augen zu schauen. Immer sprach zumindest unterschwellig die Bemühung mit, die Tat vom Täter zu trennen. Das ist nicht leicht und gelang uns vermutlich auch nicht immer.

Gewöhnlich trennt der Mensch nicht beides, sondern denkt, daß er einen Verbrecher vor sich hat, weil dieser eine üble Tat verübt hat. Man identifiziert den Täter mit der Tat. Dem Verurteilten als Menschen begegnen kann man aber nur, wenn man die Identifizierung von Tat und Täter auflöst. Die schlechte Tat ist zu verurteilen, den Täter aber sollte man nicht verwerfen. Die Person des anderen muß tabu sein. So etwas - also die Trennung von Tat und Täter - in einem konkreten Fall zu realisieren, ist für einen Richter im Berufsleben vermutlich verhältnismäßig leicht; in seinem Privatleben wird ihm das auch nicht ohne weiteres möglich sein.

W.W.: Das Interesse am anderen ermöglicht m.E. am ehesten, aus den alttestamentarischen Rachegedanken herauszukommen.

E.-M. Krauss: Ja, da hast Du einen Schlüsselbegriff für diese Problematik genannt: das Interesse am anderen Menschen - Rudolf Steiner nennt das den Grundnerv allen sozialen Lebens (GA 186/1990/ 12.12.1918/S.167). Und dieser gehört zu den großen Zukunftsaufgaben von uns allen. Aber dieses Interesse darf natürlich niemals etwa nur dasjenige des bloßen Beobachters sein! Immer geht die Bemühung in Richtung auf ein Interesse „von Mensch zu Mensch", also auf dieses Grundgefühl, daß wir *ein* Mensch sind. Inwieweit der jeweilige Richter das in sich entwickelt bzw. überhaupt entwickeln will, ist natürlich eine höchst individuelle Angelegenheit. Will man das aber, so führt der Weg - aber das sind wohl doch noch recht zukünftige Dinge - in die Meditation, weil man mit dem bloßen Denken nur ins Wesenslose kommt.

Kollektivschuld?

W.W.: Gibt es eine Kollektivschuld aller Deutschen an den Naziverbrechen, oder haben nur diejenigen schuld, die die Verbrechen verübt haben?

E.-M. Krauss: Oha. Der nächste Brocken. Die Frage der Kollektivschuld läßt sich gewiß nur im Zusammenhang mit der Grundfrage „Was ist Schuld?" angemessen behandeln. Jeder, der die Frage der Kollektivschuld beantworten will, verbrennt sich meist die Finger. Gerade wurde der Friedenspreis des Deutschen Buchhandels an Peter Esterhazy verliehen; auch er hat sich an dieser Frage versucht und natürlich nicht nur Zustimmung geerntet.

Strafrechtlich gesehen gibt es nur Individualschuld. Wenn also von Kollektivschuld gesprochen wird, kann eine strafrechtliche Schuld nicht gemeint sein. Anthroposophisch gesehen vermag ich die Sache im Ergebnis auch nicht anders zu beurteilen. Die Identifizierung von Menschen mit ihrem Volkstum ist eine rückschrittliche Reduzierung auf Stammes-, Bluts- und Vererbungszusammenhänge, eine Konservierung der alten Vererbungsmerkmale. Der Mensch inkarniert sich in vielen Erdenleben in verschiedenen Völkern. Das können wir heute wissen. Damit erweist sich jeder einseitige, die Erhebung zum allgemeinen Menschentum blokkierende Volkstumsgedanke als antiquiert. Und nicht nur das, sondern insbesondere auch als gegen die Individualisierung gerichtet. Letztlich zielt solch ein Gedanke, wie der der Kollektivschuld, auf eine Untergrabung des Gedankens der Ichwerdung.

Allerdings bezogen auf Individuen hatten wir bereits gesagt, daß, wer sich nicht mitverantwortlich fühlen kann für alles, was geschieht, davon nicht viel begriffen hat, daß wir *ein* Mensch sind. Dieses Mitverantwortlichsein gilt natürlich um so mehr, je näher man am Geschehen dran ist, je mehr man also die Möglichkeit hat, das üble Geschehen durch äußeres und inneres Tun abzuwenden oder dazu beizutragen, daß es verhindert wird.

W.W.: Welche Schuld trägt ein Bürger eines reichen westlichen Landes, wenn dieses ein anderes Land mit Krieg überzieht, wie z.B. im Falle der USA und des Irak? Welche Schuld trägt dieser Bürger, wenn Verträge mit Ländern der Dritten Welt bestehen, durch die die Menschen der Dritten Welt leiden und durch die die Rohstoffe dieser Länder ausgebeutet werden? Welche Schuld tragen wir im Westen, wenn wir beispielsweise Schokolade essen, die mit Kakaobohnen hergestellt worden ist, die von Sklavenkindern geerntet wurden? Ist man dann auch als Verbraucher schuldig?

E.-M. Krauss: Noch einmal: Wir können uns doch jeder nur als Glied der ganzen Menschheit sehen. Und insoweit ist jeder mitverantwortlich für alles, was geschieht. Aber natürlich hat nicht jeder dieselbe Verantwortung. Es ist nicht jedermanns Aufgabe, alles zu machen. Dahinter steckt die Problematik, inwieweit man sich sensibel machen kann für die menschheitlichen Zusammenhänge, inwieweit man sein Interesse am anderen Menschen steigern kann. Aber indem man geistig, also spirituell arbeitet, arbeitet man direkt am Ganzen. Tut man das wirklich verbindlich, wirkt sich das selbstverständlich auch im Praktischen, also im äußeren Leben, aus. Nur: Man muß auch bereit sein, das Tribut, das ein wirkliches spirituelles Arbeiten erfordert, zu leisten. Das verlangt selbstverständlich Opfer.

Dualistisches Denken beherrscht uns

W.W.: Schauen wir auf die zwischenmenschliche Schuld: Woher stammt eigentlich das Phänomen, daß die meisten Menschen subjektiv meinen, daß immer die anderen schuld sind, sie selbst aber nicht?

E.-M. Krauss: Ich sehe darin vor allem das große Problem des menschlichen Schattens, des Doppelgängers, man könnte auch sagen: der Selbsterkenntnis. Menschen, die um ihre Doppelgänger wissen und sich mit ihren Auswirkungen auseinandersetzen, beschäftigen sich nicht so sehr mit dem Splitter im Auge des anderen, sondern haben sehr viel mit ihrem eigenen Balken zu tun. Die mangelnde Arbeit am eigenen Schatten bereitet uns die meisten Probleme im mitmenschlichen Zusammenleben. Letztlich wollen wir doch in der Regel der Sieger, der Perfekte, der Fehlerlose sein. Niederlagen, Unzulänglichkeiten, Fehler sind für die anderen da. In all dem offenbart sich eine dualistische Lebenshaltung, die weit entfernt ist von einem Weltenverständnis, das heilsam ist: von einem richtigen Auffassen der Dreizahl, der Trinität.

W.W.: Kannst Du das näher erklären?

E.-M. Krauss: Ja, gewöhnlich denken wir in Kategorien von 1 und 0, Sieg und Niederlage, Schwarz und Weiß, also dualistisch. Und diese – so könnte man sagen – Computermentalität von 1 und 0 bzw. diese Sportplatzmentalität von Sieg und Niederlage beherrscht uns zunehmend. Ein Heer von Menschen sitzt tagein, tagaus am Computer, der auf dem Prinzip von 1 und 0 basiert. Und in ihrer Freizeit gehen viele Menschen auf den Sportplatz oder gucken sich entsprechende Ereignisse im Fernsehen an, und auch hier geht es wieder nur um Sieg oder Niederlage.

Und das wirkt! Es imprägniert die Menschen und wirkt sich in allen ihren Beziehungen aus. Man muß sich allerdings klar machen, daß diese dualistische Lebenshaltung schon lange vor unserer gegenwärtigen Zeit angelegt und auch gelebt worden ist. Denn im christlichen Abendland denken wir schon lange in den Gegensätzen von Gut und Böse, Gott und Teufel. Gegenwärtig erfährt diese Entwicklung nur ihren exzessiven Höhepunkt.

Und was bedeutet das? Wir merken nicht, daß, indem wir in dieser dualistischen Lebenshaltung stecken, der Dritte fehlt; wir merken nicht, daß, indem wir in Kategorien von Gut und Böse, Gott und Teufel denken, der Gott - das Gute - auch der Teufel ist, und daß dieser zweite Teufel von uns nur Gott genannt wird. Denn es ist eben des Teufels, wenn es mir darum zu tun ist, daß ich siege, daß ich gut bin und nur der andere Fehler hat. Es fehlt dann eben der Dritte, das Erbarmen, die Güte, das wirkliche Interesse, die Liebe - der Christus. Rudolf Steiner spricht in diesem Zusammenhang vom „Irrwahn der Zweizahl" (GA 194/1983/21.11.1919/S.21 ff.). Das ist ein sehr komplexes und schwieriges Thema, das wir wiederum nur streifen können, das aber von größter Bedeutung ist (siehe dazu auch: E. Neumann, Tiefenpsychologie und neue Ethik).

Das Abschleifen der Individualitäten

W.W.: Wie kann man Schuld im Zwischenmenschlichen definieren; z.B. bei falschem Verhalten einem Menschen gegenüber, indem man ihn verletzt oder beleidigt? Was bedeutet hier Schuld?

E.-M. Krauss: Wir sollten uns zunächst klarmachen, daß es sich bei den wohl meisten zwischenmenschlichen Verfehlungen um im weitesten Sinne nicht kodifizierte Schulden handelt, also um solche, die nicht durch irgendwelche Gesetze erfaßt sind. Die menschlich vielen kleinen und großen seelischen Verletzungen, Drangsalisierungen, Machtausübungen bestimmten ja allzuoft unseren Alltag. Sie sind es, die sich in unendlich vielen Fällen wie ein dicker, stickiger Nebel über unser Leben legen.

Und obwohl es da kaum geschriebene Gesetze gibt - und über weite Strecken natürlich auch keinen Richter -, wird man auch hier den Begriff der Schuld verwenden können. Rudolf Steiner nennt diese Beziehungsverfehlungen Ätherleibs-Schulden (GA 97/1998/04.02.1907/S.114). Man könnte hier auch von sozialen Schulden sprechen.

W.W.: Nehmen wir den Begriff des verantworteten Verfehlens, und betrachten wir dieses Verhalten in bezug auf zwei Menschen. Man spricht z.B. etwas aus, was den einen Menschen ungeheuer kränkt, und dann spricht man das gleiche bei einem anderen aus, der das überhaupt nicht schlimm findet. In beiden Fällen hat man aber das gleiche gesagt. Ist man nur bei dem einen schuld? Ist die Schuld objektiv meßbar, oder hängt sie von dem subjektiven Empfinden des Gegenübers ab?

E.-M. Krauss: Von Schuld kann doch nur dann gesprochen werden, wenn eine Verantwortung versäumt worden ist. Wenn man also nach bestem Wissen und Gewissen gehandelt hat, wüßte ich nicht, was man dann als Schuld bezeichnen sollte. Schuld kann nur als Folge einer moralischen Verfehlung verstanden werden.

Worunter wir im Alltag besonders leiden, ist das, was Rudolf Steiner das „Abschleifen der Individualitäten" (GA 168/1984/10.10.1916/S.96) nennt, dieses Sich-in-ein-rechtes-Verhältnis-Bringen. Das hängt ganz eng mit der Entwicklung der Bewußtseinsseele zusammen, die aber noch nicht richtig entwickelt ist. Und dabei geht es darum, mehr und mehr den Sinn für soziales Verständnis zu erwecken, der auch noch nicht sehr entwickelt ist.

Und da wird dann bei diesem Bemühen, sich in ein rechtes Verhältnis zu bringen, nach meinem Eindruck immer häufiger erlebt - und darauf zielt wohl Deine Frage -, daß man sich allergrößte Mühe gibt - und der andere faßt doch alles anders auf, ist beleidigt oder gekränkt, obwohl man selbst der Meinung war, nichts Unfreundliches oder Ungezogenes gesagt zu haben. Da versteht man dann unter Umständen gar nichts mehr. Das kann soweit gehen, daß man an sich selbst Zweifel bekommt.

Ich denke, mit Schuld hat so etwas nichts zu tun, wohl aber mit dem Abschleifen der Individualitäten, mit der Entwicklung der Bewußtseinsseele, einem erhöhten Interesse und dem Karma. Ich glaube, daß wir in dieser Zeit der Bewußtseinsseele, die nur mit Schmerzen geboren, entwickelt werden kann, sehr viel Geduld miteinander aufbringen müssen. Das Problem ist unter Umständen nur die Grenze unserer Tragekraft.

W.W. Welcher Unterschied besteht zwischen Schuld, wenn sie Aktion, und Schuld, wenn sie Reaktion ist? Ein Beispiel: Person A beleidigt ständig Person B. Irgendwann haut B zurück und wird damit schuldig. Ist diese Schuld geringfügiger, als wenn die gleiche Tat am Anfang dieses Verhältnisses stünde?

E.-M. Krauss: Juristisch werden die vorherigen Umstände eine Rolle spielen, also wenn z.B. eine Tochter von ihrem Vater vergewaltigt worden ist und sie dann irgendwann gewalttätig wird. Ähnliches gilt für eine von ihrem Mann über Jahre drangsalierte Ehefrau, die dann schließlich den Mann umbringt. Bei der strafrechtlichen Beurteilung werden natürlich die vorausgegangenen, dem Opfer zugefügten Mißhandlungen, das dann selbst zu einem Täter wird, eine große Rolle spielen.

Karmisch gesehen haben beide Schuldhaftes getan. Und beide Schuldanteile verlangen nach einem karmischen Ausgleich.

W.W. Die meisten Schwierigkeiten häuft man im Zwischenmenschlichen an, weil man das Leben des anderen nicht genügend kennt, sich z.B. in Beziehungen miteinander verhakt. Kann man hier gar nicht von Schuld sprechen?

E.-M. Krauss: Wenn ich jemanden verletze, ohne daß ich mir etwas vorzuwerfen habe, kann, wie gesagt, von Schuld nicht gesprochen werden. Ich fühle mich aber dennoch unter Umständen belastet, bin unglücklich, weil ich sehe, daß der andere durch mein Verhalten verletzt ist. So etwas gibt es in Beziehungen immer wieder. Wir werden in dieser Zeit der Bewußtseinsseele Schwierigkeiten über Schwierigkeiten im gegenseitigen Verständnis bekommen. Nicht selten scheinen die Probleme unsere Kräfte zu übersteigen. Immer können wir uns dabei aber doch sagen, daß diese Schwierigkeiten notwendig sind, damit sich die Bewußtseinsseele entwickeln kann, daß wir durch diese Schwierigkeiten impulsiert werden, unser Interesse für den anderen zu erweitern, zu erhöhen, daß wir dadurch die Möglichkeit haben, ganz neue Kräfte in uns hervorzubringen. So können wir z.B. auch sukzessive lernen, uns nicht so sehr dem Leid hinzugeben, sondern es zu befragen, was es uns denn sagen will.

Verzeihen sollte man immer

W.W.: Was für eine Kraft ist das Verzeihen?

E.-M. Krauss: Ich sehe in ihr in erster Linie die Selbstüberwindungskraft. Sie wirkt dann, wenn ich gelernt habe, mich mit meinem niederen Ich unter die Führung des höheren Ich zu stellen. Wenn ich in der Lage bin zu verzeihen, bestimmt nicht mehr mein niederes, sondern mein höheres Ich. Denn dann bin ich selbstlos und habe von mir selbst Abstand genommen.

W.W.: Wann sollte man verzeihen, wann nicht?

E.-M. Krauss: Was heißt sollte? Geht es nicht vielmehr darum, sich reif zu machen, damit man fähig wird, verzeihen zu können?

W.W.: Gut, dann nehmen wir ein Beispiel: Jemand wird an einem selbst schuldig, sieht diese Schuld aber nicht im Ansatz ein und bemüht sich auch nicht darum. Sollte man einem solchen Menschen dennoch verzeihen?

E.-M. Krauss: Nochmals: Bei der Frage des Verzeihens ist man immer auf sich selbst zurückgeworfen. Eigentlich geht es gar nicht darum, ob man dem anderen verzeihen soll, etwa unter der Bedingung, daß er seine Schuld einsieht, sondern es geht im Grunde nur darum, ob man sich schon unter die Führung seines höheren Ich stellen kann. Und dann beantwortet sich die Frage ganz von selbst. Verzeihen ist die Überwindung des eigenen niederen Selbst. Danach geht das Verzeihen „von selbst“. Der Weg dorthin ist aber gewiß für die meisten von uns eine Lebensaufgabe. Denn unser Astralleib und unser Ich sind ja zunächst noch durch den luziferischen Eingriff vermischt. Und wir müssen uns doch darüber im klaren sein, daß es für uns Menschen im Grunde die Aufgabe ist, durch die Kraft des Christus in uns rückgängig zu machen, was durch den luziferischen Einfluß eingetreten ist. Und da das eigentlich eine übermenschliche Aufgabe ist, geht es eben auch nur durch die Kraft des Christus in uns.

Die Unterscheidungskraft – eine Kernfrage

Wie vermischt wir in unserem Seelenleben sind, bemerken wir immer dann, wenn wir z.B. versuchen, einen reinen Gedanken zu denken, ein reines Gefühl zu entwickeln oder eine freie Tat auszuführen. Wie schwierig ist es doch, den luziferischen Überschuß an Ichhaftigkeit über den Astralleib zu bemerken? Das wahrzunehmen erfordert sozusagen einen großen Überschuß an Unterscheidungskraft. Der ist aber zunächst nicht da und muß erarbeitet werden. Und das geht in der Regel nur durch langwährendes systematisches subtiles Üben.

W.W.: Du würdest es also beim Verzeihen nicht zur Vorbedingung machen, daß der an mir schuldig Gewordene seine Tat einsieht?

E.-M. Krauss: Wenn wir so fragen - und wer von uns tut das im Fall eines Falles nicht? -, fragen wir noch aus den Verstandeskräften heraus. Mit dem Verstand kommen wir aber an die Verzeihenskräfte nicht heran. Die Frage muß ich deshalb mit einem klaren Nein beantworten. Aber im Einzelfall kann es aus pädagogischen, therapeutischen oder sonstigen zwischenmenschlichen Gründen richtig sein, dem Schuldigen nicht gleich das Verzeihen zu bekunden. Wenn man zu schnell die Verzeihung ausspricht und den anderen damit entlastet, kann es sein, daß er sich dadurch gar nicht genötigt fühlt, an sich zu arbeiten und seine Schuld einzusehen.

W.W.: Wie soll man damit aber praktisch umgehen? Einerseits höre ich aus Deinen Worten heraus, daß man zumindest innerlich wegen seines höheren Menschen immer verzeihen sollte, aber andererseits kann man seine Absicht zu verzeihen oftmals nicht in Worte fassen, weil der andere gar nicht so weit ist, seinen eigenen Schuldanteil zu sehen. Wie geht man damit um?

E.-M. Krauss: Man kann schon rein äußerlich durchaus mit deutlichen Worten eine Schuld ansprechen, innerlich aber verzeihen. Beides schließt sich nicht aus. Aber in erster Linie geht es doch darum, ob man wirklich verzeihen kann. Hat man diese Ebene erreicht, wird man schon den rechten Ton für den anderen finden.

Verzeihen als Entwicklungsmöglichkeit

W.W.: Kann man durch die Fähigkeit des Verzeihens eine Kraft auslösen, die es dem Schuldigen möglich macht, seine Schuld eher einzusehen oder einzugestehen?

E.-M. Krauss: Verzeihen heißt, wie wir sagten, das höhere Ich zur Geltung gelangen zu lassen. Dann leuchtet eine geistige Kraft auf. Sie wirkt als solche. Was der Schuldige daraus macht, hängt von seinen Bedingungen und seiner Freiheit ab.

W.W.: Und dann gibt es noch etwas Drittes: Jemand wird an einem anderen schuldig. Der Schädiger sieht seine Schuld ein, versucht alles, um seine Schuld wiedergutzumachen, aber der Geschädigte verzeiht ihm absolut nicht. Dadurch wird auch der Geschädigte irgendwann seinerseits schuldig. Der Geschädigte hemmt damit auch den Entwicklungsweg des Schuldigen.

E.-M. Krauss: Ja, so kann es sein; aber in erster Linie hemmt er sich selbst. Es kann aber auch sein, daß der ursprünglich Schuldige dadurch gerade nicht in seinem Entwicklungsweg gehemmt wird, weil dieses gespannte Verhältnis für ihn ein Ansporn ist, noch mehr an sich zu arbeiten.

Wenn das Opfer zum Schuldigen wird

W.W.: In Gruppen beobachte ich hin und wieder folgendes Phänomen: Menschen werden an anderen schuldig, sehen ihre Schuld aber nicht ein oder wollen sie nicht eingestehen, weil sie unehrlich oder feige sind. Es kommt weder zu einem Verzeihen noch zu einer Aussprache. Dann gehen Jahre ins Land, und wenn dann der, dem übel mitgespielt worden ist, lediglich diese Tat erwähnt, entsteht bei vielen anderen Menschen in einer solchen Gruppe oftmals die Haltung, daß der, dem übel mitgespielt worden ist, nun als der „Böse", „Uneinsichtige" oder als jemand, der nicht verzeihen kann, gilt. Wodurch entsteht dieses Phänomen?

E.-M. Krauss: Das kenne ich auch. Manchmal ist sozusagen der Ermordete der Mörder - man erlebt also die Umkehrung der Wahrheit. Wenn das niedere Ich und die eigenen Empfindlichkeiten unbedingt herrschen wollen, es im Grunde gar nicht um die Sache geht, und die Urteile nur aus Egoismen heraus gefällt werden, ja, was kann man da noch machen?

W.W.: Oft ist es aber auch so, daß die Gruppe sehr wohl weiß, wer den Schaden verursacht hat, dies aber ab einem gewissen Zeitpunkt ignoriert und nichts mehr davon hören will. Dann wird nach und nach das Opfer zum Schuldigen gemacht, weil es die Gruppenmitglieder immer wieder wachrüttelt, wenn jemand die ungeklärte Schuldfrage anspricht. Das ist ein eigenartiges Phänomen, welches ich des öfteren beobachte. Wie kommt es zu einem solchen Geschehen?

E.-M. Krauss: Da kann natürlich vieles mitspielen, z.B. auch Dämonen, Gespenster, Phantome. Oder Komplexe. Oder Erkenntnisbequemlichkeit. Sehr oft ist es aber einfach mangelnde Schattenarbeit, mangelnde Selbsterkenntnisarbeit.

W.W.: Es gibt sogar Menschen, die das Wort Schuld nicht hören können, wenn man es lediglich erwähnt, auch dann, wenn es überhaupt kein Vorwurf sein soll, sondern nur die Beschreibung einer Tatsache.

E.-M. Krauss: Ja, da wir alle in einer Zeit leben, die vom dualistischen Denken beherrscht wird, will natürlich niemand Schuld haben. Und je extremer wir in diesem Gefängnis des Dualismus stecken, je stärker unsere Komplexe, Ängste, Verletzungen etc. sind, um so leichter kann solch ein Wort wie Schuld zum Reizwort werden, schon als Attacke empfunden werden, obwohl es ganz unaggressiv gemeint war. Mit all dem muß man heute rechnen und kann nur immer bemüht sein, sich selbst von solchen Reaktionen freizuhalten und z.B. zu üben: Staunen, Ehrfurcht, weisheitsvollen Einklang mit den Welterscheinungen und Ergebung in den Weltenlauf.

Denn die einen sind im Dunkeln

Interview mit Klaus Dörner

von Renate Hasselberg und Dierk Lorenz

Prof. Dr. med. Dr. phil. Klaus Dörner, *geb. 1933 in Duisburg. 1954-1960 Studium der Medizin und Philosophie in Freiburg, Kiel, Heidelberg, Tübingen, Hamburg, Paris und Berlin. 1960 Promotion zum Dr. med. in Hamburg. 1960-62 Medizinalassistent in Hamburg und Berlin. Gleichzeitig 1960 Beginn eines Zweitstudiums in Soziologie und Geschichte in Berlin. Abschluß 1969 mit der Promotion zum Dr. phil. über das Thema „Bürger und Irre". Parallel dazu 1963-65 und 1968-72 wissenschaftlicher Assistent an der Psychiatrischen Universitätsklinik Hamburg, 1971 Habilitation in Hamburg für das Fach „Sozialpsychiatrie". 1972 Anerkennung als Facharzt und Ernennung zum Oberarzt*

der Psychiatrischen Universitätsklinik Hamburg. 1976 Wahl zum Vertreter des Geschäftsführenden Direktors und 1978 Ernennung zum Professor.

Seit 1980 Leiter der Westfälischen Klinik für Psychiatrie, Psychosomatik und Neurologie Gütersloh. Seit 1995 Lehrstuhlinhaber für Psychiatrie an der Universität Witten/Herdecke. Mitglied zahlreicher Fachgesellschaften und Vereinigungen. Für sein engagiertes Eintreten für die Rechte der Opfer psychiatrischer Gewalt und Verfolgung in der NS-Zeit erhielt Klaus Dörner den Preis den Präses der Evangelischen Kirche im Rheinland.

Zahlreiche Veröffentlichungen, hervorgehoben seien hier nur einige: „Die Wahninhalte phasischer Psychosen" (Stuttgart 1964), „Bürger und Irre" (Frankfurt 1984), „Irren ist menschlich. Lehrbuch der Psychiatrie/Psychotherapie" (zus. mit U. Plog, Bonn 1994), „Gemeindepsychiatrie" (Stuttgart 1979), „Der gute Arzt" (Stuttgart 2002), „Das Gesundheitsdilemma" (Berlin 2004).

Menschen erleben Schuld auf einer sehr persönlichen Ebene. Wenn das nicht gemeint ist, dann geht es meistens um große und umfassende Verbrechen; bei uns in Deutschland ist dann das große Schuldthema der Holocaust. Zwischen diesen Positionen ist das zeitgenössische Schuldgespräch aufgespannt. Dort, wo die große, unpersönlich gewordene Schuld aufbewahrt wird, wohnt auch der Zweifel, ob uns das wirklich etwas angeht. Dieser Zweifel, so prekär er auch ist und so schwer er zu ertragen ist, läßt sich nicht abweisen. Er enthält die Information, daß Schuld offenbar ein Gegenstand ist, der sich unter dem Zugriff von Abstraktionen verflüchtigt. Konkrete Menschen sind Schuldgefäße. Ein System oder eine gesellschaftliche Debatte taugt nicht wirklich als Gefäß. Nur Menschen haben eine hinreichende Dichte, um Schuld aufzubewahren. Außerdem sagt uns dieser Zweifel auch etwas über die Reise der Schuld durch die Zeit. Ohne menschliche Behälter breitet sich die Schuld in Zeit und Raum aus, wird zu einem atmosphärischen Spurenelement, wird nicht aufbewahrt und verdaut, sondern geatmet. Die deutsche Schuld ist längst zu einem solchen Spurengas geworden. Eine Arbeitshypothese zu unserem Gespräch mit Klaus Dörner besagt, daß wir uns vielleicht damit auseinandersetzen müssen, daß der Aggregatzustand der Schuld nur verschiedene Stoffwechselprozesse der Seele anspricht. Behälter sein heißt Schuld aufessen. Schuld atmen heißt vielleicht gar nicht zwingend das, was unser Schuldbewußtsein uns vorhält, nämlich desensibilisiert zu sein, in Abstraktionen zu flüchten, sondern es bedeutet vielleicht nur: einen anderen Stoffwechselprozeß zu bedienen. Die Antwort auf den Zweifel, ob uns das alles noch etwas angehe, würde dann lauten: Es geht uns noch existentieller an, denn wir können viel länger ohne Essen auskommen, als wir die Luft anhalten können.

Klaus Dörner ist unter diesem Gesichtspunkt aus zwei zusammenhängenden Gründen ein idealer Gesprächspartner zum Thema Schuld. Zum einen ist er ein 68er, und seine Biographie legt beredtes Zeugnis ab von dem Atmungsvorgang einer Generation, die als erste nach den unsäglichen Verbrechen der Nazizeit Atemnot bekommen hat. Zum anderen hat er in der persönlichen Konsequenz auf seinem beruflichen Feld, der Psychiatrie, ein feines Gespür dafür entwickelt, welche Schuldausdünstungen von Institutionen ausgehen können, denen Menschen in ihren elementaren Lebensvollzügen umfassend überantwortet sind. Er hat dazu in unser Gespräch den Begriff der Modernisierungsschuld eingeführt.

In dieser zweifachen biographischen Geste zeigt sich etwas von dem vielleicht zukünftigen Atemstoffwechsel der Schuld. Das ist eine mögliche Antwort auf die Frage, wie uns das, was uns als Schuld zu wenig eßbar erscheint, etwas angehen kann; auf die Frage, wie Schuld geatmet werden kann.

Klaus Dörner bezieht eine radikale Position zu der Frage, ob die dauerhafte Unterbringung von Menschen in Heimen, in Pflegeheimen, in Heimen für Menschen mit Behinderungen, in Psychiatrien grundsätzlich zu verantworten ist. Das tut er nicht bloß als Beitrag zu einem akademischen Diskurs, sondern er tut es als jemand, der mit sich und anderen sehr konkret Ernst gemacht hat. Er hat eine psychiatrische Anstalt nicht nur aufgelöst, er hat auch vorgemacht, was dann zu tun ist und wie den Menschen geholfen werden kann. Auch wer seiner Forderung: „Auflösung der Heime!" und anderen prononcierten Statements, für die er bekannt ist, widerspricht, der mag erkennen, daß hier ein Mensch persönlich einwilligt in den gesellschaftlichen Atemvorgang der Schuld.

Renate Hasselberg: Im ersten Teil unseres Gespräches würden wir Sie gern nach Ihrer Biographie fragen, insbesondere unter dem Gesichtspunkt Ihres beruflichen Werdegangs.

Klaus Dörner: Ich gehöre zu den vielen Kindern, die man damals Kinder des Führers oder Kinder des Vertrauens nannte. Es gab da tatsächlich einen Babyboom, ab November 1933. Dieser Boom hielt allerdings nicht lange an, 1935 normalisierte sich die Geburtsquote wieder. Damit fängt mein Leben an.

Ich habe Medizin und Philosophie gleichzeitig studiert, weil ich mich nicht recht entscheiden konnte, was wichtiger sei. Medizin habe ich eigentlich meinem Vater zuliebe studiert, weil er gerne wollte, daß ich seine Praxis übernehme. Deshalb machte ich einen Kompromiß: Ich studierte meinem Vater zuliebe Medizin und mir zuliebe Philosophie. Das konnte man damals ja noch so machen, weil man völlig frei war in der Art, wie man sein Studium aufgebaut hat. Deshalb bin ich auch in fast jedem Semester innerhalb von Deutschland gewandert, auch nach Paris. Man ging dahin, wo man wußte, daß im nächsten Semester irgendein interessanter Mensch in Philosophie, in Geschichte, in Soziologie, in Politikwissenschaften oder in Germanistik interessante Vorlesungen halten würde. Das war sehr ergiebig für mich. Als diese Zeit zu Ende ging, hätte ich als normaler Mensch dem Broterwerb nachgehen müssen. Aber zur Zeit meines medizinischen Staatsexamens, 1960, war ich mit meiner ersten Frau schon so befreundet, daß das erste Kind unterwegs war. 1960 hatte man als Mann doch schon so viel gelernt, daß es unanständig sei, sich mit einer gleichfalls studierenden Frau zusammenzutun, Kinder zu bekommen und auf diese Weise die Frau zu zwingen, ihr Studium abzubrechen. Also habe ich mich dann entschlossen, ein Zweitstudium zu machen. Die Kombination von Medizin und Soziologie war damals noch etwas ganz Neues, so daß die Friedrich-Ebert-Stiftung dankbar auf meinen Antrag hereingefallen ist und mir das Zweitstudium finanziert hat. Ich studierte also Soziologie mit den beiden Nebenfächern Philosophie und Geschichte, wobei mir Geschichte das Wichtigere war, von meiner Denkart her. Wir zogen dann nach Berlin, weil es sich für fortschrittliche Menschen, die sich politisch in der richtigen Richtung entwickeln sollten, so gehörte. Das war dann auch in hohem Maße spannend, wir haben die Vorbereitungszeit und die Jahre der 68er-Eruption miterlebt, auch mit bewirkt.

Die Berliner Jahre

Diese Jahre vor 1968 waren eine unglaublich intensive Zeit. Dabei spielte, was weitgehend unbekannt geblieben ist, eine große Rolle, daß es im Rahmen der philosophischen Fakultät an der Freien Universität in diesen Jahren ein sogenanntes Antisemitismus-Seminar gegeben hat. Das war für diese Zeit noch sehr ungewöhnlich. Eine große Zahl derer, die 1968 die entscheidenden Wortführer waren, sind durch dieses Antisemitismus-Seminar gegangen. Das war eine Art Erweckungsveranstaltung: Man hat sich eigentlich zum ersten Mal auf eine sehr unmittelbare Weise geöffnet gegenüber der Frage nach der Schuld am Schicksal der Juden. Auch wenn man jünger war, war man doch verstrickt durch die Elterngeneration. Ich selbst bin ja so alt, daß ich durch Familie und Schule gewissermaßen nationalsozialistisch imprägniert bin.

In diesen Seminarkreisen war ich der Exot, denn diese Kreise bestanden im wesentlichen aus Geisteswissenschaftlern, Philosophen, Soziologen, Politikwissenschaftlern, Germanisten, Anglisten, Romanisten etc. Daraus ergab sich ganz von selbst die Frage: Was kann denn aus der Auseinandersetzung mit dem Antisemitismus, mit dem theologischen Antijudaismus übrigens auch, mein spezifischer Beitrag als Mediziner zu dieser beginnenden Bewegung sein? Und ich kam eigentlich zwangsläufig dazu, daß mein Beitrag darin bestehen müßte, mich mit der Tatsache zu befassen, daß sich die Menschenverachtung nicht nur im Antisemitismus, sondern auch in der Verfolgung und Ermordung psychisch Kranker und Behinderter geäußert hat. Damit begann ich mich dann zu beschäftigen. Aus dieser zunächst theoretischen Beschäftigung entstand der erste Artikel zur Thematik der Naziverbrechen an Behinderten, den eine historische Zeitschrift für wert hielt, veröffentlicht zu werden. Das war 1967, in den Vierteljahresheften für Zeitgeschichte, dem Zentralorgan der Historiker, das mit staatlicher Unterstützung den amtlichen Auftrag hatte, die Aufarbeitung der nationalsozialistischen Zeit zu betreiben.

Mein spezifischer Beitrag als Mediziner

Obwohl dort alle möglichen Naziverbrechen behandelt wurden, war bis dahin noch niemand auf die Idee gekommen, die Frage der Zwangssterilisationen, der Vergasungsaktionen und der Hungertötungen an den Behinderten überhaupt einmal zu untersuchen. Darüber nachzudenken, wie diese Dinge möglich waren, das gehört zu meinen intensiveren und prägenderen Schlüsselerlebnissen. Für mich kam dabei zum Ausdruck, daß die Gesellschaft als Ganzes, ihre Repräsentanten und auch ihre wissenschaftlichen Eliten, selbst die antinationalsozialistisch eingestellten geistigen Eliten, offenbar nicht in der Lage waren, den Gedanken zuzulassen, daß psychisch kranke und geistig behinderte Menschen auch in dem Sinne Menschen, Personen seien, daß an ihnen verübte Verbrechen untersucht und verurteilt werden müßten. Dieser Denkzusammenhang war auch für mich zunächst schwierig, und ich bemerkte auch die eigenen Widerstände dagegen. Die Tatsache, daß mir das widerfahren ist, weil ich in dieser sich politisierenden Bewegung eine Rolle spielen wollte und mir dabei fast zwangsläufig das Thema der psychisch Kranken quasi zugefallen ist, hat dazu geführt, daß ich überhaupt diesen Gedanken denken und - das allerdings erst später - mich auch entsprechend dazu verhalten konnte.

Dierk Lorenz: Mir fällt an Ihrer Schilderung auf, daß Sie diese 68er-Zeit und das, was sie vorbereitet hat, sehr unter dem Gesichtspunkt des Schuldbewußtseins dieser Generation beschreiben.

K. Dörner: Zunächst ist ja die Art, wie man seine Geschichte erzählt, immer davon gefärbt, wem man sie erzählt. Sie sitzen mir hier als einem „Schuldexperten" gegenüber, das ist der Ausgangspunkt unseres Gespräches. Schuld spielt allerdings in der Tat eine große Rolle in dieser Zeit. Für mich ist das besonders eindrücklich, weil ich eher zu den etwas älteren Menschen gehöre.

Die Eruption von 1968

Die meisten im Antisemitismus-Seminar waren ein paar Jahre jünger und haben nicht ganz so bewußt das Dritte Reich erlebt wie ich. Aber in diesem Seminar spielten sich bewegende Szenen ab. Viele Leute setzten sich zum ersten Mal diesem Zusammenhang aus, ohne zu wissen, worauf sie sich da einließen. Da entstand ein existentieller Ernst bei den Leuten, die überhaupt nicht damit gerechnet hatten, daß es so ernst werden könnte. Diese Ernsthaftigkeit gehört zu dem natürlich sehr bunten Gemisch von Emotionen und Motiven, aus dem sich diese Eruption von 1968 ergeben hat. Gefärbt war diese Eruption natürlich auch von Emotionen, die zu der ganz normalen Auseinandersetzung zwischen den Generationen gehörten. Daß diese Auseinandersetzung nun zeitgeschichtlich davon bestimmt war, daß die Generation unserer Väter als im Dritten Reich erwachsene Menschen mit dieser Zeit verstrickt waren, das war natürlich dankbarer Stoff für jüngere Menschen, sich mit diesen Inhalten in der unvermeidlichen Auseinandersetzung mit den Vätern zu munitionieren. Das hieß dann auch, diese Inhalte zu mißbrauchen. Diese

Tatsache spielte auch in meiner Auseinandersetzung mit meinem Vater eine wenig rühmliche Rolle.

So, wie ich die Zusammenhänge jetzt formuliere, habe ich sie damals noch nicht gesehen. Ich habe erst später gelernt, darüber nachzudenken, welche Bedeutung das eigentlich hatte, was wir damals getan haben. Ich habe also auf meinen Vater eingedroschen nach Strich und Faden, habe gesagt: „Ihr Schweine, was habt ihr damals getan!" Mein Vater war die ganze Nazizeit über als praktischer Arzt tätig und ist auch während des Krieges mit Sicherheit mit keinen Verbrechen der Nazis in Berührung gekommen. Er war zunächst begeistert, später dann weniger begeistert, aber er war ein Mitläufer. Er ist zum Durchschnitt der Deutschen zu rechnen, in der Art, wie man sich damals auf dieses Naziereignis eingestellt hat. Insofern war er ein dankbares Objekt, um draufzuhauen.

Dann kamen die Schuldeingeständisse und die Verteidigung meines Vaters, aber beides war natürlich wenig ergiebig, weder mein Draufschlagen noch die Verteidigung meines Vaters. Wir sind deshalb bis zu seinem Tod 1972 nicht zu einer wirklichen Auseinandersetzung gekommen. Ich war noch nicht souverän genug, konnte es auch biographisch noch nicht sein, und mein Vater konnte daraufhin auch nur so reagieren, wie ich die Vorgaben lieferte. Das merkte ich, als mein Vater gestorben und ich völlig überrascht war über den Tiefgang meiner Trauer, die dann einsetzte. Ich habe zwei Jahre lang in einer Intensität getrauert, die mir zuerst ganz unklar war. Mein Vater starb sehr plötzlich, durch einen Herzinfarkt. Von einem Tag auf den anderen war er tot. Plötzlich stand ich da und hatte kein Gegenüber mehr. Da fiel mir ein, worüber ich eigentlich so gerne mit ihm hätte reden wollen.

R.H.: Was wäre aus Ihrer heutigen Sicht eine adäquate Erkenntnishaltung gewesen, die etwas anderes bewirkt hätte?

Der richtige Abstand

K. Dörner: Das ist zu technisch gefragt. Wichtigste Voraussetzung eines Gespräches ist, daß zwei Menschen sich zunächst einmal in ihrem Sosein gegenseitig achten. Wenn ich es jetzt selbst etwas technisch ausdrücke, geht es darum, nach einem für beide stimmigen Abstand zu streben. Das ist schon rein wahrnehmungsphysiologisch so: Wenn man zu nahekommt oder zu weit weg ist, geht das nicht; man muß genau den richtigen Abstand finden. Das ist nötig, um im Schutze dieses Abstands, dieser Achtung, dieses Respekts Annäherung, Liebe, Verstehen zu wagen. Das war zwischen mir und meinem Vater nicht möglich.

Daß ich etwas schuldhaft - schuldhaft mit Fragezeichen - verfehlt habe, das hat für mein weiteres Leben eine Rolle gespielt.

D.L.: Hat die Beschäftigung mit den Naziverbrechen an den psychisch kranken und behinderten Menschen eine Rolle bei Ihrem weiteren beruflichen Weg gespielt?

K. Dörner: Ja, dadurch hat sich meine Berufswahl entschieden. Auch rein formal bot sich das an, weil zwischen Medizin und Philosophie die Psychiatrie noch am ehesten etwas Verbindendes zu sein schien. Dann kam das Politische hinzu, und nach meiner zweiten Promotion 1968, der philosophischen, war völlig klar, daß mein Berufsziel die Psychiatrie sein würde. Ich hatte, bevor wir nach Berlin gingen, die längste Zeit in Hamburg studiert und meine medizinische Dissertation gemacht. Aus dieser Zeit kannte ich den damaligen psychiatrischen Lehrstuhlinhaber, Professor Bürger-Prinz. Wir mochten uns. Er hatte zu mir gesagt: „Ja, studier' Du Deine komische Soziologie da in Berlin, und dann kommst Du zurück und machst hier eine anständige Psychiatriekarriere." Das habe ich dann auch gemacht. Er gab mir die Möglichkeit, zwischendurch Gutachten zu machen, um etwas dazuzuverdienen. Ich habe von mir aus nach Möglichkeit Entschädigungsgutachten geschrieben, in denen es um Menschen ging, die in Konzentrationslagern gewesen waren.

Die Tagesklinik

1970 wurde eine Tagesklinik eingerichtet; das war damals etwas völlig Revolutionäres - heute gibt es diese wie Sand am Meer. Die Verhandlungspartner von den Krankenkassen wollten diese Entwicklung eigentlich verhindern. Sie hielten die Einrichtung von Tageskliniken für anrüchig; das waren in deren Augen sozialistische Umtriebe, weil durch die Tagesklinik die saubere Trennung zwischen ambulant und stationär aufgehoben wird. Man betrachtete das als etwas Zerstörerisches, das man bekämpfen mußte. Dies war ein weiteres wichtiges Bildungserlebnis für mich, denn es war etwas Neues, mit einer Tagesklinik zu arbeiten. Dort haben wir zum ersten Mal in Deutschland eine Angehörigengruppe aufgemacht.

Dabei fiel uns auf: Wenn jemand in einer Familie psychisch krank ist und leidet, sind eigentlich alle anderen Familienmitglieder gleichermaßen mitbetroffen. Sie leiden genauso, zwar auf andere Weise, aber die Intensität ist genauso groß – manchmal sogar noch größer. Ein Mensch kann sich mit seinen psychiatrischen Symptomen so gut geschützt haben, daß es ihm dabei innerlich sehr gut geht, und allen anderen geht es furchtbar schlecht.

Das war insofern ein Schlüsselerlebnis, weil ich da gesehen habe, daß diese typische ärztliche Haltung: „Der Patient steht im Mittelpunkt" ein kategorischer Fehler ist. So darf man nicht denken, sondern man muß wissen: Wenn irgendwo ein Kranker ist, schuldet man ihm Aufmerksamkeit, aber den Leuten drumherum genauso. Und zwar muß man sie getrennt sehen, denn wenn sie zusammen sind, sagen sie einander nie die Wahrheit. In der Angehörigengruppe haben wir erlebt, daß die Angehörigen gesagt haben, daß sie hier in der Gruppe zum ersten Mal seit vielen Jahren die Möglichkeit hätten, wieder ehrlich zu sein und nicht aus Rücksicht auf den Kranken diese und jene Wahrheiten zu unterdrücken. Von da aus kann dann auch das Gespräch mit dem Kranken zu einer anderen Qualität führen. Zu dieser Zeit gehört für mich auch das einmalige Geschenk, daß ich von 1970 bis 1980 in einem berufsübergreifenden gleichbleibenden Team arbeiten konnte. Daraus ist das legendäre Lehrbuch „Irren ist menschlich" entstanden, das die geballte Erfahrung dieses Gesamtteams aus zehn Jahren Arbeit beinhaltet.

Es gibt nichts auf der Welt, das man wiedergutmachen könnte

R.H.: Wenn Sie auf Ihre gesamte berufliche Situation, einschließlich Ihrer Publikationen und Ihres gesellschaftlichen Engagements schauen: Wie sehen Sie den Bezug zwischen Schuld und Wiedergutmachung heute? Glauben Sie, daß es möglich ist, daß Schuld auf einer bestimmten Ebene das Motiv für Wiedergutmachung ist?

K. Dörner: Das Wort Wiedergutmachung kann ich überhaupt nicht leiden. Es gibt nichts auf der Welt, das man wiedergutmachen könnte. Alles ist, wie es ist, wie das schon das Alte Testament zum Ausdruck bringt. Genau wie das Wort Wiedergutmachung verkehrt ist, ist auch das Wort Entschädigung ein falscher Ausdruck. Er ist vielleicht etwas geeigneter, weil er besagt, daß man nichts wiedergutmachen kann, und er drückt immerhin aus, daß man rein technisch, ökonomisch unterstellt, daß ein Schaden entstanden ist. Der Schaden wird als solcher anerkannt, und er wird entgolten, wohl wissend, daß man ihn nicht entgelten kann. Das Geld, das dabei fließt, stellt eine symbolische Geste dar, und alle

Beteiligten wissen, daß das nur symbolisch sein kann. Auch wenn der Ausdruck Entschädigung eine Spur ehrlicher ist: Mir fällt kein wirklich richtiges Wort dafür ein.

Eine Kette von Ereignissen

Mit dieser Einschränkung kann ich bestätigen, daß Schuld ein mögliches Motiv für Wiedergutmachung ist. Das läßt sich an einer Kette von Ereignissen beispielhaft darstellen. Von meinem Vater habe ich berichtet; ich könnte den Faden fortspinnen mit der Person von Professor Bürger-Prinz.

Wir hatten Vertrauen zueinander. Er war im Krieg Wehrmachtspsychiater und hatte einen Distrikt unter sich, in dem er Desertionen und Suizide gutachterlich zu beurteilen hatte. Insofern war er ganz sicher mit den Machthabern verflochten. Aus dem Erlebnis des ersten Weltkriegs war für ihn militärische Auseinandersetzung etwas sehr Zentrales. Es gibt nur schriftliche Äußerungen über Professor Bürger-Prinz in der Nazizeit, die ihn als einen Naziparteigänger beschreiben. Aber in dieser Pauschalität ist das völlig falsch, er war schon ein äußerst eigenständiger Mensch.

Er konnte sehr klar sein in seiner Meinung darüber, was man mit Menschen machen darf und was nicht. Er war der erste Lehrstuhlinhaber in Deutschland, der die Insulinschocktherapie zurückgefahren und schließlich auch abgelehnt hat, weil ihm die Zahl der tödlichen Zwischenfälle zu groß war. Er war auch einer der ersten, der den Elektroschock in seiner Klinik für überflüssig befand, als die Psychopharmaka aufkamen. Er war immer sehr grenzbewußt. Das habe ich, glaube ich, auch von ihm.

Wenn ich ihn über die Nazizeit und den Krieg befragt hätte, dann hätte er mir überdurchschnittlich ehrlich geantwortet. Das habe ich gewußt, aber ich habe es unterlassen. Ich habe über alles mit ihm geredet, nur diesen Komplex habe ich ausgelassen. Möglicherweise wollte ich nicht den Menschen, den ich so sehr verehrte, in irgendeiner Weise verurteilen müssen. Das zeigt, mit wie unglaublich feingestrickten Scheuklappen man permanent herumläuft. Immer dann, wenn man denkt, man hätte die eine Schicht abgelegt, ist man schon dabei, sich mit der nächsten Schicht zu beschäftigen. Ich bin mir ganz sicher, daß das bis an mein Lebensende so weitergeht. Ich werde immer wieder neue Schichten von Entschuldigungen, die ich mir mache, von Es-nicht-wissen-Wollen oder Es-nicht-wahrhaben-Wollen, zu bearbeiten haben. Ich glaube, das ist das einzige, was man tun kann. Man darf nur nie glauben, es gäbe jemals ein Ende.

Auflösung der Heime!

D.L.: Ein beruflicher Abschnitt, an dem besonders anschaulich wird, wie Ihre persönliche Auseinandersetzung mit der Vergangenheit mit Ihrem Engagement für Gegenwartsfragen zusammenhängt, war Ihre vielbeachtete Tätigkeit in Gütersloh – Stichwort: Auflösung der Heime. In Gütersloh haben sie damit Ernst gemacht. Wie war der Weg dahin?

K. Dörner: Der Umstieg nach Gütersloh war entscheidend motiviert dadurch, daß wir in der Tagesklinik in Hamburg auch immer wieder sogenannte chronisch psychisch Kranke hatten. Die haben wir in der Tagesklinik, soweit das möglich war, auch behandelt. Diese Begegnungen, die ansonsten an einem Universitätsklinikum ja selten sind, haben bei mir zu der Frage geführt: Müssen diese Menschen in Anstalten leben? Also wollte ich dorthin, wo chronisch psychisch Kranke sind. Das war das eine entscheidende Motiv. Das andere bestand darin, daß ich sehen wollte, ob man das Modell der Angehörigengruppe auch auf ein ganzes Krankenhaus übertragen kann. Weil Hamburg eine schöne Stadt ist, wollte ich hier auch bleiben und habe mich an drei Stellen beworben. In allen drei Fällen kam ich nicht einmal in die engere Auswahl. Ich war damals in Hamburg politisch derart anrüchig, daß ich nicht die geringste Chance hatte. Also war ich gezwungen, in die Provinz zu gehen, um meine Ziele zu erreichen. Daß es Gütersloh geworden ist, war mehr oder weniger zufällig.

Als guter Vorgesetzter habe ich mich selbst mit den ganzen technischen Fragen von Entlassungen beschäftigen müssen. Ein einzelner Basismitarbeiter in einer solchen Institution, der versucht, einen Menschen so zu verselbständigen, daß dieser die Institution verlassen kann, der scheitert am Eigeninteresse der Institution. Er kann keinen Erfolg haben, denn das kann nur in der Hierarchie von oben herunter gelingen.

Es ist uns in den Jahren von Anfang 1980 bis Ende 1996 gelungen, alle 435 Menschen aus der Anstalt herauszubegleiten. Die meisten gingen in eigene Wohnungen, davon 70 bis 80 % mit ambulanter Betreuung, in das sogenannte betreute Wohnen. Auch die anderen, bei denen z.B. aus Sicherheitsgründen mehr Betreuung erforderlich war, sollten möglichst nicht in Heimen leben, sondern in kleinen Einheiten, in Wohngruppen. Auch aus diesem Personenkreis werden Menschen weiter so verselbständigt, daß sie von da aus in ambulante Formen wechseln können.

Gelungen ist das aus drei Gründen. Zum einen, wie gesagt, weil ich das alles vorgemacht habe. Das kann nur von der Spitze her kommen, gleich, ob es sich um Anstalten oder Heime handelt. Derjenige mit dem größten Prestige und dem meisten Geld muß das Schwierigste an einer solchen Arbeit tun, nämlich die Menschen vom Heim auch wieder loszulösen.

Ein Mensch ist nicht als Bewohner zu definieren

Das zweite war, daß wir für diese Menschen nicht nur eine Wohnmöglichkeit gefunden haben; das allein reicht nämlich nicht. Ein Mensch ist nicht als Bewohner zu definieren. In Heimen heißt es ja heute gern: Wir haben 80 Bewohner. Das finde ich schrecklich, daß man Menschen auf die Funktion des Wohnens reduziert, als ob das alles wäre. Wir haben herausgefunden, daß bei jedem Menschen ein bestimmtes Maß an Arbeitsbedürfnis, im Sinne des Tuns für andere, vorhanden ist. Bedeutung für andere zu haben, von anderen gebraucht zu werden, das ist wichtig, selbst für den an sich leistungsunfähigsten Menschen. Es war ein langer Weg, bis wir das gelernt hatten. Wir haben ein System von Arbeitsmöglichkeiten für diese Menschen geschaffen. Es hat sich unglaublich ausgezahlt, daß jeder dieser Menschen wußte, wenn er will - und zwar nur, wenn er will - kann er dort hingehen und kann, so, wie er es aushält, und sei es nur für eine oder zwei Stunden, etwas tun.

Das dritte war, daß wir sehr bald gesehen haben, daß eine solche Integration in einer Stadt - von den 435 ehemaligen Insassen blieben ungefähr 300 in der Stadt Gütersloh - nur möglich ist, wenn es gelingt, in der Bevölkerung eine Mentalität zu erzeugen, daß sich die Bürger diesen Menschen gegenüber als Nachbarn verhalten. Bei vielen schlägt sich das nur in der Zeitungslektüre nieder oder durch zufällige Kontakte, aber ein Teil der 100.000 Bürger kommt dann auch in engeren Kontakt mit diesen Menschen. Diese Bürger können es dann auch aushalten, wenn für die Menschen gesorgt ist, wenn man also nicht gezwungen ist, selbst etwas für sie zu machen, wenn es erlaubt ist, auch Vorurteile zu haben; wenn es erlaubt ist, auch behindertenfeindlich zu sein - wenn also nichts verboten ist. Es handelt sich ja um eine hundertjährige Berührungsentwöhnung. Was da auf die Menschen zukam, war zunächst sehr fremd. Und natürlich mußten wir uns klarmachen, daß wir die professionelle Beziehungsarbeit, die wir bisher geleistet hatten, zwar nicht zu 100 %, aber doch zu 70 bis 80 % auf die Schultern der Bürger übertragen haben, ohne diese zu fragen, ob sie das auch wollen.

Umverteilung der Last

D.L.: Was bedeutet diese Umverteilung der Last von den professionellen Helfern auf die Schultern der Bürger? Warum halten Sie das für wichtig, selbst wenn die Bürger das zunächst gar nicht wollen?

K. Dörner: Wenn von „Randgruppen" die Rede ist, dann ist das natürlich das Gegenteil dessen, worum es gehen müßte. Die Marginalisierung der damit gemeinten Gruppen ist genau der falsche Umgang mit ungeliebten Gruppen, die eine Belastung darstellen: Man bringt sie in irgendwelche Randzonen. Wenn man wirklich mit den „letzten" beginnen will, dann sind die letzten nicht etwa die chronisch Kranken oder die Behinderten, sondern das sind die statistischen Durchschnittsbürger. Diese sind völlig an die Trennungslinie zwischen Menschen mit Behinderungen und Menschen ohne Behinderungen gewöhnt. Es muß wieder zu einer gesunden Mischung kommen, weg von der gesunden Mischung im Heim hin zu einer gesunden Mischung in der Gemeinde. Den größten Entwicklungsbedarf hat der statistische Durchschnittsbürger. Genau darauf haben wir uns in den nächsten zehn, 20 Jahren zu konzentrieren und immer wieder neu zu lernen, von diesem Durchschnittsbürger aus zu denken: von seinen Ängsten, von seinem Mißtrauen, von seiner Behindertenfeindlichkeit. Wir haben ihn nicht zu kritisieren wegen seiner Behindertenfeindlichkeit - dahinter steht die Ökonomie der Selbsterhöhung, wenn wir das kritisieren -, sondern wir müssen uns in seine Situation hineindenken.

Weg vom profizentrierten Weltbild

Wir Professionellen, die wir uns angemaßt hatten, das Helfen innerhalb dieser Gesellschaft zu monopolisieren - „nur wir können helfen, wir haben das gelernt, alle anderen können das nicht" - wir haben ein profizentriertes Weltbild. Das ist das Wichtigste für die Zukunft, daß wir von diesem profizentrierten Weltbild wegkommen und wieder zu einem bürgerzentrierten Welt- und Menschenbild kommen. Das hieße, davon auszugehen, daß es zunächst einmal die Bürger sind, die sich in irgendeiner Form als Basissolidarität gegenseitig helfen und füreinander einstehen. „Solidarität" kommt von „haften", es heißt also „füreinander haften". Das kann so weit gehen, daß man verhaftet werden kann, also vom anderen in die Haftung, in die Verantwortung genommen wird.

Das passiert in allen Familien, millionenfach; dort passiert es noch mit einer gewissen Selbstverständlichkeit.

Mit schon sehr abgeschwächter Intensität geschieht das auch im Nachbarschaftsbereich und darüber hinaus mit entsprechender Verdünnung. Diese Verdünnung ist im wesentlichen in den letzten 100 Jahren entstanden. Wir müssen zu einem gemeindezentrierten Ansatz kommen, oder - noch mehr zugespitzt - zu einem bürgerzentrierten Ansatz. Das wirkt natürlich als Provokation, aber je länger ich darüber nachdenke, desto mehr Belege fallen mir ein, daß das richtig ist.

Helfen ist nicht bezahlbar

Bis vor 150 Jahren gab es keine Institutionen - vielleicht von den Klöstern abgesehen, aber das war nie flächendeckend -, und vor allem gab es keine sogenannten Profis. Durch die ganze Menschheitsgeschichte waren sich alle Menschen einig: Helfen ist eine so vornehme Tätigkeit, daß man dafür kein Geld nehmen kann. Helfen ist unbezahlbar, das darf nicht professionalisiert werden. Aber seit dem 19. Jahrhundert haben wir dann doch die Professionalisierung des Helfens aus verschiedenen Gründen - Vermarktung und Industrialisierung etc. - für nötig gehalten. Damals haben wir begonnen, Schuld auf uns zu laden; ich nenne das jetzt einmal Modernisierungsschuld. Wir haben die Produktivität erhöht, wir leben von unglaublichen technischen Standards, die wir uns leisten können. Jeder einzelne Bürger hat einen unglaublichen Freiheitsgewinn dadurch zustandegebracht.

Nun sind wir etwa seit 1980 in diese Kostenkrise hineingeraten. 1880 sind die Sozialgesetze entstanden, die dieses System der Moderne finanzierbar gemacht haben. Die Bürger haben ihr Helfen, ihre Solidarität, vom Zeitgeben auf das Geldgeben umgestellt. Dieses System hat also genau 100 Jahre gedauert. Daß wir jetzt ein Kostenproblem haben, hängt damit zusammen, daß wir kein nennenswertes wirtschaftliches Wachstum mehr haben. Das hatten wir bisher immer gehabt, darauf konnte man sich verlassen. Wenn die Sozialprofiwünsche größer wurden, konnten diese locker bedient werden. Vieles spricht dafür, daß der Mangel an nennenswertem Wirtschaftswachstum fortbestehen wird. Das heißt, man muß alles in Frage stellen, was in diesen 100 Jahren so schön war: die Professionalisierung, die Institutionalisierung und die Umstellung der Solidarität der Bürger von Zeit auf Geld. All das müssen wir heute gegen den Strich bürsten und herausfinden, ob und in welchem Maß diese Dinge zurückgeführt werden müssen. Das ist aus historischen Gründen so, aus ökonomischen - weil das System so nicht mehr bezahlbar ist -, und als drittes kommt hinzu: auch wegen der Gesundheit jedes einzelnen Bürgers. Jeder einzelne lebte ja früher davon, daß es ein Spannungsfeld gab zwischen dem Bedürfnis nach gesunder egoistischer Selbsterhaltung, Selbstbestimmung und Selbstverwirklichung auf der einen Seite und auf der anderen Seite etwas, das man nennen könnte: Betreuung für andere, für andere dasein, für andere notwendig sein. Und es ist erlaubt, das eine schöner zu finden als das andere.

Niemand ist aus freien Stücken gut

Immer dann, wenn man jemandem hilft, fallen einem Dinge ein, die man auch in derselben Zeit tun könnte und die noch schöner wären. Mein Lieblingsphilosoph Emanuel Levinas drückt es so aus: „Niemand ist aus freien Stücken gut." Mit dem total naiven natürlichen Willen kann man eigentlich nur für sich selbst etwas Gutes tun. Für andere kann man immer nur gegen seinen eigenen Willen, das heißt widerwillig etwas tun. Das kann man aber! Das heißt, es ist erlaubt, zähneknirschend gut zu sein. Das ist unglaublich tröstlich. Dieser Zusammenhang zeigt auch, daß in diesem Spannungsfeld - Selbstbestimmung auf der einen Seite, Bedeutung für andere haben wollen auf der anderen Seite -, immer die Selbstbestimmung siegt, wenn man beides konkurrieren läßt. Das ist menschlich.

R.H.: Aber kann man nicht sagen, daß doch der Egoismus gebietet, aus purer Selbsterhaltung ein Stück Selbstlosigkeit zu üben?

K. Dörner: Ja, das spricht sich aber nicht so herum. Mein Ansatz ist eher das Bild des Spannungsfeldes. Wenn man genau hinsieht und sowohl einen einzelnen anderen Menschen als auch sich selbst betrachtet, dann findet man für beide Seiten dieses Spannungsfeldes, für beide vitalen Grundbedürfnisse, daß es offenbar ein Optimum gibt - und gerade nicht ein Maximum. Man neigt gerade bei der Selbstbestimmung dazu, immer mehr davon haben zu wollen, weil alles dann immer schöner wird. Aber irgendwann schlägt das ins Gegenteil um. Auf der anderen Seite, bei der Bedeutung, die man für andere hat, muß man sich zunächst klarmachen, daß man die anderen überhaupt braucht. Wenn man das in der Phantasie durchspielt, daß es immer weniger Menschen geben würde, dann wird man bemerken, daß man immer depressiver wird, und wenn alle Menschen verschwunden wären, für die man eine Bedeutung hat, dann wäre man in irgendeiner Form suizidal, man wäre nicht lebensfähig. Auf eine überraschende und eigentlich ungeliebte Art gibt es dieses andere Grundbedürfnis auch, und man muß es in gewissem Maße befriedigen.

Salutogenese versus Pathogenese

R.H.: In Ihrem Buch „Die Gesundheitsfalle" sagen Sie, sich entlasten beinhalte auch, bedeutungsloser zu werden. Ist das ein bloßer Vorstellungsinhalt, oder kann man das wirklich erleben?

K. Dörner: Das kann man erleben. Man kann sich, wenn man darüber ins Gespräch kommt, mit Menschen eigentlich immer darauf einigen, daß zuviel davon nicht gut ist, aber um Gottes willen auch nicht zuwenig oder nicht gar nichts davon. Wenn man es technisch ausdrückt, kann man sagen, jeder braucht eine gewisse Menge davon, eine Tagesdosis, wenn man so will.

D.L.: Beim Salutogenese-Ansatz ist in diesem Zusammenhang dann vom sogenannten Eustreß die Rede, also von Belastungen, die förderlich sind.

K. Dörner: Ich hasse den Begriff der Salutogenese.

R.H.: Sagen Sie uns, warum?

K. Dörner: Der Salutogenese-Ansatz sollte einen Gegenbegriff zum Pathogenese-Begriff schaffen. Das ist zunächst noch nicht ehrenrührig, aber dabei wurde die Salutogenese, also die Frage nach der Gesundheit, so verdinglicht, als wäre es die Pathogenese, als wäre Gesundheit etwas, das man anzielen und herstellen und damit auch formieren könnte. Mein zweitliebster Philosoph Hans Georg Gadamer ist da im Kern dagegen. Er hat sinngemäß gesagt: „Wenn man versucht, Gesundheit anzuzielen, zieht sie sich zurück. Wenn man versucht, gesund-bewußt zu leben, ist man nicht mehr gesund, denn Gesundheit ist das selbstvergessene Weggegebensein an die Vollzüge des eigenen Lebens."

Selbstvergessen ist dabei nicht selbstlos. In meinem Buch habe ich auch diesen Satz von Nietzsche verwendet, der das noch schärfer formuliert hat, indem er - sinngemäß - sagte, gesund sein sei für ihn das Maß an Leiden, das er braucht, um sein Werk zu schaffen. Das ist sehr unmodern geworden, aber wir wachsen in Zeiten hinein, in denen es lebensnotwendig wird, das wieder denken zu können.

Institutionen überflüssig machen

D.L.: Sie haben besonders entschieden darauf hingewiesen, daß der Impuls, Menschen aus Institutionen zu entlassen und dann sogar die Institution überflüssig zu machen, unbedingt innerhalb der Hierarchie von oben kommen muß. Wie kann aber ein Mensch, der als einfacher Mitarbeiter in einer solchen Institution arbeitet, mit der Schuld leben, wenn er, z.B. durch Ihre Veröffentlichungen, dafür ein Bewußtsein entwickelt? Kommt der Sozialprofi an diese Schicht nur in dem Maße heran, wie er seine ganze bürgerliche Existenz aufs Spiel setzt?

K. Dörner: Ja, so ist es. Zunächst ist es ja wirklich so, daß man Schuld auf sich nimmt, wenn man in einer solchen Institution arbeitet. Denn man weiß, es gab Zeiten und es gibt in der Gegenwart Länder, in denen man weitgehend ohne Institutionen auskam bzw. auskommt.

Menschen zu institutionalisieren, kann immer nur die zweite oder dritte Wahl sein. Soweit, denke ich, kann man sich so einig sein, als ob das eine mathematische Formel wäre. Und es gibt in der Menschheitsgeschichte diese lange Tradition zu sagen: Anderen Menschen zu helfen, das ist eine so vornehme Tätigkeit, daß man dafür kein Geld nehmen darf.

Bei Fortbildungen für Krankenschwestern und Sozialarbeiter habe ich dazu eine pragmatisch vermittelnde Formulierung gefunden, die auch für mich selbst als Sozialprofi gilt: „Ihr dürft euch nicht einbilden, daß ihr Geld dafür bekommt, daß ihr helft, das ist nach wie vor verboten. Wofür ihr Geld nehmen dürft, ist das Maß an Technik, das ihr euch angeeignet habt. Das habt ihr euch mühselig theoretisch und praktisch erworben, habt euch angestrengt, dafür dürft ihr Geld nehmen. Aber nicht für das Helfen."

Wir müssen zumindest den Bürgern sagen: Was ihr bisher an Geld abgebt, das brauchen wir auch weiterhin, wir hätten gerne mehr, der Bedarf an Hilfe ist größer geworden. Das geht aber nicht, also müßt ihr euch erinnern, daß ihr früher nicht Geld, sondern Zeit gegeben habt. Ihr müßt euch daran gewöhnen, auf eine noch zu organisierende Weise, einen Teil eurer freien Zeit einzusetzen.

Die Modernisierungsschuld

Von der freien Zeit haben sich die Menschen ja nur die Illusion gemacht, sie sei frei – wie kann Zeit frei sein? Zeit ist immer eine Einheit, in der etwas getan wird. Diese Einsicht verdanke ich meinem anthroposophischen Onkel Wilhelm-Ernst Barkhoff, der immer schon gesagt hat: „Freie Zeit is' nich - soziale Zeit!“ Beides, soziale Zeit und Arbeitszeit, kann man so leben, daß man beides als freie Zeit empfindet. Dann ist die ganze Zeit frei. Das Gegeneinandersetzen von Arbeitszeit und Freizeit, das ist des Teufels. Das gehört zur Modernisierungsschuld.

All das muß jemanden bewegen, der, gleichwohl aus welchen Gründen, auf die Schnapsidee gekommen ist, in einem Heim zu arbeiten. So ist es mir auch ergangen, als ich nach Gütersloh kam. Neben dem klinischen Teil gab es einen Heimteil, und dabei war ich der Heimleiter. Da wurde mir sehr schnell klar, wie sehr ich Schuld auf mich lade, indem ich mir die Finger schmutzig mache, indem ich etwas tue, von dem ich überzeugt bin, es wäre besser, wenn es das nicht gäbe. Damit einen eine solche Erkenntnis nicht lähmen kann - ein Schuldgefühl kann lähmend wirken -, muß man daraus wieder praktische Schlüsse ziehen. Dann kann man zumindest sagen: Wenn das so ist, dann kann ich jeden Tag, an dem ich in diese Einrichtung gehe, und jeden Euro, den ich dafür bekomme, nur legitimieren, wenn ich daran arbeite, mich und diesen Arbeitsplatz überflüssig zu machen. Wenn ich das nicht tue, dann erst wird die Schuld zu einer eigentlichen Schuld, dann bin ich gewissermaßen der Kriegsgewinnler, derjenige, der von dem Mißstand für andere profitiert. Dann bin ich der Profiteur, der Ausbeuter, der Geiselnehmer. Den Begriff Geiselnehmer habe ich übrigens mit Kalkül für diese Situation geprägt, und ich habe dadurch sehr viel Resonanz erfahren; hauptsächlich Kritik, Abwehr und Verteidigung. Aber ich konnte diesen Begriff nur auf mich selbst anwenden, weil ich herausgefunden hatte, daß ich als Heimleiter in der Tat ein Geiselnehmer bin und daß ich das nur legitimieren kann, wenn ich fortlaufend daran arbeite, mich überflüssig zu machen.

Fürsorgepflicht gegenüber dem Vorgesetzten

Aber um auf Ihre Frage, wie ein einfacher Mitarbeiter in einem Heim mit der Schuld umgehen kann, noch einmal zurückzukommen: Ein solcher Mitarbeiter sollte wissen, daß jeder Mitarbeiter auch eine Fürsorgepflicht gegenüber seinem Vorgesetzten hat. Ein Vorgesetzter kann seiner Fürsorgepflicht von „oben“ überhaupt nicht genügen, wenn die „unten“ das nicht auch für ihn tun.

R.H.: In Ihrem Buch „Die Gesundheitsfalle“ sprechen Sie von einem zu einseitig liberalen Menschenbild, das darin besteht, Herr über Leben und Tod sein zu können. Wie hängt aus Ihrer Sicht die Frage nach dem Menschenbild mit dem Thema Schuld zusammen?

K. Dörner: Wenn man von einem Menschenbild spricht, übertritt man ein an sich bestehendes Bilderverbot. Den Begriff Menschenbild kann es weder in einer seriösen Wissenschaftssprache geben noch in der philosophischen Sprache. Das ist ein typisch weltanschaulicher Begriff. Wer erlaubt uns, Menschenbilder zu haben?

Zwei Seelen: ich und der andere

Gleichwohl macht sich jeder Mensch natürlich permanent Gedanken darüber, was denn wohl der Mensch sei. Wenn ich also das Bilderverbot übertrete, dann komme ich schnell auf das, was ich schon das Spannungfeld genannt habe: Man kommt darauf, daß Menschen zwei Seelen in der Brust haben. Die eine, die immer selbstbestimmter sein will, und die andere, die Bedeutung für andere haben will. Levinas erklärt das, indem er darauf hinweist, daß das europäische Denken je zur Hälfte auf zwei Traditionen gründet. Die eine ist die griechisch-humanistisch-aufklärerische Traditionsstrecke, bei der es immer um das Ich geht, bei der das Ich das Aktionszentrum darstellt, das die Welt erobert, Herr ist über Leben und Tod.

Die andere Hälfte ist das biblische Denken, wobei Levinas mehr das Alte als das Neue Testament im Blick hat. Das biblische Denken hat nicht das Ich, sondern immer den anderen im Zentrum, es denkt vom anderen her. Dabei ist es ganz egal, ob der andere ein Mensch ist oder Gott oder eine Mischung aus beiden. Europa, so sagt Levinas, war immer gut beraten, beide Denktraditionen wachsen, blühen und gedeihen zu lassen, statt die eine auf Kosten der anderen stärker zu machen.

Vom anderen her zu mir hin denken

Die Tradition, bei der wir vom Ich ausgehen, haben wir über 2.000 Jahre gut gelernt. Das können wir prima: Herr über Leben und Tod, das wollen alle sein, jederzeit und immer mehr. Zur Zeit müssen wir die Seite wieder stärker machen, bei der das Aktionszentrum nicht das Ich, sondern der andere ist. Dazu hat Levinas bis heute die treffendsten und provozierendsten Bilder gefunden. Wir haben alle gelernt, Beziehungen zum anderen hin zu denken; aber Beziehungen vom anderen zu mir hin zu denken, das ist für uns griechisch-aufklärerisch Erzogene etwas sehr Befremdliches. Levinas sagt dazu, daß man in der vom anderen her gedachten Beziehung immer zu spät kommt. Das ist unvermeidlich, es hat keinen Sinn, sich deswegen zu grämen. Das bedeutet, daß man immer schon, vor allem am Anfang, in der Schuld des anderen steht. Es gibt also einen Schuldzusammenhang, der konstituierend ist für die Beziehung zwischen dem anderen und mir.

R.H.: Jetzt frage ich Sie entlang des Zitates von Brecht, das wir als Überschrift für unser Gespräch gewählt haben, „Denn die einen sind im Dunkeln und die anderen sind im Licht, und man sieht die im Lichte, die im Dunkeln sieht man nicht“: Daß die im Dunkeln nicht gesehen werden, gibt es dafür Schuldige?

Für alle ist kein Platz im Licht

K. Dörner: Wer stellt denn die einen ins Licht, und wer stellt die anderen ins Dunkel? Erstmal sind das wir im allgemeinen, dann unsere Repräsentanten, die wir wählen, damit sie z.B. Sozialpolitik machen. Das entbindet uns nicht davon, daß wir es letztlich sind, die die einen ins Licht und die anderen ins Dunkel stellen.

Wir stellen uns selbst besonders gerne ins Licht und sorgen dafür, daß man uns sieht. Und ob wir wollen oder nicht: Die Menge an Licht ist nicht vermehrbar. Es gibt eine bestimmte Menge Licht und eine bestimmte Menge Dunkel; da kann man an den Schöpfungstag denken, als Tag und Nacht geschieden wurden. Seither gibt es eine bestimmte Menge Tag und eine bestimmte Menge Nacht. Dadurch, daß wir entscheiden, wer im Licht steht, entscheiden wir auch, wer im Dunkeln steht. Für alle ist kein Platz im Licht.

Ich möchte dazu ein Beispiel geben, das zu tun hat mit der Euthanasiethematik. Die Gewalthemmschwelle gegenüber institutionalisierten Menschen ist geringer als diejenige gegenüber „freilaufenden“ Menschen, das ist wie ein Naturgesetz. Das hat im Ersten Weltkrieg dazu geführt, daß man sich gesagt hat: Wenn schon die Blüte der Jugend auf dem Felde der Ehre stirbt, dann sollen doch diese unwerten Menschen, die wir in den Institutionen durchfüttern, auch ihren Blutzoll entrichten. Daraufhin hat man die Zahl der Kalorien reduziert. Nur das Reichsgesundheitsamt hat sich damals gewehrt, mit der Begründung, das sei ja gezieltes willkürliches Töten, was da geplant werde. Aber die anderen Behörden setzten sich darüber

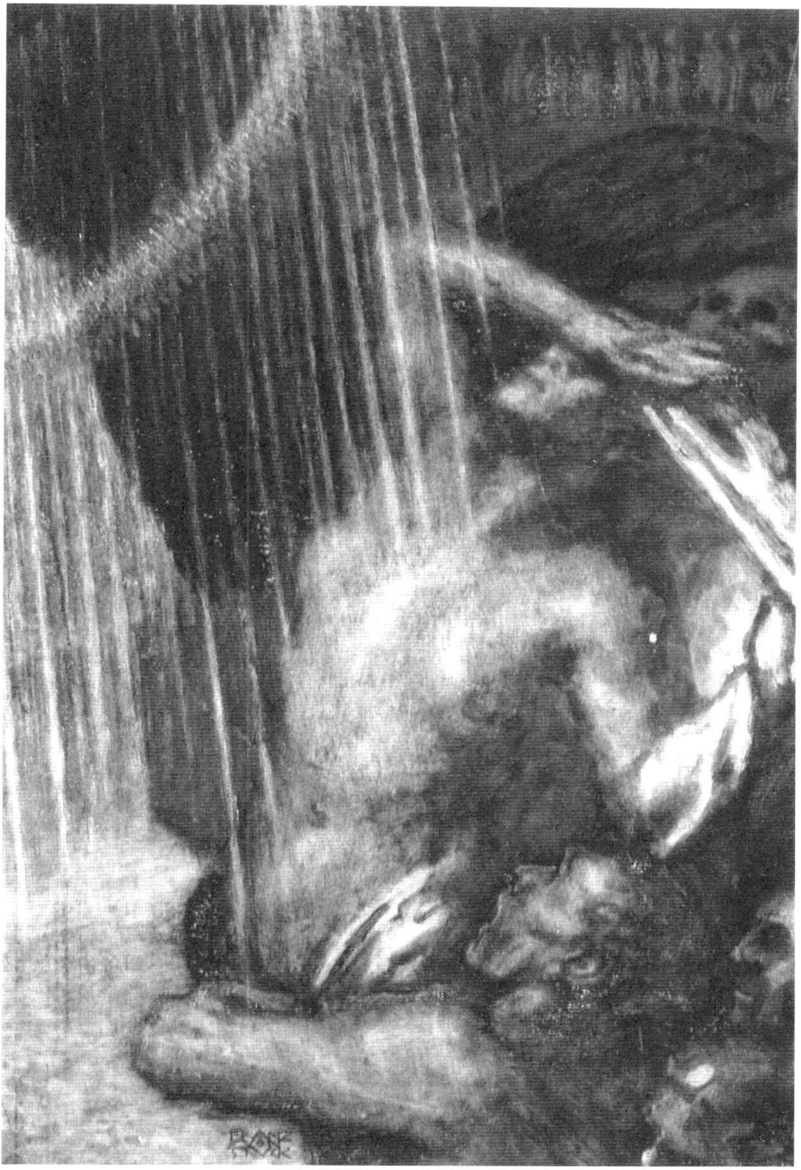

Franz von Stuck (umm 1922): Das jüngste Gericht (Ausschnitt)
Münschen, Privat-Slg.

hinweg, und dann wurde das so gemacht. Das führte zum Tode von 70.000 Menschen. Das hatte man auch ungefähr so geplant.

„Niedergeführte Existenzen"

Weder die Kirchen noch die Experten, die Psychiater, haben dagegen protestiert. Als dann der Zweite Weltkrieg kam - Hitler hatte entschieden, wir lösen das Problem mit dem unwerten Leben im Schutze des Weltkrieges, wenn sowieso gestorben wird -, da gab es einen Professor Nietzsche aus Sachsen, der sagte: Das mit der Vergaserei, das ist doch unhygienisch, das bringt doch viel Unruhe in die Bevölkerung; laßt uns doch auf das Verfahren aus dem Ersten Weltkrieg zurückgehen: verhungern lassen! Er trieb dann diese Methode des Verhungernlassens noch auf die Spitze, indem er den Begriff „Niederführen" einführte. Niedergeführte Existenzen sollten die Gnade haben, von ihrem nur noch vegetierenden Leben erlöst zu werden. Von niedergeführten Existenzen zu sprechen, das ist nur möglich, wenn ich vorher überlege: Wen führe ich denn nieder? Und: Wer führt wen nieder? Und so ist das tatsächlich auch erfolgt, zumindest in den sächsischen Krankenhäusern. Es wurden nicht nur die Kalorien reduziert, sondern auch die Fläche pro Insasse - auch das Zusammenpferchen reduziert die Lebenserwartung erheblich. Je mehr man „niederführt", desto mehr werden die Menschen im Umkreis sagen: Erbarmen, Erbarmen! Ich kann das nicht mehr mit ansehen, wie die sich quälen. So wurden die Schwestern dafür fit gemacht, daß sie dann auch die Luminalspritze gegeben haben. Das ist für mich das schrecklichste und sprechendste Beispiel für die Fragen nach denen im Licht und denen im Dunkel.

Altenpflegeheime

Aber ich möchte das noch ergänzen. Es ist immer so schön, sich über die Geschichte aufzuregen. Wenn man zurückschaut, weiß man ja alles besser, aber man muß immer dabei auch die Ehrlichkeit haben, sich zu überlegen: Ist es denn heute so viel anders?

Dazu betrachte ich jetzt einmal nicht die Heime für behinderte Menschen - die sind eher verwöhnt -, sondern die Altenpflegeheime. Wenn ich genau hinsehe, dann kann ich den Eindruck gewinnen, daß durch die Konzentration von schwer pflegebedürftigen und altersdementen Menschen in den Heimen, also durch das Fehlen einer gesunden Mischung, und auch durch Personalmangel, etwas entsteht, was sich so sehr von dieser Methode des Niederführens nicht unterscheidet. Heute nimmt das die Gestalt einer Ideologie an, indem gesagt wird, irgendwann wollen die Alten nicht mehr trinken und nicht mehr essen, das heißt dann: Die wollen eigentlich sterben. Wenn dann ein alter Mensch sich im Heim so fremd und so bevormundet fühlt, daß er als Reaktion darauf nicht mehr essen mag, dann wird das unter Umständen so interpretiert: Aha, der will sterben. Vielleicht hat er - wie das häufig geschieht - beim Eintritt in das Heim eine Patientenverfügung unterschrieben, die dann das Personal ermächtigt, entsprechend zu handeln.

Da wir inzwischen wissen, wie es anders gehen kann, durch ambulante Formen, die es bereits gibt, machen wir uns an dieser Stelle mitschuldig daran, daß alte Menschen in Heimen früher, unnötig und auf nicht legitimierbare Weise zu Tode kommen.

Schon vor allem Anfang stehen wir in der Schuld des anderen

D.L.: Die Schuld an denen, die im Dunkeln sind: Ist sie also eine Folge des Strebens nach immer mehr Entlastung?

K. Dörner: Weil wir gegenüber dem anderen, der uns begegnet, immer zu spät kommen, stehen wir immer auch schon in seiner Schuld. Das ist eine existentielle Tatsache, daran können wir nichts ändern.

Aber das Spannungsfeld zwischen Selbstbestimmung und Bedeutung haben für andere, das kann man auch sehen als Spannung zwischen dem Bedürfnis, sich zu entlasten, und dem ungeliebten und gleichwohl vital notwendigen Prinzip der Belastung. Es war eine Idee des 19. Jahrhunderts, ungeliebte, belastende Menschen zusammenzupferchen, zu selektieren, zu homogenisieren - immer nur Gleiche zu Gleichen: Allein das ist schon unmenschlich; so darf man mit Sachen umgehen, aber nicht mit Menschen. Das galt dann als menschheitsbeglückend; die Kirchen haben sich dafür sehr gefeiert. Dem lag ein Entlastungsmotiv zugrunde. Wenn man so will, war es eine Notwendigkeit, sich zu entlasten, um die möglich gewordenen Ziele des Modernisierungsfortschritts auch zu erreichen. Man konnte die Arbeit in Fabriken auslagern und dadurch die Produktivität enorm erhöhen. Zu Hause war dann niemand mehr, der sich um Alte und Pflegebedürftige kümmern konnte, also mußte man soziale Institutionen schaffen.

Du sollst mich nicht töten!

Hinsichtlich der Realisierung des Bedürfnisses nach Bedeutung für andere bzw. des Bedürfnisses nach einer gewissen Belastung ist dem Menschen, ob er das realisiert oder nicht, eine grundsätzliche Freiheit gelassen. Dadurch ist seine Schuldfähigkeit konstituiert. Levinas sagt das mit dem Bild von der Begegnung, bei der ich dem anderen Menschen in sein nacktes, ungeschütztes Antlitz schaue. Dann sprechen seine Augen mir gegenüber den Befehl aus, daß ich in seinen Dienst zu treten habe. Die ungeschützen Augen drücken mir gegenüber das Gebot aus: Du sollst mich nicht töten! Nun hat jeder Mensch die Freiheit, dieses Gebot zu übertreten. Aber zunächst sieht er sich diesem Befehl: „Du sollst mich nicht töten!" ausgesetzt. Das ist das Primäre. Dann kann er sich frei dazu verhalten. Er muß sich auch frei dazu verhalten können, denn sonst würde er keine ethische Entscheidung treffen.

Schuldfähigkeit und Freiheit

D.L.: Könnte es sein, daß die Institutionalisierung von Menschen nur ein Symptom ist für einen Mangel an persönlicher Schuldfähigkeit des modernen Menschen?

K. Dörner: Wieso soll für den modernen Menschen die persönliche Schuldfähigkeit anders sein als für Kain und Abel? Jede Generation denkt, die „Jugend von heute" sei schrecklich. Das haben Adam und Eva schon gedacht, und die beiden hatten wahrscheinlich mehr Anlaß dazu als die folgenden Generationen. Wenn der moderne Mensch prinzipiell weniger schuldfähig wäre als früher, dann müßte die Menschheit so schrecklich geworden sein, wie man es sich gar nicht vorstellen kann.

Man kann natürlich trotzdem darüber nachdenken. Wenn tatsächlich, wie wir gerade festgestellt haben, die Voraussetzung für Schuldfähigkeit Freiheit ist, dann könnte es natürlich sein, daß wir in der unglaublichen Fiktion leben, frei zu sein. Das Ausmaß dessen, was wir für Freiheit halten, ist extrem groß; das hat aber in Wirklichkeit nicht mehr so viel mit Freiheit zu tun. Wenn dem so wäre, dann könnte das dafür sprechen, daß auch die Fähigkeit, im Raum dieser Freiheit etwas, das ich tue oder nicht tue, als schuldhaft zu empfinden, Schaden gelitten hätte.

Früchte des Leids

Interview mit Lionel Davis

von Katharina von Bechtolsheim

Lionel Davis, *geb. 1936 im District 6, Südafrika, einem „gemischtfarbigen" Wohnbezirk, der in den späten Sechzigern zum „Weißen Areal" erklärt wurde. Schwarze, Farbige und Asiaten wurden von dort zwangsumgesiedelt. Davis' Mutter wurde als „farbig" klassifiziert und nach Manenberg, einem „farbigen" Areal, verfrachtet.*

1942 Einschulung in die „Coloured Primary School" („Farbigengrundschule") im District 6. 1956 Besuch der Abendschule. Beginn der politischen Aktivitäten: Beitritt zur APO (African People's Organization), bald darauf NLF (National Liberal Front), die unter der Führung von Dr. Alexander Neville stand, der an der Universität Tübingen promoviert hatte. 1963, im Alter von 27 Jahren, Festnahme wegen Mitgliedschaft in der NLF, die zum bewaffneten Kampf gegen die Apartheid aufrief. Anklage vor dem Supreme Court of Capetown wegen Verschwörung mit Ziel von Sabotageakten. April 1964 Haftantritt auf der Gefangeneninsel Robben Island. 7 Jahre Haft bis 1971. Während der Haftzeit Studium der Politik und Pädagogik. 1971 bis 1975 Hausarrest. Unterdessen Beendigung der Studien mit dem „Degree 12". 1978 bis 1980 Besuch der Kunsthochschule. 1991 Abschluß der Bildenden Kunst an der Universität Capetown. Arbeit als Kunstlehrer. 1996 schließt das Gefängnis Robben Island. Von 1997 an Fremdenführer auf Robben Island. Zur Zeit pädagogische Arbeit mit Schulkindern, Jugendlichen, Studenten und Erwachsenen auf Robben Island: Führungen, Camps, Workshops, Kunstprojekte.

„Dies ist die Insel. Hier werdet Ihr sterben." Mit diesen Worten wurde Nelson Mandela 1963 auf der Gefängnisinsel Robben Island als politischer Häftling empfangen, nachdem er im „Rivonia Prozeß" zusammen mit Walter Sisulu, Ahmed Kathrada, Eddie Daniels und anderen zu lebenslanger Haft wegen Sabotage verurteilt worden war. Als Mandela 1994 sein Amt als Staatspräsident Südafrikas antrat, saßen elf ehemalige politische Gefangene der Gefängnisinsel im Kabinett.

Ein Jahr später als Mandela, im April 1964, betrat auch Lionel Davis als politischer Gefangener die Insel, auf der er sieben Jahre in Haft verbringen sollte.

Robben Island ist heute Weltkulturerbe, was unter dem Kriterium IV mit den Worten erklärt wird: „Robben Island und seine Gefängnisgebäude symbolisieren den Triumph des menschlichen Geistes, der Freiheit und der Demokratie über die Unterdrückung."

Die 12 km vor Kapstadt vorgelagerte Insel symbolisiert jedoch genauso den Willen der Apartheid-Regierung Südafrikas, Würde und Widerstandskraft aller „gefährlichen" Oppositionellen zu brechen. Ministerpräsident Strijdom und die National Party griffen mit der Nutzung der Insel als Haftanstalt die Tradition holländischer Kolonialisten und späterer Regierungen auf, die in den Jahrhunderten vor der Apartheid Kolonialisierungsgegner, Kriminelle, afrikanische Häuptlinge und Kranke auf diese Insel verbannt hatten.

Obwohl die politischen Häftlinge des Apartheid-Systems sich keiner Schuld bewußt waren, außer der Illegalität ihres Freiheitskampfes, gelang es der Justiz im Auftrag der Regierung scheinbar, sie aus dem politischen Geschehen zu entfernen, um den Freiheitskampf zu schwächen.

Anstelle von Verbitterung und Haß oder Resignation reagierten die Häftlinge auf Freiheitsentzug und Diskriminierung auf Robben Island mit unverbrüchlichem Kampfgeist und mit erstaunlichen Aktivitäten: Sie gründeten eine „Freie Universität“, in der sogar Wärter unterrichtet wurden, kämpften füreinander und für die Menschenrechte und lenkten die Aufmerksamkeit der Welt auf sich, deren Augen ohnehin auf Südafrika gerichtet waren.

Der letzte politische Häftling verließ die Insel 1991. Heute ist sie Museum und Heimatort für ehemalige politische Häftlinge und ihre Familienmitglieder, die auf der Insel leben und arbeiten.

Lionel Davis blickt in diesem Interview auf die Schuld des Apartheid-Systems, auf die Frage von Schuld und Vergebung, auf die Zeit seiner politischen Haft und auf die Zukunft Südafrikas. Er artikuliert die Botschaft von Robben Island und beschreibt seine Arbeit als Pädagoge und Kunsterzieher auf der Insel.

Katharina von Bechtolsheim: Könnten Sie in einigen Worten zusammenfassen, was Schuld für Sie bedeutet? Ist Schuld ein Gefühl, eine nüchterne Tatsache, die Konsequenz einer Tat, eine offene Rechnung?

Lionel Davis: Schuld ist eine Sache des Bewußtseins und wird durch schlechtes Gewissen ans Tageslicht gebracht. Wenn Sie aufgeschlossen sind gegenüber den Gefühlen Ihrer Mitmenschen und sich in Ihrem Handeln von moralischen Grundsätzen leiten lassen, dann geht es Ihnen einfach schlecht, wenn Sie einen anderen Menschen verletzt oder angegriffen haben. Immer, wenn Sie an die Tat denken, die dem Gegenüber Leid gebracht hat, taucht ein unangenehmes Gefühl in Ihnen auf, und sei es auch 30 Jahre später.

K.v.B.: Hat Schuld auch einen religiösen Aspekt?

L. Davis: Die meisten Menschen, die religiös veranlagt sind oder versuchen, religiös zu leben, fühlen sich einfach schuldig, wenn sie etwas falsch gemacht haben.

K.v.B.: Verliert Schuld an Gewicht, wenn sie durch eine Reaktion auf eine Tat, als Antwort auf eine Kränkung, Diskriminierung oder Ungerechtigkeit ausgelöst wurde?

L. Davis: Wenn Sie Ihre Tat wirklich begründet rechtfertigen können, mindert das die Schwere der Schuld.

K.v.B.: Gab es irgendeinen Augenblick in Ihrem Leben, in dem sie sich schuldig fühlten für das, was die Justiz Ihnen anlastete?

L. Davis: Nein. Absolut nie.

Implantiertes Schuldgefühl

K.v.B.: Inwieweit gelang es dem Apartheid-System, durch Diskriminierung und Entrechtung schwarzafrikanischen, indischen und farbigen Menschen in Südafrika Schuldgefühle aufzuzwingen?

L. Davis: Diejenigen, die nicht politisch dachten und handelten, begannen zu glauben, sie hätten schuld daran, daß die Regierung sie wie Menschen dritter Klasse behandelte und ihnen ihre Rechte nahm. In ihnen setzten sich Gefühle und Gedanken fest, die ihnen einflüsterten, daß sie nicht ehrbar seien, der Achtung nicht würdig, ungebildet und untauglich.

Brandmarkungen und ihre Folgen

K.v.B.: Inwiefern tragen das Apartheid-System und die Politik der National Party Schuld daran, daß es in den Jahren zwischen 1960 und den späten Achtzigern eine Entwicklung vom gewaltfreien zivilen Ungehorsam hin zum bewaffneten Kampf von ANC (African National Congress), PAC (Pan African Congress), SWAPO (South West African People's Organization), BCM (Black Consciousness Movement) und anderen Freiheitsbewegungen gab?

L. Davis: Um die Zeit der Jahrhundertwende waren unsere politischen Führer der festen Überzeugung, daß die Regierung mit Petitionen, mit zivilem Ungehorsam, mit Streiks und mit Gesprächen zur Vernunft zu bringen sei und daß man sie anhören würde. 1960 protestierte dann die Mehrheit der schwarzen Afrikaner friedlich gegen den Ausweiszwang, gegen die gesetzliche Verordnung, die jedem schwarzen Afrikaner und jeder schwarzen Afrikanerin aufzwang, einen Ausweis mit sich zu tragen, der ihn oder sie als Menschen dritter Klasse klassifizierte und identifizierte. Diese Dokumente glichen den Brandmarkungen der Juden unter Hitler. Während dieser friedlichen Demonstrationen schritt das Militär ein und erschoß 69 Menschen. Es gab unzählige Verletzte, und viele Menschen landeten im Gefängnis. In diesem Jahr wurden politische Organisationen wie der ANC verboten, die immer im Rahmen der Gewaltlosigkeit agiert hatten. Das Verbot bedeutete, daß man keine legalen Treffen mehr abhalten konnte. ANC und PAC gingen in den Untergrund und formierten die militärische Organisation Umkonto We Swize (Speer der Nation) respektive die APLA (Azanian People's Liberation Army), um gegen die Apartheid-Regierung kämpfen zu können. Die brutalen Methoden der Folter, der ständigen Festnahmen und der unverhältnismäßigen Haftstrafen führten dazu, daß Mitglieder politischer Organisationen sich militärisch ausbilden ließen.

Robben Island: Der Kampf ging weiter

K.v.B.: Wessen beschuldigte man Sie? Was war der Grund, weswegen Sie zur Haft auf Robben Island verurteilt wurden?

L. Davis: Ich war selbstverständlich ein scharfer Gegner des Apartheid-Systems und trat der Nationalen Befreiungsfront bei (NLF), die sich eines Tages zum Kampf gegen die Apartheid-Regierung rüstete. Wir wurden gefaßt, als wir dabei waren, Mitglieder zu werben. Wir waren elf Menschen, sieben Männer und vier Frauen, denen man Verschwörung mit dem Ziel von Sabotageakten anlastete. Die Männer wurden nach Robben Island verfrachtet, und die Frauen kamen ins Kroonstad Prison, einer Haftanstalt in einer der südafrikanischen Provinzen.

K.v.B.: Wie lange dauerte Ihre Haftstrafe? Saßen Sie ab, was Ihnen auferlegt wurde?

L. Davis: Man verurteilte mich zu sieben Jahren Haft, und ich saß sieben Jahre ab. Wenn das Urteil 20 Jahre lautete, dann saß man 20 Jahre ab, Bewährung gab es so gut wie nie.

K.v.B.: Hat sich während dieser Zeit Ihre Einstellung zu Schuld, Vergebung und Fragen der Ethik irgendwie gewandelt?

L. Davis: Wir sorgten während der Haft dafür, daß wir nicht stehenblieben: Wir betrieben starke politische Bildung und brachten uns gegenseitig bei, was wir wußten und was unsere Überzeugung war. Aufgrund dieses Austauschs, für den wir trotz harscher Vorschriften immer Mittel und Wege fanden, lernten wir, füreinander einzustehen. Wir bestanden auf der Einhaltung der Menschenrechte, auch wenn das nicht leicht war; und wir kämpften für eine menschenwürdige Behandlung und die Verbesserung der Haftbedingungen. So übten wir, weiter für das einzustehen, was wir für das Richtige erachteten. Für Schuldgefühle war überhaupt keine Zeit! Im Zusammenleben lernten wir, einander zu respektieren, unsere schmalen Rationen zu teilen, uns gegenseitig zu erziehen. Das bedeutete nicht, daß wir immer einhellig einer politischen Meinung waren, aber wir lernten, andere politische Meinungen zu achten. Wir lernten auch, den „gewöhnlichen“ Kriminellen Achtung entgegenzubringen. Wir lernten, die Wächter zu respektieren – und so brachten auch sie uns nach und nach mehr Achtung entgegen.

Gewalt und Apartheid im Mikrokosmos

K.v.B.: Wie würden Sie die Beziehung zwischen politischen Häftlingen und „gewöhnlichen Kriminellen" beschreiben?

L. Davis: Als wir auf Robben Island eintrafen, in den frühen Sechzigern, waren wir den Kriminellen mehr oder weniger ausgeliefert. Die Wärter setzten sie ein, um unsere Würde und unseren Geist zu brechen. Politische Häftlinge wurden von gewöhnlichen Häftlingen zusammengeschlagen und äußerst rabiat behandelt.

Gegen 1964 stieg die Zahl der politischen Gefangenen – es wurden immer mehr. Wir begannen ganz einfach, die Kriminellen ernst zu nehmen und ihnen Erziehung und Bildung zu geben, und wir politisierten sie. Viele von ihnen schlossen sich im Gefängnis einer der politischen Organisationen an.

Die Gefängnisleitung verlegte daraufhin viele Kriminelle in andere Gefängnisse. Man betrachtete uns als schlechten Einfluß und als Gefahr für die gewöhnlichen Häftlinge.

K.v.B.: Wie wurde Apartheid im Mikrokosmos Robben Island praktiziert?

L. Davis: Auf Robben Island waren von 1963 bis 1991, als der letzte politische Häftling die Insel verließ, zur Bewachung der politischen Häftlinge nur weiße Wärter eingesetzt. Sie beaufsichtigten die politischen Gefangenen, die durchweg Schwarze waren. Weiße Häftlinge hatten ihre eigenen Gefängnisgebäude. Weil wir eben keine Weißen waren, mußten wir in einem feuchtkalten Gebäude auf sehr dünnen Sisalmatten schlafen, ohne Laken und Kissen, mit hauchdünnen löchrigen Decken. Wir durften keine Unterwäsche und keine Schlafanzüge tragen. Wir wurden mangelhaft ernährt. Außerdem gab es eine Klassifizierung in verschiedene ethnische Gruppierungen: Schwarze, Farbige, Asiaten und Weiße. Asiaten und Farbige hatten danach z.B. das Recht auf lange Hosen, feste Schuhe, Socken und eine Mütze. Schwarze Häftlinge hingegen bekamen kurze Hosen zugeteilt, die in der Kälte nicht wärmten, sie hatten keine Socken, keine Mützen, und sie mußten Sandalen tragen. Asiaten und Farbige erhielten Brot- und Fleischrationen. Zum Frühstück bekamen sie Zucker für den Maisporridge. Aber abgesehen von Kleidung und Essen wurden alle politischen Häftlinge gleich behandelt. Deswegen war es für uns gewissermaßen einfacher, eine politische Front gegen das Haftsystem zu bilden.

K.v.B.: Wie reagierten Sie und die anderen politischen Häftlinge auf diese Klassifizierungen?

L. Davis: Alle Veränderungen, die im Laufe der Jahre erreicht wurden, waren Ergebnisse dessen, daß wir beharrlich für annähernd gleiche Behandlung in diesen Fragen kämpften. Wir hatten ja schon in der bürgerlichen Gesellschaft gegen Apartheid gekämpft, und natürlich setzten wir diesen Kampf während der Haft fort.

Strategie der Kommunikation

K.v.B.: Welche Haltung nahmen Sie und andere politische Häftlinge gegenüber den Wärtern ein?

L. Davis: Von 1960 bis in die frühen Siebziger verfolgten wir die Strategie, die Wärter in Gespräche einzubinden, mit ihnen zu kommunizieren, Beziehung zu ihnen aufzunehmen. Das setzte spannende Prozesse frei: Wir trugen sogar zur Bildung der Wärter bei, indem wir sie in unser autonomes „Bildungsprogramm" mit einbezogen. Das hatten sie nicht erwartet, und einige von ihnen profitierten wirklich vom Zusammensein mit uns, lernten von uns, ließen sich ein. Sie faßten nach und nach Vertrauen, brachten uns eine gewisse Achtung entgegen und taten uns sogar den einen oder anderen kleinen Gefallen.

K.v.B.: Konnten Sie darüber hinaus auch Veränderungen im Denken und Verhalten der Wärter und in der ethischen Einschätzung ihrer Handlungen bemerken, auch hinsichtlich der Schuldfrage?

L. Davis: Bei einigen Wärtern konnte man starke Veränderungen in der gesamten Haltung bemerken. Einer der grausamsten Aufseher kam in späteren Jahren, um sich für seine Grausamkeiten aufrichtig zu entschuldigen.

Weil sich unser starker Einfluß auf die Wärter bald bemerkbar machte, veranlaßte die Gefängnisleitung, daß kein Wärter besonders lange politische Häftlinge beaufsichtigen durfte.

Each one teaches each one – die Früchte

K.v.B.: Welche anderen positiven sozialen Prozesse wurden durch das Engagement der politischen Gefangenen in Gang gesetzt?

L. Davis: Das eine war, wie gesagt, das System des „Each one teaches each one".

Darüber hinaus lernten wir, wirklich aufeinander zu hören, uns die Einstellung und Überzeugung der anderen genau anzuhören und sie nicht abzuurteilen. Wir lernten nicht nur, unsere eigenen Erfahrungen und Überzeugungen zu vermitteln, sondern auch, daß jeder etwas Einzigartiges zu vermitteln hat. Außerdem lernten wir in diesem Prozeß, daß wir durchaus nicht alle Antworten auf brennende politische Fragen hatten. Das fördert eine gewisse Bescheidenheit. Nehmen Sie Nelson Mandela, der früher ein hitziger Kämpfer war, der seine Überzeugungen mit Nachdruck durchsetzen wollte. Er ist in den 18 Jahren Robben Island seiner 27jährigen Haftstrafe ein wesentlich bescheidenerer und besonnenerer, deswegen aber nicht kraftloserer Mensch geworden.

K.v.B.: Was würden Sie als die wichtigste Erfahrung bezeichnen, die Sie auf Robben Island gemacht haben?

L. Davis: Ich lernte wirklich, mit anderen Menschen zusammenzuleben. Das ist eine wichtige Erfahrung.

Ich erkannte, daß ohne Opfer nichts erreicht werden kann. Und ich lernte, daß wir vor Gott alle eins sind. Außerdem wurde mir bewußt, daß das Leben wunderschön ist, und daß es sich lohnt, für das eigene Leben und für das Leben anderer zu kämpfen.

Unterstützung von außen: die Hoffnung

K.v.B.: Was hat Ihnen während all der Jahre auf Robben Island geholfen, nicht aufzugeben und die Hoffnung nicht zu verlieren?

L. Davis: Uns wurde deutlich, daß die internationale Gemeinschaft begann, unseren Kampf zu unterstützen - das hat uns großen Mut gemacht. Organisationen wie Amnesty International, das Internationale Rote Kreuz und viele weitere NGOs sowie einige Regierungen stellten sich gegen das Apartheidsystem - und damit auf unsere Seite. Und in Südafrika protestierten politische und bürgerliche Organisationen weiterhin gegen die Staatspolitik und setzten sich für unsere Freilassung ein, obwohl diese Menschen politische Schikanen und Inhaftierungen zu erwarten hatten.

Wir versuchten natürlich, im Gefängnis auf dem laufenden zu bleiben, was nicht einfach war, da wir striktes Informationsverbot hatten. Aber wir kamen immer irgendwie an Zeitungen und Nachrichten heran; sogar alte Zeitungen waren für uns wertvoll. Wir mußten sie uns manchmal einfach stehlen.

Natürlich war auch unser eigener Kampf während der Haftzeit eine wichtige Erfahrung. All das gab uns Hoffnung.

Herausragende Häftlinge

K.v.B.: Welchen Einfluß hatten solche Häftlinge wie Nelson Mandela, Kathrada, Walter Sisulu, Eddie Daniels und viele andere?

L. Davis: Natürlich hatten die genannten Häftlinge großen positiven Einfluß auf uns; es gab viele politisch bewußte Häftlinge, die viel für die Gemeinschaft geleistet haben. Einige waren bemüht, das politische Bewußtsein nicht stagnieren zu lassen, andere waren einfach glanzvolle Historiker und sorgten für Geschichtsbewußtsein, wieder andere hatten anderes zu bieten; auch so einfache Dinge wie Sport oder ähnliches.

Diejenigen, die sich mutig und aufrecht gegen die Autoritäten stellten und für ihre Mithäftlinge kämpften, waren Männer wie die von Ihnen genannten, die dem ANC, dem PAC, der Unity Movement oder der NLF angehörten. Sie spielten eine herausragende Rolle in unserem Gefängnisleben.

Söhne einer anderen Zeit

K.v.B.: Nach dem Soweto-Aufstand von 1976 kam eine ganze Menge jugendlicher Häftlinge auf die Insel. Gab es Differenzen zwischen diesen jungen politischen Häftlingen und den älteren unter Ihnen, auch in ethischen Fragen? Waren sie die Söhne der Bantu-Erziehung?*

L. Davis: Wir waren gewissermaßen alle Opfer dieser untergeordneten, minderwertigen Erziehung. Sogar einige aus der älteren Generation hatten sie durchlaufen.

Die jungen Afrikaner, die in den 70ern auf die Insel kamen, waren wesentlich militanter als wir alten. Das kam ganz einfach daher, daß sie weltweite Unterstützung im Rücken fühlten. Natürlich legten sie eine gewisse Überheblichkeit und Arroganz an den Tag und blickten auf die ältere Generation herab. Sie hielten sie für schwach. Sie waren der Überzeugung, daß man Forderungen stellen sollte, statt auf Kommunika-

*Verbot aller kirchlichen und nichtstaatlichen Erziehungsanstalten für Schwarze und Farbige, Einrichtung primitivster Schulen ohne Weiterbildungsmöglichkeiten für Nichtweiße

tion und Verhandlungen zu bauen. Sie waren ganz einfach die Söhne einer anderen Zeit; ich denke nicht, daß das etwas mit der Bantu-Erziehung zu tun hatte.

Ort der Vergangenheit und Zukunft

K.v.B.: Robben Island ist heute ein Ort der Erinnerung, aber dieser Ort ist weit mehr als ein Museum. Können Sie beschreiben, was Sie und Ihre Mitarbeiter dort tun?

L. Davis: Neben der Tatsache, daß Robben Island ein Museum ist, ist es der Ort, an dem einige von uns mit ihren Familien leben. Robben Island ist also meine Heimat.

Darüber hinaus ist es ein Ort, der Hoffnung für die Zukunft geben kann. Die Menschen, die kommen, erhalten Führungen über die Insel und durch die verschiedenen Gefängniskomplexe. Dabei können sie Fragen stellen und mit Menschen sprechen, die die Haft durchlebt haben und die über diese Zeit nicht nur voller Haß und Verbitterung sprechen, sondern neben all dem Erschreckenden immer wieder darauf hinweisen, daß Menschen trotz Erniedrigung zu Freiheit und Wahrheit stehen können. Wir erzählen den Menschen über unseren Kampf für Gerechtigkeit und ermutigen sie, Rassismus und Fremdenhaß abzubauen. Ich arbeite mit Schulkindern, andere arbeiten mit Touristen, aber wir tragen alle helfend dazu bei, Südafrika zu einem Land zu machen, in dem Menschen miteinander leben können. Wir versuchen, unseren Teil dazu zu tun, daß die Welt, in der wir leben, besser wird.

K.v.B.: Was ist die Botschaft von Robben Island? Mit welchen Gedanken und Gefühlen sollten die Touristen die Insel verlassen?

L. Davis: Wir möchten den Besuchern gerne nahebringen, daß ohne Kampf nichts Wertvolles erreicht werden kann; daß wir Menschen unbedingt lernen müssen, miteinander zu leben; daß Liebe und Respekt erlernbar sind, ganz gleich, ob wir in Israel, Ruanda oder Nordirland leben.

K.v.B.: Nehmen die Menschen diese Botschaft an? Welche Erfahrungen machen Sie damit?

L. Davis: Ja, sie nehmen sie meist an. Meist wird durch die Anstrengungen und Erfolge, die wir in diesem Mikrokosmos erlebt haben, deutlich, daß eine ähnliche Anstrengung nötig ist, wenn die Menschen der ganzen Welt miteinander auskommen wollen.

Respekt vor dem Anderssein

K.v.B.: Sie sind Lehrer. Welche pädagogischen Projekte verwirklichen Sie auf der Insel? Welche Fragen haben die jungen Menschen, die daran teilnehmen?

L. Davis: Wir veranstalten eine ganze Reihe von Projekten und Workshops auf der Insel und auf dem Festland. Dazu haben wir eine Wanderausstellung zusammengestellt, die in Bild und Wort die Geschichte Robben Islands darstellt. Parallel dazu gibt es eine Theaterinszenierung, die die Geschichte Robben Islands erzählt und die von Bühne zu Bühne wandert. Darüber hinaus gibt es auf der Insel jedes Jahr einige Wochenendcamps und zwei Wochencamps, die junge Leute verschiedener Kulturen, Nationalitäten und Sprachen zusammenbringen. Anhand all der Diskussionen, der Zusammenarbeit, der gemeinsamen künstlerischen Arbeit bei Schauspiel, Malerei, Musik und kreativem Schreiben lernen diese ganz unterschiedlichen Menschen einander kennen, tauchen in die verschiedenen Kulturkreise ein und bringen dem Andersartigen wie von selbst Interesse und Respekt entgegen, indem sie sich mit ihm vertraut machen.

Und natürlich kommen Grundschüler genauso hierher wie Abiturienten, Studenten oder erwachsene Autodidakten; sie wollen unsere Erzählungen und Berichte hören, die meist eine inspirierende Wirkung auf sie haben.

Viele unter ihnen identifizieren sich voll und ganz mit dem Kampf gegen Apartheid - und die meisten wollen natürlich etwas über Mandela hören. Als ehemalige politische Häftlinge fühlen wir uns aber verpflichtet, den jungen Menschen zu zeigen, daß alle politischen Häftlinge eine wichtige Geschichte zu erzählen haben - und daß es viele herausragende Menschen auf der Insel gab, auch wenn Mandela natürlich der Bekannteste unter ihnen ist.

K.v.B.: Wenn Sie jetzt ein Fach wie Ethik unterrichten würden, was wäre dann Ihre wichtigste Botschaft an die jungen Menschen?

L. Davis: Jede Ethik hängt für mich unmittelbar mit Moralität und Wahrheit zusammen, sie kann von nichts anderem handeln. Eine einfache, aber wichtige Botschaft wäre, daß jeder, der sich wünscht, Respekt entgegengebracht zu bekommen, zunächst lernen muß, andere Menschen zu respektieren. Des weiteren ist eine wichtige Botschaft, daß jeder, der bei der Wahrheit bleibt und zu ihr steht, letztendlich die Lüge besiegt, und daß ohne wirkliche Motivation und die Bereitschaft, für die eigenen Überzeugungen auch Opfer zu bringen, nichts erreicht werden kann.

Wahrheit und Versöhnung – offene und geheilte Wunden

K.v.B.: Wie beurteilen Sie die Arbeit der Truth and Reconciliation Commission (Kommission für Wahrheit und Versöhnung)? Was wurde erreicht?

L. Davis: Der Prozeß war gut, aber dennoch hätte er besser sein können: Die wirklichen Architekten der Apartheid blieben mehr oder weniger verschont, und den meisten von Ihnen geht es heute wunderbar; sie leben in allerbesten Verhältnissen. - Die Lakaien, die die Befehle der Apartheidarchitekten ausgeführt haben, sind hingegen wirklich ins Gefängnis gekommen. - Insgesamt gesehen half die TRC gewissermaßen, die Wunden vieler Menschen zu heilen.

K.v.B.: Im Rahmen der TRC gibt es das Motto „vergeben, ohne zu vergessen", das überaus beeindruckend wirkt. Können Sie in einigen Worten erklären, was damit gemeint ist und welche Anstrengungen dieses Projekt für Täter und Opfer bedeutet?

L. Davis: Der Schmerz, der so vielen Menschen in Südafrika zugefügt wurde, wird nicht einfach über Nacht vergehen, dazu sind die Wunden einfach zu tief. Wir können die vielen Südafrikaner nicht vergessen, die ihr Leben gelassen haben, die gefoltert wurden, die psychisch und physisch zu Krüppeln gemacht wurden; diejenigen, die umgebracht wurden und deren Leichname nie gefunden worden sind, und die, die viele, viele Jahre eingelocht waren; die, deren Familien zerstört wurden. Das alles kann und darf niemand vergessen. Wir versuchen, die Vergangenheit lebendig zu halten. Denn wenn wir vergessen, was gestern geschehen ist, werden wir morgen dazu neigen, die gleichen Fehler wieder zu begehen.

Vergebung und Versöhnung

K.v.B.: Sie sprechen also über das Nichtvergessen. Könnten Sie noch einige Worte zu der Frage der Vergebung sagen? Es ist schwer vorzustellen, daß Menschen, die so tief verwundet wurden, fähig waren zu vergeben. Aber das ist offensichtlich geschehen. Ich denke z.B. an die Mütter, deren Söhne zu Tode gefoltert wurden und die dennoch in der Lage waren, den konkreten Tätern im nachhinein zu vergeben.

L. Davis: Ja, es hat diese Fälle gegeben. Einige der Gewalttäter, die wirklich grauenhafte Schuld auf sich geladen hatten, kamen zu den Familien der Opfer und baten sie um Vergebung für ihre Taten. Die Familien und die Mörder standen einander gegenüber, sahen sich ins Angesicht, und die Vergebung wurde ihnen gewährt.

Außerdem ist es bedeutsam, daß Mandela nach 27 Jahren Haft unser erster demokratisch gewählter Präsident wurde. Er hatte trotz der Schuld, die andere an ihm hatten, indem sie ihm 27 Jahre lang den Lebensspielraum entzogen, immer noch den Willen zur Vergebung. Wenn Mandela haßerfüllt aus dieser Zeit hervorgegangen wäre, hätten wir heute verbrannte Erde in Südafrika. Er ist aber als milder, besonnener Mensch aus der Haft hervorgegangen, und ich denke, daß er wirklich Richtlinien gesetzt hat in Fragen von Versöhnung und Vergebung. Das sind Richtlinien, die auch heute noch wirksam sind, trotz aller neuerlichen Probleme.

Natürlich denken nicht alle Menschen so wie er und viele andere. Es gibt immer noch viele, die voll von Haß und Verachtung sind; Schwarze ebenso wie Weiße.

Es bleibt viel zu tun

K.v.B.: Was würden Sie sagen, wie weit ist Südafrika auf seinem Weg zu einer gerechten Gesellschaft gekommen?

L. Davis: Es ist sehr viel geschehen, und vieles hat sich geändert - und wir sind dankbar für jeden Schritt in eine gute Richtung. Aber es bleibt immer noch sehr viel zu tun. Es gibt immer noch Tausende von Menschen, die in Bretterverschlägen hausen, und es gibt viel zu viele Menschen ohne Arbeit. Es fehlt am Grundlegenden: Wir haben immer noch viel zu wenig Krankenhäuser mit annehmbarer Ausstattung, wir brauchen immer noch bessere Schulen und Orte, die jungen Menschen ermöglichen, sich zu entwickeln und zu bilden.

Unsere Zukunft sieht nicht schlecht aus, aber wir können uns immer noch dafür einsetzen, daß sie gerechter und friedvoller wird. In gewisser Weise geht der Kampf immer noch weiter. Keiner von uns darf davor zurückschrecken auszusprechen, was er für richtig und wichtig hält. Alte und neue Mißstände müssen benannt werden. Wir müssen weiter für ein gerechtes Südafrika kämpfen.

Selbstbehauptung im Schatten der Stasi

Interview mit Michael Knof und Barbara Schnitzler

von Wolfgang Weirauch

Foto: © André Müller

Barbara Schnitzler, *geb. 1953 in Berlin. Ausbildung: Hochschule für Schauspielkunst „Ernst Busch“ in Berlin. Seit 1977 Mitglied des Deutschen Theaters Berlin; Kritikerpreis der Berliner Zeitung.*

Theater (Auswahl): Zwei Krawatten (Mabel), Bitterer Honig (Jo), Die Ratten (Piperkarcka), Der Kirschgarten (Warja), Das Käthchen von Heilbronn (Kunigunde), Sugar Dollies (Viola Pfauweber), Tristano (Judith), Dr. Caligari (Das Opfer), Frühlingserwachen (Fanny Gabor), Salome (Herodias), Einsame Menschen (Frau Vockerat).

Verschiedene Liederabende, Matineen, Soireen, eigene Lesungen (Goethe, Gogol, B. Reimann, Horváth, Márai, Wolf); Soloabend „Hat alles seine zwei Schattenseiten“ - szenisch/musikalische Collage mit Texten von Mascha Kaléko.

Film/Fernsehen (Auswahl seit 1995): Kanzlei Bürger (durchgehende Serienrolle), Tatort "Tod einer alten Frau" (Tochter), Private Lifeshow (weibliche Hauptrolle), Doppelter Einsatz (Episodenhauptrolle), Polizeiruf 110 „Böse Wetter" (Hauptrolle), Männer vom K3 „Freier Fall" (Hauptrolle).

Michael Knof, *geb. 1949 in Halle. Ausbildung & Tätigkeit: Regieassistenz 1968-1973, Deutscher Fernsehfunk/DEFA; Studium Theaterwissenschaften/Ästhetik, HU Berlin; 1976/77 Theaterarbeit, Volksbühne Berlin; Studium Regie, HFF Babelsberg (Diplom 1978); 1988–1990 Theaterarbeit, Staatstheater Dresden.*

Festivals & Preise: 1975 Studentenfilmpreis (Tampere für „Gaswerker"); 1976 Studentenfilmpreis (Karlovy Vary für „Gaswerker"), 1980 Fernsehpreis, Prag, („Marx und Engels - Stationen ihres Lebens"), 1986 Jugendfilmfestival, Moskau („Die dritte Frau"), 1992 Grimmepreisnominierung („Jugend ohne Gott"), 1992 Literatur-Filmfestival, Klagenfurt („Jugend ohne Gott").

Projekte (Auswahl): 2003/04: Die Rettungsflieger (Serie); 2001/02: Für alle Fälle Stefanie (Serie); 2001: Wolffs Revier (Serie); 2000: SK

Kölsch (Serie); 1998/99: Die Schule am See (Serie); 1998: Polizeiruf 110 - Schellekloppe; 1997: Polizeiruf 110 - Kleiner Engel; 1995/96: Fahrkarte ins Jenseits; Doppelter Einsatz (Serie/Reihe); 1994/97: Großstadtrevier (Serie); 1994: K 3 - Geschäft mit dem Tod ; Stadtindianer (Serie); 1994: Tatort - Singvogel; 1992/93: Polizeiruf 110 - Tod im Kraftwerk; 1992: Geheiligt werde dein Name; 1992: Erich Loest - oder der Zorn des Schafes; 1991 Lord Hansi; 1990/91: Jugend ohne Gott (Horvath, Fernsehfilm/Kino); 1988/89: Helena (Faust 2; Goethe, Theater, Kino); 1987: Märztage in Berlin (Fernsehspiel); 1986: Ein idealer Gatte (Oscar Wilde; Fernsehspiel); 1985: Ein ehrlicher Finder (Fernsehfilm); 1984/85: Die dritte Frau (Fernsehfilm); 1983: Aufbruch - Verrat - Hoffnung (Dokumentarspiel); Das Interview (Fernsehspiel); 1981: Aufklärung eines Mordes (Fernsehspiel); 1978/80: Marx und Engels (elf Teile, Dokumentarspiel); 1977: Livietta und Tracollo (Pergolesi, Fernsehoper); 1977: Dreieinhalb Tage eines Denkmals (Kurzspielfilm); 1976: Sie und Er (Thomas Brasch; Kurzspielfilm).

Karl-Eduard von Schnitzler, der Chef-Kommentator des DDR-Fernsehens, war der meistgehaßte Mann der DDR. Mit seiner Propaganda-Sendung „Der schwarze Kanal" bestimmte er über fast vier Jahrzehnte die Medienpolitik seines Landes. Seine Sendung war als konterpropagandistisches Magazin gegenüber der angeblichen Verlogenheit des West-Fernsehens angelegt und sollte diese entlarven. Eigentlich war seine Sendung zur ideologischen Beeinflussung der westdeutschen Bevölkerung gedacht, beschränkte sich aber schon bald weitgehend auf die DDR-Bevölkerung.

Unter dem Schatten dieser Macht mußte sich seine Tochter Barbara Schnitzler als Kind und später als Schauspielerin, neben ihrer Mutter Ingrid Keller, am Deutschen Theater in Berlin behaupten. Daß dieses alles andere als leicht und angenehm war, und gleichzeitig eine Art Spießrutenlaufen zwischen DDR-Kritik und Achtung des Menschen Karl-Eduard von Schnitzler als Vater, versteht sich.

Fast schon explosiv wurde diese Konstellation dadurch, daß Barbara Schnitzler den Theater- und Filmregisseur Michael Knof heiratete. Er hatte sich im Rahmen des Möglichen einen Namen gemacht und litt unter dem Verbot verschiedener Filmbeiträge und seiner künstlerischen Freiheit.

In dem folgenden Interview schildern Barbara Schnitzler und Michael Knof sehr persönlich, wie man in der DDR unter fortwährender Beobachtung der Stasi leben mußte, wie die Menschen durch ein perfides

Spitzelsystem schuldig oder unschuldig schuldig wurden und wie man mit dem Verzeihen umgehen kann. Sie schildern aber auch, wie der lange Arm der Stasi keineswegs mit dem Fall der Mauer verschwand, sondern selbst heute noch wirkt.

Wolfgang Weirauch: Wie würdest Du persönlich Schuld definieren?

Michael Knof: Schuld entsteht subjektiv und ist in gewissen Bereichen auch objektiv zu fassen. Schuld entsteht, wenn man gegen staatliche, religiöse oder persönliche Gesetze verstößt oder diese verletzt. Ob der Betreffende sich dann auch schuldig fühlt, steht auf einem anderen Blatt. Wer religiös orientiert ist, wird seine etwaige Schuld danach ausrichten, ob er gegen die Gebote seiner Religion verstoßen hat. Wer lediglich in den Gesetzen seines Staates denkt und fühlt, wird vielleicht die Gesetze seines Staates zur Hand nehmen und sich entsprechend schuldig fühlen, wenn er gegen diese verstoßen hat.

Barbara Schnitzler: Schuld ist für mich in erster Linie eine moralische Kategorie, wenn man jemandem wissentlich oder unwissentlich Leid, Schmerz oder Enttäuschungen zufügt. Was mich hierbei besonders stark berührt, ist, wie oft man jemandem unwissentlich Leid zufügt. Das ist etwas, worüber ich mitunter sehr erschrocken bin. Wenn ich dagegen bewußt jemanden beleidigen will, fühle ich mich anschließend nicht schuldig, denn in einem solchen Fall kenne ich meine Gründe und sage ihm meine Meinung.

W.W.: Nehmen wir einmal an, Du hättest privat oder beruflich jemanden stark beleidigt. Wie gehst Du damit um?

B. Schnitzler: Wenn ich davon erfahre, gehe ich sofort zu dem Betreffenden hin und entschuldige mich; vorher habe ich keine Ruhe. Aber es gibt natürlich auch Situationen, in denen man erst Jahre später erfährt, wie man sich früher verhalten hat. Damit kann ich viel schwerer umgehen, weil dann bei dem anderen entsprechende Narben entstanden sind oder weil man ihm in seinem Leben etwas verbaut hat. In beiden Fällen versuche ich, soweit es geht, mich zu „ent"schuldigen.

Der Steinwurf

W.W.: Ist Schuld ein zeitweiliger Zustand oder ein immerwährender? Wenn man im Zwischenmenschlichen schuldig geworden ist, sich aber entschuldigt hat, ist dann die Schuld beglichen, oder gibt es etwas, was trotzdem bleibt?

M. Knof: Meine ersten Schuldgefühle stammen aus meiner Kindheit, und zwar entstanden sie immer dann, wenn ich etwas tat, was meine Eltern verboten hatten. Oft hatte ich auch Angstträume, weil ich glaubte, von mir geliebte Menschen verletzt zu haben. Einmal habe ich im jugendlichen Übermut, etwa im Alter von 16 Jahren, abends einen Stein durch ein Fenster geworfen. Auch diese Situation hat mich in meinen Träumen belastet, denn es traten Bilder auf, was alles als Folge dieser Tat hätte geschehen können. Dahinter hätte ein Kind liegen können oder ein erwachsener Mensch im Bett usw. Ich bin dann mehrmals zu diesem Haus gegangen und habe festgestellt, daß es überhaupt kein bewohntes Haus war und daß auch schon andere Scheiben kaputt waren. Aber dieser Steinwurf war eine Handlung, die mich lange nicht losgelassen hat.

Schuldgefühle trägt jeder Mensch mit sich herum, und oftmals entspringen sie dem sozialen Miteinander oder der Kindheit und Jugendzeit und sind gar nicht richtig ergründbar. Oft sind sie auch Ergebnis des täglichen Lebens, weil man sich fragt, ob die eigene Familie oder gute Freunde durch das eigene Verhalten in eine soziale Schieflage oder in andere ungute Situationen geraten sind. Das sind zwischenmenschliche Bereiche, die man selten anspricht, die aber oft mit Schuld zusammenhängen.

Der Kuß

B. Schnitzler: Ich erinnere mich auch an ein entsprechendes Erlebnis aus meiner Jugend. Ich ging in die 5. oder 6. Klasse, war also 12 oder 13 Jahre alt, und hatte einen Freund. Eines Tages kam der Sohn eines bulgarischen Diplomaten zu uns in die Klasse, so ein schöner südländischer Typ. Alle Mädchen waren natürlich in diesen Jungen verliebt, und es setzte ein unglaublicher Wettbewerb ein, wer ihn bekommen könne. Und ich durfte ihn küssen! Meinen Freund ließ ich stehen, ich habe ihn sozusagen verlassen. Den Rest der Schulzeit habe ich nicht mehr gewagt, ihn anzuschauen oder auf dieses Ereignis anzusprechen. Mittlerweile ist mein ehemaliger Freund ein Schauspielkollege von mir, und immer, wenn wir uns bei Premieren oder anderen Veranstaltungen trafen, lastete diese Schuld von damals auf mir. Ich habe diese Beziehung nicht anständig zu Ende gebracht. Aber irgendwann – das ist nun mittlerweile auch schon wieder mehrere Jahre her – sprach ich dann meinen Schauspielkollegen darauf an. Er hat fürchterlich gelacht, aber seitdem ist dieses Schuldgefühl bei mir verschwunden. An diesem Beispiel kann man sehen, daß Schuldgefühle verschwinden, wenn man die Schuld offen anspricht.

Stellvertretende Schuld

M. Knof: Schuld hängt auch damit zusammen, für wen oder was man sich verantwortlich fühlt. Wenn ich alle Menschen in meinen Radius mit einbeziehe, werde ich mich eher schuldig fühlen, als wenn ich nur an mich selbst denke. Fühle ich mich schuldig, weil ich hier auf dem Sofa sitze, Croissants esse und Milchkaffee trinke? Ich kann mich schuldig fühlen, weil ich nicht einen Teil meines Wohlstands abgebe. Oder identifiziere ich mich mit einem Staatssystem, so daß ich mich schuldig fühle, wenn ich gegen Gesetze dieses Systems verstoße? Auf diese Weise entstehen bei den Menschen unterschiedliche Schuldgefühle.

W.W.: Oft ist man auch schuldig, obwohl man sich überhaupt nicht schuldig fühlt. Dann gelten wiederum ganz andere Maßstäbe. Gegenüber den Billiglohnländern sind wir Menschen im Westen mit Sicherheit irgendwie schuldig, indem wir diese Länder ausbeuten, indem wir z.B. Markenklamotten tragen, die dort für Hungerlöhne hergestellt werden. Den meisten Menschen ist dies nicht bewußt, und sie werden deshalb auch nicht vorsätzlich schuldig; trotzdem sind wir den Menschen in den Ländern des Südens gegenüber schuldig.

M. Knof: Es gab eine Zeit in meiner Kindheit, in der ich mich schuldig fühlte, weil ich Deutscher bin. Ich fühlte mich schuldig wegen der Nazi-Greuel der Generation meiner Eltern. Ob meine Eltern direkt schuldig geworden sind oder nicht, kann ich bis heute nicht sagen. Wir haben zwar darüber gesprochen, aber letztlich wichen sie immer wieder aus. Aber ich habe stellvertretend so etwas wie Schuldgefühle für die Verbrechen der Nazis entwickelt.

Das Ende der Hoffnungen

B. Schnitzler: Ich habe auch 1968 ganz starke Schuldgefühle beim Einmarsch der Truppen in die ČSSR entwickelt. Zu dieser Zeit war ich 15 Jahre alt und mit meiner Mutter im Urlaub in Jugoslawien. Dazu muß man sagen, daß es nur eine privilegierte Gruppe von Menschen in der DDR gab, die in Jugoslawien Urlaub machen durfte, und meine Mutter gehörte dazu. Dort galten wir als Exoten: deutsch sprechend, aber kein

Westgeld in der Tasche. Als die russischen Truppen am 21. August 1968 in die ČSSR einmarschierten, wurden wir in Jugoslawien von einem Tag auf den anderen angefeindet, und ich habe mich in diesem anderen Land ungeheuer für mein eigenes Land geschämt. Verstärkt wurde das noch dadurch, daß wir so erzogen wurden, daß wir uns für alles, was in unserem Land geschah, verantwortlich fühlten. Alles, was an Positivem und Negativem aus der DDR kam, war zugleich meines.

M. Knof: Das war ein grauenhaftes Erlebnis und betraf unsere gesamte Generation. Ich war damals 19, saß in Bulgarien und hatte das Glück, daß dort auch Tschechen und Ungarn waren und wir am Abend zusammensaßen, die tschechische Fahne hißten und das Ereignis diskutierten. Als dann das Ende dieser friedlichen Revolution deutlich wurde, kam in uns eine große Scham und Schuld auf. Zu dieser Zeit liefen in meinem Inneren entscheidende Vorgänge ab. Ich wollte in Zukunft weitere Schuld vermeiden und beschloß in diesen Tagen, niemals in die SED einzutreten. In den Folgejahren gab es immer wieder Verführungen und Zwänge, doch in diese Partei einzutreten, aber das Ereignis von 1968 war ein so tiefer Einschnitt für mich, daß ich meinem Vorsatz immer treu geblieben bin. Ich wollte innerhalb dieser Partei nicht an ähnlichen Vorgängen schuldig werden. Ab 1968 wurde es für mich deutlich, daß es in dieser Partei keine Offenheit geben würde, und wer nach 1968 noch mit sozialistischen Idealen in die Partei eingetreten ist, hat sich etwas vorgemacht.

B. Schnitzler: Das gleiche gilt für mich. 1968 schwanden meine Hoffnungen, und bei wem das nicht so war, der war blauäugig oder närrisch.

W.W.: War das Ereignis von 1968 für Euch der erste Moment, in dem Ihr Euch kritisch mit dem System der DDR auseinandergesetzt habt?

B. Schnitzler: Für mich war es dieses Ereignis im Sommer 1968. Aufgewachsen bin ich mit den Liedern von Wolf Biermann, der mit dem Bildhauer Fritz Cremer befreundet war. Bei letzterem gab es ein offenes Haus, in dem Biermann jede Woche sein neuestes Lied vorstellte. Jeden Samstag kamen dort viele Menschen zusammen, und dort saß ich mit meiner Freundin, Trini Cremer, und hörte den Diskussionen zu. Das war ungeheuer spannend, aber vor dem Ereignis in der ČSSR war ich einfach noch zu jung. Insofern war das Ende des Prager Frühlings für mich auch mehr ein emotionaler Einschnitt, aber die wirkliche Skepsis, die in den späteren Jahren bei mir entstand, hat in dieser Zeit ihre Wurzeln.

Der erste Protest gegen das System

M. Knof: Meine Skepsis gegenüber dem System setzte sehr früh ein. Ein Freund meines Vaters wurde verhaftet, weil er einen Witz über Ulbricht gemacht hatte. Das war etwa im Jahr 1955/56. Ich spielte damals mit seinem Sohn und dessen Brüdern, wußte um die Verhaftung des Vaters und erfuhr irgendwann, daß er nur wegen eines Witzes verhaftet worden sei. Das konnte ich damals überhaupt nicht begreifen, und das war die erste große Störung zwischen mir und dem System der DDR.

Später war ich bei den „Jungen Verkehrspolizisten", das muß in meinem 10. oder 11. Lebensjahr gewesen sein, trug die Uniform der Verkehrspolizisten und hielt auf der Straße Autos an. Der erwachsene Verkehrspolizist stand zur Beobachtung hinter einem Kirschbaum, während wir Fahrzeugkontrollen durchführen mußten. Aber irgendwann habe ich meine Uniformjacke an den Kirschbaum gehängt und bin nach Hause gelaufen. Das war mein erster kindlicher Protest gegen das System.

Bei mir zu Hause ging es ziemlich opportunistisch zu. Mein Vater war Direktor eines Betriebes und trat ziemlich spät in die SED ein. Vor uns begründete er es damit, daß er in die Partei eingetreten sei, um für die Familie zu sorgen und um Direktor bleiben zu können. Daran erlebte ich bereits die Gewissensspaltung in unserer Familie.

Meine politische Orientierung bekam ich etwa ab dem 14. Lebensjahr durch meine Freunde, einen Sohn eines Pfarrers und einen Sohn eines Arztes. Ihre Väter hatten in der DDR ziemliche Freiheiten. Wir waren also durch unsere Väter geschützt, Narren sein zu können. Deswegen konnten wir auch politisch dummes Zeugs - aus Sicht des Staates - machen. Wir wurden zwar gemaßregelt, aber nie strafrechtlich verfolgt.

Als ich 19 Jahre alt war, fand zu Pfingsten in Bad Schandau ein DDR-weites FDJ-Treffen statt. Fast die gesamte Stadt war blau gekleidet. Während dieses Treffens habe ich mit Freunden eine „Gegendemonstration" durchgeführt. Wir haben uns als Hippies gekleidet - und wurden verhaftet, weil wir es wagten, bei diesem großen politischen Ereignis mit Blumengehängen aufzutreten. Das klingt vielleicht etwas albern, aber damals war das eine ungeheure Provokation. Aber es war ein Jugendstreich und keine politische Demonstration. Der Staat begriff es allerdings als politische Artikulation.

Die Rolling Stones auf dem Springer-Hochhaus?

W.W.: Welchen Einfluß hatte die Stasi auf Euer Leben?

B. Schnitzler: Meine erste Begegnung mit der Stasi hatte ich 1969. Vom Springer-Konzern wurde die Parole ausgegeben, daß die Rolling Stones zum 20. Jahrestag der DDR auf dem Springer-Hochhaus, direkt an der Mauer, ein Konzert geben würden. Das machte die Runde unter den Jugendlichen in der DDR. Aus dem ganzen Land kamen sie mit Zügen, wenn sie nicht vorher abgefangen wurden. Auch ich hatte mich mit meiner Clique verabredet, um an diesem Ereignis teilzunehmen, kam aber zu spät zu unserem Treffpunkt und bewegte mich dann Richtung Mitte in die Nähe der Mauer beim Springer-Hochhaus. Überall waren Menschenmassen wegen der Veranstaltungen zum 20. Jahrestag der DDR, aber die Rolling Stones spielten nicht, denn das war eine Ente des Springer-Konzerns.

Irgendwann ging ich nach Hause, aber mein Freund ward nicht mehr gesehen. Ich erfuhr dann durch West-Medien, daß es zu Schlägereien und den sogenannten Zuführungen, wie es sie auch im Herbst 1989 gegeben hat, gekommen war. Wegen dieses Ereignisses am 7. Oktober 1969 fühlte ich mich schuldig, denn ich war zu spät gekommen. Und mein Freund war verhaftet worden.

Daraufhin rief ich meinen Vater, Karl-Eduard von Schnitzler, an und berichtete ihm davon. Später rief er zurück und erzählte mir, daß mein Freund im Untersuchungsgefängnis in der Keibelstraße am Alexanderplatz festgehalten wird. Das war aber erst am 9. Oktober, und so lange wußte die Mutter nicht, wo ihr Sohn war. Daraufhin schrieb ich meinem Freund einen Brief in die Keibelstraße, in dem stand, daß es mir leid täte, daß ich zu spät gekommen sei.

Einige Tage später traf ich mit meinem Vater zusammen und informierte ihn über diesen Brief. Das tat ich immer, um ihn politisch nicht in Schwierigkeiten zu bringen. Aber seine Antwort war: „Den Brief kenne ich schon."

W.W.: Wie viele Tage waren zwischen dem Abschicken des Briefes und dem Gespräch mit Deinem Vater vergangen?

B. Schnitzler: Vier Tage.- Meine nächste Begegnung mit der Stasi fand zwischen dem schriftlichen und dem mündlichen Abitur im Frühjahr 1971 statt. Eines Tages wurde ich aus dem Unterricht geholt und in das Zimmer der Direktorin gebracht, wo zwei Herren auf mich warteten. Sie machten mir klar, daß auch ich einen Beitrag für unser Land zu leisten hätte, und sie wollten mich als Informelle Mitarbeiterin gewinnen. Sie nannten es nicht IM, aber man fragte mich, ob ich bereit sei, gewisse Informationen zu liefern. Ich war fassungslos und gab nur zur Antwort: „Sie wissen doch, wie ich heiße und wer ich bin." Es war für mich durch meinen Vater ohnehin schwer genug, Freunde zu bekommen und zu halten, und ich war wie vor den Kopf geschlagen, daß man mich trotz meines Namens werben wollte. Ich war damals bereits an der Hochschule für Schauspielkunst in Berlin immatrikuliert –, heute vermute ich, daß ich dort als IM tätig werden sollte.

Man wollte mir einige Tage zum Überlegen geben, aber ich sagte ihnen klipp und klar, daß ich ihren Wunsch nicht erfüllen würde, und kündigte an, meinem Vater von diesem Ansinnen zu berichten. Sie drohten mir: „Wenn Sie das tun, werden Sie Ihr Abitur nicht machen können." Es war ein konspiratives Gespräch, unter keinen Umständen durfte öffentlich werden, daß die Stasi an einen herangetreten war. Aus heutiger Sicht hört sich das ungeheuer mutig an, ich habe damals am ganzen Körper gezittert. Ich ging aber trotzdem zu meinem Vater und berichtete ihm von dem Gespräch. Ich weiß noch heute, wie er eine Nummer wählte und fürchterlich Krach schlug. Daraufhin ließ man mich für alle Zeiten in Ruhe.

Verrat in der Walpurgisnacht

M. Knof: Meine erste Begegnung mit der Stasi war im Jahre 1968, am 1. Mai. Nachts zuvor hatten wir in einer großen Runde Walpurgisnacht gefeiert, zusammen mit Studenten und Künstlern im sogenannten Mordgrund, einer Waldgegend bei Dresden. Gegen Morgen ertönte plötzlich im Wald der Ruf: „Die Bullen kommen!" Ein Polizeikommando war dabei, uns mit Mannschaftswagen und Hunden einzukreisen. Weil es noch dunkel war, konnten wir entkommen, aber am selben Morgen um 08.30 Uhr, als ich schon gestiefelt und gespornt zur Mai-Demonstration hätte antreten sollen, wurde ich verhaftet, in einen Trabant gesetzt und zur berühmten Schießgasse in Dresden gefahren, zum Sitz der Stasi.

Dort wurde ich acht Stunden lang verhört und sollte erklären, wie es zu der Walpurgisfeier gekommen sei; aber davon wußte ich nichts, da ich die Namen der Veranstalter überhaupt nicht kannte. Einer der Stasi-Leute hat mich von der Seite mit der Faust geschlagen. Ich habe ein ziemlich stark ausgeprägtes Gerechtigkeitsgefühl, und daß ich von dem

Stasi-Mann geschlagen wurde, nur weil ich an einem Fest in der Walpurgisnacht teilgenommen hatte, das war für mich zuviel. Später bin ich ihm in einem Kaufhaus begegnet.

Ich wurde ferner existentiell unter Druck gesetzt, und man drohte mir an, daß ich mein Studium aufzugeben habe. Glücklicherweise kannte ich die Namen fast aller Teilnehmer überhaupt nicht, sondern nur die wenigen, die mich zu dem Treffen in der Walpurgisnacht mitgenommen hatten. Aber mir wurde dadurch klar, daß mich einer der wenigen, mit denen ich zu diesem Treffen gegangen war, verraten haben mußte, denn die anderen kannten mich alle überhaupt nicht.

W.W.: Was war an einem solchen Fest so schlimm?

M. Knof: Der Staat sah in solchen Veranstaltungen eine Provokation, vor allem am Vorabend des 1. Mai, einem neuralgischen Punkt im System der DDR. Für uns war das ein Riesenspaß. Dafür hatten die humorlosen Stasi-Typen eben kein Verständnis. Unser Fest war bei der Polizei nicht angemeldet und deshalb als Strafbestand begriffen. Was Walpurgisnacht ist, wußten die von der Schießgasse ohnehin nicht. Da der Mensch in der DDR offiziell immer frei war, bedurfte es auch keiner Feier in der Walpurgisnacht. Der gute DDR-Bürger besoff sich eben, nachdem er am 1. Mai an seiner Obrigkeit vorbeimarschiert war, und das reichlich.

W.W.: Wie bist Du mit demjenigen umgegangen, der durch den Verrat an Dir schuldig geworden ist?

M. Knof: Jemand ist an mir anonym schuldig geworden. Aber dieser Fall hat mich nicht sehr lange beschäftigt. Länger hat mich dagegen beschäftigt, daß ich mich auch fehlverhalten habe. Bei dem Verhör fragten sie mich nämlich nach den Namen meiner Freunde, aber ich habe niemanden verraten. Nachdem sie mich freigelassen hatten, ging ich aber zu meinen Freunden und ignorierte, daß man mich hätte verfolgen können. Und damit machte ich mich schuldig. So verquickt war das manchmal.

Nach dem Verhör konnte ich nicht allein sein. Ich bin acht Stunden festgehalten, verhört, geprügelt und zutiefst beleidigt worden, und meine Existenz sowie mein ganzes Leben wurden in Frage gestellt. Und als ich freigelassen wurde, fiel mir nichts Besseres ein, als zu denjenigen zu gehen, die ich nicht verraten hatte. Ich fühlte mich lange Zeit danach schuldig, weil ich mir meine eigene Unsicherheit nicht verzeihen konnte, nach diesen Verhören nicht allein sein zu können.

W.W.: Wie lange hielt Deine persönlich empfundene Schuld an, und wie bist Du damit im weiteren umgegangen?

M. Knof: Meine Phantasie spielte dahin, die Freunde könnten von mir denken, ich arbeite nun für die Stasi, weil ich von ihr verhört worden bin. Dieses Gefühl habe ich mit 19 Jahren nach diesem Verhör kennengelernt. Eigentlich hat mich mein Schuldgefühl während der gesamten DDR-Zeit nicht verlassen. Das System der DDR war so organisiert, daß man untereinander Schuldgefühle produzieren konnte, ein filigranes Netz gemeinsam gelebter Schuldgefühle. Auch.

„Die Stasi zerstach unsere Reifen"

W.W.: Inwieweit hast Du berufliche Nachteile durch die Stasi erfahren?

M. Knof: Vieles ist gelaufen, was ich bis heute nicht genau orten und bei dem ich nur Vermutungen anstellen kann. Aber ich bin existentiell mehrmals absolut in Frage gestellt und auch aufgefordert worden, die DDR zu verlassen, aber ich bin nie in eine Situation geraten, in der ich annehmen mußte, daß sie mich am nächsten Tag verhaften würden. Als wir beide später zusammenlebten, haben wir einiges erlebt: Die Stasi kam in unsere Wohnung, wir wurden abgehört, man wollte unsere Kinder ins Heim stecken. Aber immer geschah es anonym, so daß wir die Agierenden niemals greifen konnten.

B. Schnitzler: Wir wurden, wie wir heute wissen, „offen observiert" und sollten mürbe gemacht werden. Michael arbeitete zu dieser Zeit am Theater in Dresden, und ich war mit unseren beiden kleinen Kindern in Berlin allein. Beispielsweise holte ich eines Tages unsere Kinder aus dem Hort und dem Kindergarten, ging mit ihnen nach Hause, stand vor unserer Wohnungstür und kam nicht mehr hinein. Man hatte einfach das Schloß ausgewechselt. Das geschah in kurzen Abständen dreimal. Einmal war unsere ältere Tochter allein in der Wohnung und wollte zu ihren Freunden zum Spielen gehen, kam aber nicht mehr aus der Wohnung heraus. Da hatten sie das Kind in der Wohnung eingeschlossen. Zwölfmal wurden uns die Autoreifen zerstochen.

M. Knof: Ich hatte einen Paß, mit dem ich in den Westen reisen konnte, um dort Film-Verhandlungen zu führen. Immer, wenn im Westen telefonisch ein konkretes Treffen verabredet war und ich am Morgen ins Auto steigen wollte, waren die Reifen platt, oder das Auto war aufgebrochen und stand in der Mitte einer sechsspurigen Straße.

B. Schnitzler: Oder es klingelte jeden Nachmittag ein Handwerker an unserer Haustür, den ich angeblich bestellt hatte.

W.W.: Wie lange dauerte die „offene Observierung“?

B. Schnitzler: Ein halbes Jahr. Ich bin zu meinem damaligen Intendanten gegangen, habe ihm die Begebenheiten erzählt und ihn gebeten, mir einen Termin bei dem Verantwortlichen der Stasi für unser Theater zu vermitteln. Jedes Theater hatte einen solchen offiziellen Stasi-Beauftragten. Ich kannte ihn von Premieren, wußte aber nicht, wie er heißt. Bereits am nächsten Tag rief der Herr an, und wir trafen uns. Ich beschwerte mich über die Schikanen, und von Stund an war Ruhe. Es war also auch möglich, etwas zu erreichen, indem man diesen Typen direkt zwischen die Hörner schlug. Warum das alles mit uns, die wir ja nun keine Dissidenten waren, veranstaltet wurde, wissen wir bis heute nicht.

M. Knof: Ursprünglich sollten wir so mürbe gemacht werden, bis wir von selbst entschieden, in den Westen zu gehen.

W.W.: Warum wollten sie Euch eigentlich loswerden?

M. Knof: Das hing mit einem Gastspiel meiner Frau in Polen zusammen. Ich selbst galt ohnehin seit längerer Zeit als kleiner „Regimegegner“, z.B. wegen zweier von mir gedrehter Filme, die verboten worden waren. 1976 drehte ich einen Film, für den ich ein Gedicht von Thomas Brasch nutzte, der im Zuge der Biermann-Auseinandersetzung in den Westen übersiedelte. Zu dieser Zeit war ich noch auf der Filmhochschule, und man riet mir, meinen Vorvertrag mit dem Fernsehen aufzulösen und in den Westen zu gehen. Das wurde mir allerdings nicht von der Stasi, sondern von der Filmhochschule, meinem Fachrichtungsleiter, angeboten. Darauf habe ich trickreich reagiert. Um die entsprechenden Stellen nicht weiter zu provozieren, habe ich mein Studium an der Hochschule unterbrochen und ein Jahr am Theater verbracht. Die Theater waren im Gegensatz zur staatlich kontrollierten Film-Hochschule freie Inseln. So habe ich das erlebt.

Nach Beendigung des Studiums gab es für mich keine Arbeit. Ein befreundeter Regisseur setzte durch, daß ich mit ihm an einer 12teiligen Marx-Engels-Biographie arbeite. Er stieg bald aus dem Projekt aus, und ich war ironischerweise der Regisseur für zwei Jahre. Meine Folgen wurden übrigens auch vom NDR gekauft und in den 80er Jahren zweimal gesendet.

Damals stand ich vor der Frage, in den Westen zu gehen oder dieses Filmprojekt zu realisieren. Das war für mich eine sehr merkwürdige Situation, die man eigentlich nur verstehen kann, wenn man gelernter DDR-Bürger ist. Ich konnte mich in dieser Arbeit kritisch mit dem DDR-Sozialismus auseinandersetzen. Die wenigsten SED-Genossen haben Marx und Engels kapiert; Marx und Engels lasen in der DDR eigentlich nur die, die auch versuchten, im Kopf zu existieren.

Es gab noch einige politische Kuriositäten in meiner DDR-Fernseh-Laufbahn. Deshalb habe ich wohl den Herbst 1981 als deutscher Soldat mit einem Artillerieregiment aus Eggesin in Polen verbracht – erinnert sei an den Kriegszustand in Polen.

Welch ein geschichtlicher Irrsinn: 36 Jahre nach dem Zweiten Weltkrieg waren wieder deutsche Soldaten in Polen; wie mein Vater auch ich.

Nach Eggesin zur NVA kamen die als Soldat, die „Buße" tun mußten. Also: Staatliche Stellen hatten bei mir zuvor eine Schuld gesehen – aber ich fühlte mich nicht schuldig. Als deutscher Soldat in Polen dagegen sehr; ich war 32 Jahre alt und rettete mich für zwei Jahre in Krankheit. – Ich verliebte mich in Barbara und war bald genesen. Jetzt drohte mir eine ungeahnte Karriere.

B. Schnitzler: Plötzlich wurde er der Schwiegersohn vom Schnitzler. Das war schon bizarr.

Fünf Freunde?

W.W.: Seid Ihr auch in Situationen geraten, in denen ihr unschuldig schuldig wurdet, z.B. weil ihr andere Menschen zu Unrecht der Spitzeltätigkeit verdächtigt habt?

B. Schnitzler: Im kleinen konnte das wahrscheinlich bei niemandem ausbleiben. Aber ich kann an dieser Stelle eine der für mich traurigsten Stasi-Geschichten erzählen, die vor allem mein Bruder erlebt hat. Während seiner Facharzt-Ausbildung war er im Oderbruch und hatte dort ein leerstehendes Vorwerk mit fünf Häusern entdeckt. Er hatte einen festen Freundeskreis, zu dem die oppositionellen Schriftsteller Ulrich Plenzdorf, Martin Stade, Klaus Schlesinger und ein Rechtsanwalt gehörten. Alle fünf hatten junge Familien und wollten diese Häuser kaufen. Sie bekamen sie, nur der Rechtsanwalt nicht. Als dann dieses fünfte Haus von einer vierköpfigen Familie bezogen wurde, war allen klar, das ist die Stasi, um dieses Vorwerk zu „überwachen". Das war Ende der 60er, Anfang der 70er Jahre.

Als ich dann nach Mauerfall Klaus Schlesinger fragte, was er in seinen Stasi-Akten über meinen inzwischen verstorbenen Bruder gefunden habe, stellte ich auch irgendwann die Frage nach dieser fünften Familie. Und daraufhin sagte er, daß dies absolut harmlose Leute gewesen seien. Über die ganzen Jahre hatte man in diesem Vorwerk wie in einer Art Kommune gelebt, alle Kinder spielten miteinander, sämtliche Feste feierte man gemeinsam, aber diese fünfte Familie war ausgeschlossen. Alle, selbst die Kinder, grenzten diese Familie aus. Das ist für mich eine ganz böse Geschichte. Zwar entschuldigte ich mich nicht stellvertretend für meinen Bruder bei dieser Familie; ich weiß aber, daß Klaus Schlesinger es getan hat.

W.W.: Wenn in der fünften Familie kein Stasi-Spitzel war, wer war denn dann der Spitzel?

B. Schnitzler: Das war die erste Frau meines Bruders. Sie hat die gesamte Freundesclique über Jahrzehnte ausspioniert. Nach dem Tod meines Bruders und nach Mauerfall konnte ich die Stasi-Akte meines Bruders einsehen, und ich las dort die übelsten Berichte. Ich rief meine ehemalige Schwägerin an und traf mich mit ihr. Sie leugnete ihre Spitzeltätigkeit auch gar nicht, war aber doch sehr erschrocken über das Niveau ihrer Berichte und schämte sich dafür.

W.W.: Hast Du sie nach ihren Motiven befragt?

B. Schnitzler: Ich fragte sie, wie sie ihren eigenen Mann und ihren Freundeskreis hintergehen konnte. Ihre Antwort darauf war: „Barbara, das waren für mich immer Feinde der DDR. Ich bin durch meinen kommunistischen Vater so erzogen worden. Und ich bin auch heute noch davon überzeugt, daß dein Bruder und seine Freunde Feinde der DDR waren."

W.W.: Hatte sie sich an ihn herangemacht, um ihn zu bespitzeln?

B. Schnitzler: Nein, das entstand erst bei ausgehender Ehe. Da sie ein gemeinsames Kind hatten, waren sie auch weiterhin befreundet. Ich habe ihr zu verstehen gegeben, daß ich nun mit ihrer Schuld umgehen müsse, aber nicht wünsche, sie wiederzusehen. Immerhin ist diese Beziehung sauber zu Ende gegangen, weil sie ihren Standpunkt deutlich gemacht hat. Dieser Standpunkt ist nicht meiner, aber ich weiß, wie sie erzogen worden ist. Insofern kann ich es respektieren, ohne es gutzuheißen.

W.W.: Hat Dein Bruder es noch erfahren?

B. Schnitzler: Nein, aber ich vermute, er hat es immer gewußt.

Vom Freund verraten

W.W.: Hast Du auch zu Unrecht Menschen verdächtigt?

M. Knof: Ich hatte einem Freund gegenüber einen Stasi-Verdacht, und immer hatte ich deswegen Schuldgefühle. Später hat sich dann aber herausgestellt, daß er der schärfste Stasi-Typ in der Kulturszene überhaupt war. Das war Sascha Anderson, den Biermann 1991 als „Sascha Arschloch" geoutet hat. Er bespitzelte die Film- und Künstlerszene. Und er war mein Freund, bewohnte mein Internatszimmer in Babelsberg, trug meine Hosen und schlief mit den Frauen seiner besten Freunde. Wie sich später herausstellte, observierte er im Auftrag der Staatssicherheit unsere Filmhochschule - das war sein erster Auftrag. Anderson hatte die Aufnahmeprüfung an der Filmhochschule nicht bestanden. Ich vermute, er wurde von der Stasi mit dem Versprechen geködert, für gute Spitzeldienste irgendwann studieren zu dürfen. Die Prüfungskommission hatte sich geirrt, der Bursche war ein großes Regietalent, wie seine Top-Stasikarriere gezeigt hat. Aber ob er heute so was wie Schuld empfindet?

Allgemein standen wir in der DDR unter einer Art Glocke, und niemand konnte davon ausgehen, daß eines Tages die Mauer fallen würde. Trotz unseres Verdachts mußten wir mit diesen Stasi-Typen leben, und man konnte auf sie mit Ablehnung, mit Opposition, mit Ignoranz, mit Ironie oder mit Belustigung reagieren - alle diese Schattierungen gab es.

W.W.: Gibt es weitere Fälle, bei denen jemand an Euch schuldig geworden ist bzw. Euch bespitzelt hat?

B. Schnitzler: Ja, und zwar eine für mich noch nicht zu Ende gebrachte Beziehung mit der ehemaligen stellvertretenden Direktorin meiner Arbeitsstelle, dem Deutschen Theater. Aus den Akten haben Kollegen von mir erfahren, daß sie den Decknamen IM Barbara hatte. Aufgrund meiner Stasi-Akten und Gesprächen mit Kollegen habe ich sie enttarnt. Drei Tage bevor der Intendant sie wegen ihrer Spitzeltätigkeit entlassen mußte, das war erst vor vier Jahren, bat sie mich um ein Treffen. Wir saßen uns in einem Café gegenüber, das heute witzigerweise Machiavelli heißt. Es ging um einen Bericht von IM Barbara, der über mich anläßlich eines Gastspiels in Polen verfaßt wurde und der übrigens die „offene Observierung" auslöste, über die wir vorhin sprachen. Als ich sie direkt darauf ansprach, schaute sie mich mit großen Augen an und fragte: „Wer kann nur diese IM Barbara gewesen sein?"

W.W.: Hat sie es verdrängt, oder hat sie geschauspielert?

B. Schnitzler: Gelogen. Bis heute denke ich, daß diese Frau doch irgendwann einmal zu mir kommen müßte, um sich mit mir auszusprechen; um vielleicht zu sagen: „Mir stand das Wasser bis zum Hals, und ich habe dich belogen." Dann hätte ich sagen können: „Gut, ich verzeihe dir." Mit eingestandenen Fehlern kann man umgehen, auch mit eingestandener Schuld.

M. Knof: Ich möchte einmal von dem größten Schuldgefühl sprechen, das ich bisher gehabt habe. Am 3. September 1973 habe ich meinen besten Freund nach dem Westen geschleust. Eigentlich wollte ich in den Kofferraum mit einsteigen, habe mich aber kurzfristig umentschieden, weil am 4. September mein Studium an der Filmhochschule in Babelsberg begann. Für die Aufnahme zu diesem Studium ging ich sehr viele Umwege. Insgesamt brauchte ich fünf Jahre, um aufgenommen zu werden - bei einer größeren Portion Opportunismus hätte ich es schneller geschafft.

Trotzdem fuhr ich mit meinem Freund zu der vereinbarten Autobahn-Raststätte auf dem Berliner Ring, wo die Schleuser auf uns warteten. Mein Freund nahm eine Freundin mit. Zu dieser Zeit war das Transit-Abkommen erst einige Wochen alt, und es gab noch keine Infrarot-Kameras aus Schweden, mit denen man kurze Zeit später die Wagen durchleuchtete und die Flüchtigen an der Grenze rauszog.

Die Übernahme gelang ohne jedes Problem, und ich fuhr mit dem „Fluchtauto" und dem Arsch voller Tränen über Potsdam nach Berlin zurück. Am nächsten Tag ging ich zu einem gemeinsamen Freund - und hier beginnt die Schuld - und tischte ihm eine Lügengeschichte auf, wie unser gemeinsamer Freund Wolfgang in den Westen gekommen sei, und zwar erzählte ich ihm, daß ich ihn zum Flughafen Schönefeld gebracht hätte, wo er in ein Flugzeug nach Prag gestiegen sei, und von da aus sei er dann vermutlich in den Westen gelangt. Meine Schuld war, daß ich ihm dieses Lügenmärchen erzählte, weil ich ihm nicht vertraute und befürchtete, daß über ihn die Fluchtgeschichte zur Stasi gelangen könnte - auf welchem Umweg auch immer. An einem Freund habe ich somit meine „Unschuldsvariante" trainiert. Das war sehr feige, weil ich mit „Schuld" wieder mal nicht allein sein konnte. Jahrelang habe ich diesen inneren Vorwurf, ihn belogen zu haben, mit mir herumgetragen.

Das Ganze liegt jetzt 30 Jahre zurück, aber noch heute berührt es mich. Das ist das Absurde an dieser Situation, daß man Schuldgefühle entwickelt, die sich niemals zu einer meßbaren Schuld ausgewirkt haben. Aber diese Schuld wird durch Lüge und Mißtrauen genährt. Andererseits war es in der Realität so, daß ich bestimmt für zwei Jahre in den Knast hätte gehen müssen, wenn sie meinen Schleuservorgang aufgedeckt hätten.

Niemand mußte Spitzel werden

W.W.: Wovon hängt es ab, ob man jemandem, der an einem schuldig geworden ist, verzeihen kann?

B. Schnitzler: Als ich die Stasi-Akten las, fragte ich die Mitarbeiter der Gauck- jetzt Birthler-Behörde, wie oft sie davon gehört hätten, daß Stasi-Spitzel zu ihren Opfern gegangen seien, um sich zu entschuldigen. Sie meinten, vor deren Enttarnung wäre das kaum vorgekommen. Das ist der wesentliche Punkt. Verzeihen kann man erst dann, wenn Schuld eingestanden wird. Auch meinen Kindern habe ich immer gesagt: Wenn ihr Mist gebaut habt, sagt es, und dann ist es gut.

Ich bin allerdings nicht der Meinung, daß mit dem Untergang der DDR diese niederträchtigen menschlichen Eigenschaften verschwunden seien. Menschen wollen Macht haben, Menschen wollen Karriere machen, sie wollen viel Geld verdienen und sind neidisch. Heute heißt das z.B. Mobbing. Das Stasi-System der DDR war zwar perfekt organisiert, aber auch da war es - von Ausnahmen abgesehen - eine Charakterfrage, ob man sich dafür zur Verfügung stellte. Ich kenne viele Fälle, bei denen man Menschen Daumenschrauben angesetzt hat, aber die sich dennoch verweigert haben. Man konnte nein sagen - wer Charakterstärke gezeigt hat, war als IM nicht mehr geeignet.

M. Knof: Im wesentlichen war die Spitzeltätigkeit eine Charakterschwäche vieler Menschen. Und diese Typen kann ich ganz gut unterscheiden und sehe auch bei den Bürgerinnen und Bürgern Westdeutschlands, wer von ihnen bei der Stasi mitgemacht hätte, wenn sie in einer solchen Diktatur gelebt hätten.

W.W.: Was sind das für Typen?

M. Knof: Geltungsbedürftige Menschen, unsichere Menschen, schwache Menschen, vielleicht auch Spielernaturen. Die Stasi hat ihren Apparat natürlich auch mit psychologischer Kenntnis aufgebaut. Oft sind auch die „Vaterlosen" gegriffen worden. Viele von ihnen waren Menschen mit frühkindlichen Störungen, Menschen, die nur mit einem Elternteil aufgewachsen sind, oder Kinder aus dem Waisenhaus, bei denen sich der Staat als Elternersatz zeigte. Das waren mögliche Opfer dieses Staates.

B. Schnitzler: Wenn jemand eine derart traurige Biographie hat, dann sollte ich ihm verzeihen können.

M. Knof: Gerade weil ich um solche Biographien wußte, konnte ich auch vielen Menschen verzeihen, obwohl sie sich nicht bei mir entschuldigt haben. Bei meinem „Großspitzel" Sascha Anderson war das allerdings anders. Zu seiner Entlastung wurde sogar noch von berühmten Schriftstellern eine Veranstaltung organisiert, weil keiner glauben konnte, daß er Stasi-Spitzel gewesen sei. Er wechselte noch zu DDR-Zeiten in den

Westen, auch im Auftrage der Staatssicherheit, um Künstler im Westen zu bespitzeln, aber 1991 wurde er dann von Biermann in seiner Büchner-Rede als Stasi-Spitzel entlarvt. Sascha Anderson hatte von 1973 bis zum Ende der DDR für die Stasi gearbeitet. Er bekam sogar von der Staatssicherheit nach dem Mauerfall drei Millionen DM, um auf dem Prenzlauer Berg eine eigene Druckerei und einen eigenen Verlag aufzubauen, die er mir noch ganz stolz gezeigt hat.

Die Stasi-Seilschaften hörten nicht mit dem Fall der Mauer auf. Nach 1990 waren sie fast alle noch aktiv. Viele dieser Menschen haben einfach nur die Gönner gewechselt. Mit entsprechendem Untertanengeist funktioniert das ja recht gut, wie wir wissen.

„Man wollte mich kriminalisieren"

W.W.: Auf welche Weise hat Sascha Anderson Dich verraten?

M. Knof: Z.B. im Jahr Herbst 1982, als ich bei Barbara eingezogen war, kam er mit zwei Filmrollen unter dem Arm zu uns. Ich hatte 1976 den schon angesprochenen Film gedreht, der dann verboten wurde, und er wußte das, also die Stasi noch besser. Sascha Anderson wurde 1982 von der Stasi geschickt, und er kam zu uns mit dem Wunsch, daß ich die zwei Filmrollen - über die Literatenszene vom Prenzlauer Berg - schneide. Es gäbe Interesse vom Norddeutschen Rundfunk, diesen Film auszustrahlen. Aber ich habe mich aus diesem Projekt herausgewunden und es abgelehnt.

Mein Argument Sascha Anderson gegenüber war, daß der NDR bei Interesse das Filmmaterial selbst schneiden könne. Auf diese Weise bin ich ihn losgeworden, und wieder habe ich mich mit Schuldgefühlen geplagt und mich gefragt, ob ich schon so feige sei, ein solches Projekt durchzuführen.

W.W.: Was wäre geschehen, wenn Du diesen Film geschnitten und Sascha Anderson übergeben hättest?

B. Schnitzler: Wenn Michael diesen Film geschnitten hätte, wäre er hochgegangen.

M. Knof: Das war ein Versuch der Stasi, mich zu kriminalisieren - das geht aus meiner Stasiakte hervor. Es war eine ganz perfide Situation, und - wohlgemerkt - Sascha Anderson wurde zu mir von seinem Führungsoffizier, Oberst Kienberg, als guter Freund geschickt. Ihn umflirrte zwar immer der Stasi-Verdacht, trotzdem wagte er es immer wieder, meine Freundschaftsgefühle zu benutzen, um mich zu kriminalisieren. Und das hat er mehrmals versucht.

W.W.: Wie gehst Du mit dieser Schuld um?

M. Knof: Das gerät allmählich in Vergessenheit, das verdampft.

W.W.: Bei all dem, was Sascha Anderson Dir angetan hat, finde ich es eigentümlich, daß Du seine Schuld einfach so abtust.

M. Knof: Damals wußte ich nicht genau, daß er derjenige war, der mir Schaden zugefügt hat. Wir haben sogar zwei Filme zusammen gedreht; auch in dem 1976 verbotenen hat er mitgespielt. Der Film wurde übrigens verboten, weil Thomas Brasch als Autor beteiligt war. Die Abnahme des Films war am 6. Dezember 1976, und am selben Tag hörte ich um 06.30 Uhr RIAS-Nachrichten und erfuhr, daß Thomas Brasch und Katharina Thalbach die DDR verlassen hätten. Das war kurz nachdem Biermann aus der DDR ausgewiesen worden war. Brasch hatte sich öffentlich für Biermann eingesetzt. Und wenige Stunden später sollte mein Film bei der DEFA abgenommen werden, ein Film, auf dessen Nachspann Thomas Brasch als Autor stand. Es ging dabei um ein Gedicht von Thomas Brasch, dessen Rechte er mir übertragen hatte. Als gelernter DDR-Bürger wußte ich sofort: Das wird mein Ende in der Film-Branche sein.

W.W.: Welches Thema hatte denn der Film?

M. Knof: Das Thema war Liebe. Der Film heißt, falls es ihn noch gibt: „Sie und er". Es geht um eine Beziehungsgeschichte, die an den Umständen in diesem Lande zerbricht. Der Mann wurde von Sascha Anderson, die Frau von Petra Barthel gespielt. Wenn die Abnahme einen Tag früher gewesen wäre, dann wäre vielleicht alles gutgegangen. Aber seit diesem Tag war jeder, der mit Brasch zusammengearbeitet hatte, ein Feind der DDR.

„Du hast meine Biographie nicht geknickt"

Ich könnte jetzt viel über Sascha Anderson und seine Stasi-Aktivitäten berichten und darüber, wie er sich bei einer Begegnung mit mir im Jahre 1990 aus seiner Schuld herauswand, aber je mehr Zeit verging, desto mehr verschwand bei mir der Wunsch nach Rache. Und deswegen habe ich Sascha Anderson bei unserer Begegnung im Jahre 1991 auch gesagt: „Du hast meine Biographie nicht geknickt!" Eine etwaige Genugtuung wollte ich ihm nicht lassen. Ich hatte es gut und bin nicht ins Gefängnis gekommen.

Ein mit mir befreundetes Ehepaar dagegen ist u.a. durch einen weiteren gemeinsamen Freund, der für die Stasi gearbeitet hatte, ins Gefängnis gekommen. Die Kinder kamen ins Heim, und Judas bezog deren wunderschöne Wohnung in der heute sehr begehrten Berliner Vorstadt in

Potsdam. Das sind wahre Geschichten von Schuld und Verzeihen. Dieser gemeinsame Freund war für uns die größte Enttäuschung. Er war ein Trinker. In den 70er Jahren hat er mit einem Freund am Jahrestag der DDR eine Fahne heruntergeholt, wurde dabei von einem Dorfpolizisten erwischt. Auf diese Weise begann vermutlich seine Stasi-Laufbahn. Auch er wollte mich in einen Dokumentarfilm hineinlocken, um mich zu kriminalisieren und um selbst Punkte zu sammeln.

Scham und Wut

Er überredete mich zu einem Filmprojekt über meine Kindheit und Jugendzeit. Dazu fuhren wir in die Gegend, in der ich aufgewachsen bin, zwischen Halle und Eisleben, haben Freunde über unsere Vergangenheit und über unsere politische Situation interviewt, und er saß immer dabei und hat die Informationen aller für die Stasi abgeschöpft.

Ihm bin ich viele Jahre später auf dem Alexanderplatz begegnet. Er begrüßte mich mit den Worten: „Na, Alter, wie geht's?" Und ich habe mich nicht getraut, ihn darauf anzusprechen, daß ich mittlerweile über seine Stasi-Spitzelei Bescheid wußte.

W.W.: Wie ist so etwas möglich? Warum hast Du ihn nicht daraufhin angesprochen?

M. Knof: Das ist ein typisches DDR-Phänomen. Vielleicht ist es die Scham oder die Hemmung, mit einem solchen Menschen befreundet gewesen zu sein. Vielleicht ist es auch Trauer, daß er sich so mies verhalten hat. Fortan bin ich ihm aus dem Weg gegangen. Im Stillen war ich allerdings emotional sehr aufgewühlt, und ich habe wohl auch manche Träne darüber vergossen.

W.W.: Du erwähntest vorhin, daß Du dem Stasi-Mann, der Dich am 1. Mai 1968 geschlagen hatte, anschließend ebenfalls begegnest seist. Verlief diese Begegnung auch ohne Aussprache?

M. Knof: Nein, diese Begegnung verlief ganz anders. Ich bin ihm etwa eine Woche, nachdem er mich geschlagen hatte, in Dresden in einem Kaufhaus begegnet. Ich muß ihn dabei so wütend angeschaut haben, daß er sofort vor mir Reißaus genommen hat. Ein erwachsener, dicker, fetter Mensch lief vor mir in der Möbelabteilung eines Kaufhauses davon! Wäre er nicht davongelaufen, hätte ich losgeschrien, so wütend war ich.

W.W.: Ist die Situation in der DDR so gewesen, daß alle Bürgerinnen und Bürger irgendwie schuldig geworden sind, weil sich jeder auf seine Weise durchlavieren mußte und auch zu oft die Augen verschlossen hat?

B. Schnitzler: Dazu kann ich eine Geschichte erzählen. Eines Tages – das war Mitte der 80er – traf ich auf der Straße einen jungen Schauspielkollegen, den ich längere Zeit nicht mehr gesehen hatte. Er bat mich, mit ihm eine Tasse Kaffee zu trinken, und erzählte mir, daß er eineinhalb Jahre in Naumburg wegen mißglückter Republikflucht im Gefängnis war. Dort wurde er gefoltert, ans Bett gekettet, mußte im Wasser stehen und vieles mehr. Solche Geschichten gab es häufiger, und wer sie wirklich wissen wollte, konnte sie erfahren.

M. Knof: Insofern sind wir alle irgendwie schuldig geworden und haben mehr oder minder unsere Augen verschlossen.

Wir wußten vom großen Leid konkreter Personen und haben diese Geschichten auch überall erzählt. Einschreiten konnten wir allerdings nicht.

Karl-Eduard von Schnitzler

W.W.: Wer war Dein Vater, und welche Position hatte er in der DDR?

B. Schnitzler: Mein Vater war Jahrgang 1918 und war Chef-Kommentator des DDR-Fernsehens. Seine Sendung hieß „Der schwarze Kanal", die jeden Montag vom 21. März 1960 bis zum 30. Oktober 1989 im DDR-Fernsehen lief. Insgesamt waren es 1.519 Sendungen. Was Richard Löwenthal für das West-, war Schnitzler für das Ostfernsehen. „Der schwarze Kanal" lief jeweils montags nach einem alten UFA-Spielfilm. Schnitzler zeigte Ausschnitte aus westlichen Nachrichten und Polit-Magazinen und kommentierte sie polemisch.

W.W.: Wie lange lebtest Du mit Deinem Vater zusammen?

B. Schnitzler: Meine Eltern ließen sich schon in meinem zweiten Lebensjahr scheiden. Dann kam er noch zweimal zurück, 1959, kurz bevor ich eingeschult wurde trennten sich meine Eltern endgültig.

W.W.: Hat Dein Vater an die vom ihm verbreitete Propaganda zeitlebens geglaubt?

B. Schnitzler: Mit Sicherheit, bis zu seinem Tod, im Herbst 2001.

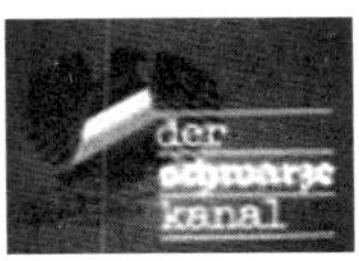

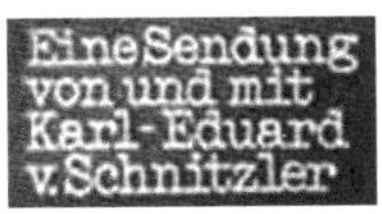

Fotos: ©DRA

„Der schwarze Kanal" war nicht mehr erwünscht

W.W.: Er wurde aus dem Westen stark angefeindet, und 1989 während der Montagsdemos rief man u.a. „Schnitzler in die Muppetshow". Wie hat er das verkraftet? Fühlte er sich als Opfer und Sündenbock?

B. Schnitzler: Das kann ich nicht genau beantworten, da wir im Herbst 1989 wenig Kontakt hatten. Mitte Oktober 1989 bin ich aber zu ihm hinausgefahren, um ihn zu fragen, ob er Kenntnis der Transparente der Montagsdemos habe. Er war damals bereits in einem Alter, in dem er ohne Gesichtsverlust hätte abtreten können. Ich habe ihm geraten, dies zu tun, bevor ihn seine Partei fallenläßt. Es war mir klar, daß er als Medienaushängeschild dieses Landes als erster geopfert werden würde. Aber unser Gespräch wurde durch einen Anruf des Chefs des DDR-Fernsehens unterbrochen, der ihn bat, ganz schnell zu einer außerordentlichen Sitzung zu kommen. Das sah mein Vater als Gegenbeweis zu meinen Prophezeiungen. Und so fuhr er davon. Etwa zwei Wochen später moderierte er seine letzte Sendung, die nur fünf Minuten dauerte.

W.W.: Das war am 30. Oktober 1989, eineinhalb Wochen vor dem Mauerfall. Hat er seine Sendung freiwillig beendet?

B. Schnitzler: Die Mauer war zwar noch nicht gefallen, aber das ganze Land war in Aufruhr, und die Regierung wollte sich weiter halten. Also mußte sie ein Bauernopfer bringen, und das war Schnitzler. Damit wollte sie zeigen, daß sie reformwillig war. Man wollte nicht den Staat DDR abschaffen, sondern das Land verändern. Aus gleichen Gründen mußte auch Honecker gehen, und Krenz führte den Staat weiter, obwohl jeder wußte, daß dies eine Mogelpackung war.

W.W.: Hat Dein Vater sich von den eigenen Genossen verraten gefühlt?

B. Schnitzler: Solche Äußerungen kenne ich von meinem Vater nicht.

Schuldig gesprochen!

W.W.: Welche Beziehung hattest Du politisch zu Deinem Vater, da Du doch DDR-kritisch eingestellt warst?

B. Schnitzler: Ich war DDR-kritisch eingestellt, aber nicht DDR-ablehnend. Eigentlich haben wir unser Verhältnis dadurch gelöst, daß wir uns wirklich nicht oft sahen, und wenn wir uns trafen, wurde meist nur über Familiäres gesprochen. Allerdings gab es größere Einschnitte, z.B. die Biermann-Ausbürgerung im Jahre 1976. Damals wollte ich spontan meinen Namen auf die Liste der Protestierenden setzen. Gleichzeitig wußte ich aber, daß mein Vater dadurch Schwierigkeiten bekommen würde. Auch mein Bruder hatte sich politisch sehr offen gegen ihn gestellt, so daß bereits ein gestörtes Vater-Sohn-Verhältnis vorlag. Deswegen war ich als Schwester und Tochter bei den Familienbegegnungen eher geneigt, harmonisierend auszugleichen. Das hängt mit meinem Wesen zusammen, und ich war immer der Meinung, daß dies in erster Linie mein Vater ist und erst an zweiter Stelle Karl-Eduard von Schnitzler, der Chef-Kommentator des DDR-Fernsehens. Allerdings war diese Schere sehr schwer auseinanderzuhalten.

Ich wollte also für Biermann unterschreiben, aber mein damaliger Mann riet mir davon ab und legte mir nahe, eine andere Form des Protestes zu suchen. Das haben wir dann auch gemacht, indem wir Kurt Hager, dem Verantwortlichen für die Biermannn-Ausbürgerung, einen persönlichen Brief geschrieben haben. Auch hiervon habe ich meinen Vater in Kenntnis gesetzt. Er wußte auch, daß ich die Biermann-Lieder mochte und auf der Gitarre spielte; das hat er nicht kommentiert. Sein erzieherischer Einfluß auf mich war allerdings gleich Null, da er seit meinem sechsten Lebensjahr ein Wochenendvater war.

Ich habe ihn immer informiert, auch, um mich ihm gegenüber nicht schuldig zu machen, wenn ich politisch anderer Meinung war und eine mehr oder weniger öffentliche Aktion unternahm, die ihn bei seinen Genossen möglicherweise in Schwierigkeiten bringen könnte. Im September 1989 habe ich z.B. als eine der ersten den Aufruf des Neuen Forums unterschrieben. Das war noch zu einem Zeitpunkt, als es ziemlich gefährlich war. Gleich am selben Abend habe ich ihn angerufen, um ihn von meiner Unterschrift in Kenntnis zu setzen.

Es gibt aber ein Ereignis, bei dem wir wieder bei dem Thema Schuld sind. Walter Janka hatte in den 50er Jahren unschuldig im DDR-Gefängnis gesessen, und seine Tagebücher - 1989 im Westen erschienen - wühlten uns alle auf. In diesem heißen Herbst 89 gastierte ich mit Lesungen daraus in verschiedenen Städten der DDR. Darin gibt es ein Kapitel, in dem Janka seine Gerichtsverhandlung beschreibt und dort auch den Schnitzler erwähnt, der sich bei den Verhandlungen feixend auf die Schenkel geschlagen und laute Zwischenrufe abgegeben haben soll. Ich hielt es für feige, als Tochter diese Passage wegzulassen, habe aber meinen Vater auch nie nach dem Wahrheitsgehalt dieser Episode befragt. Bei einer späteren Begegnung meinte er beiläufig, bei diesem Prozeß nicht dabeigewesen zu sein, aber ich fragte nicht nach und habe ihm nicht geglaubt.

Als ich aber später seine Stasi-Akten las, habe ich gesehen, daß er bei diesem Prozeß wirklich nicht dabeigewesen war. Das ist ein Versäumnis, aufgrund dessen ich mich schuldig fühle. Ansonsten wurde ich während meines gesamten Lebens wegen meines Vaters „schuldig“ gesprochen, zum Teil in sehr massiver Weise. Schon in der ersten Klasse bin ich von meinen Mitschülern wochenlang verprügelt worden. Lediglich meine im vorigen Jahr verstorbene Freundin ließ sich mitverprügeln. Und meine Klassenlehrerin, die das natürlich wußte, hat mich nicht beschützt.

W.W.: Hat man Deinen Vater so gehaßt, daß man das derart an Dir ausgelassen hat?

B. Schnitzler: Offensichtlich. Kinder sind zwar an sich nicht böse, insofern werden sie diesen Haß wohl aus dem Elternhaus mitgebracht haben. Und ich habe alles getan, um ja nicht „aufzufallen“. Damals hieß ich auch noch *von* Schnitzler; auch das war in der DDR ein Grund für Antipathien.

Auf der anderen Seite gab es aber auch die positiven Vorurteile, die ich fast genau so dumm fand, z.B. im Geschichtsunterricht. Gleich in der ersten Stunde bemerkte meine Geschichtslehrerin, als sie den Klassenspiegel sah: „Da werde ich ja eine tatkräftige Hilfe haben!“ Ich habe sie dann gründlich enttäusch.

Ich weiß, was Diskriminierungen sind. Im Herbst 89 steigerte sich das bis hin zu anonymen Anrufen und Morddrohungen. Einmal hat sogar jemand vor mir auf der Straße ausgespuckt. Als wir am 9. November 1989 von einem Freund telefonisch erfuhren, die Mauer sei gefallen, zog ich mir die Bettdecke über den Kopf und zitterte wie Espenlaub, denn ich glaubte, daß ich jetzt aufgehängt werde. Es konnte damals keiner wissen, daß das alles so friedlich ablaufen würde.

Der meistgehaßte Mensch im Lande

M. Knof: Wir mußten ab diesen Tag unsere Kinder in der Öffentlichkeit schützen. Karl-Eduard von Schnitzler war der meistgehaßte Mensch im Lande. Die Tochter eines Politikers, z.B. von Honecker, wäre auf der Straße wahrscheinlich nicht angegriffen worden, aber die Tochter eines Chef-Agitators anzuspucken, war einfacher.

B. Schnitzler: Ich trage deswegen ständig ein Grundgefühl von Schuld mit mir herum, vor allem, weil ich immer unter einem Rechtfertigungsdruck stand, der erst mit dem Tod meines Vaters im September 2001 nachgelassen hat. Immer stand ich unter dem inneren Druck: Ich bin nicht er! Ich mache nicht den „Schwarzen Kanal"! Ich bin ganz anders!

W.W.: Wie bist Du damit innerlich umgegangen? Hast Du ihm innerlich Vorwürfe gemacht, weil Du seinetwegen angefeindet wurdest und unter diesem Druck standst?

B. Schnitzler: An bestimmten Punkten schon. Ich bin durch ihn nie geschützt worden, übrigens auch durch meine Mutter nicht. Sie war und ist eine berühmte Schauspielerin dieses Landes. Sie zog alle Bewunderung und Aufmerksamkeit der Öffentlichkeit auf sich, mein Vater allen Haß - und ich stand dazwischen.

Ich erinnere mich - ich war 9 Jahre alt -, als ich eines Tages aus der Schule kam, brüllte mir auf der Straße ein Kind entgegen: „Dein Vater hat einen Menschen totgefahren, dein Vater hat einen Menschen totgefahren!" Aber ich wußte von nichts. Keiner zu Hause sprach mit mir darüber, und ich wagte nicht zu fragen. Auf verschiedenen Umwegen bekam ich dann heraus, daß ihm in der Silvesternacht ein Betrunkener vor das Auto gelaufen sei und von ihm überfahren wurde.

Erst vor etwa zehn Jahren hat mir meine ältere Halb-Schwester erzählt, daß sie mit im Auto saß und daß der andere wirklich ins Auto gelaufen war. Aber ich hatte immer noch Zweifel, und dann fand ich vor etwa einem halben Jahr den ganzen Vorgang in den Stasi-Akten. Und es stimmt, mein Vater hatte keine Schuld. Er ist gleich am nächsten Tag zu der Witwe gegangen und hat alles Menschenmögliche für sie getan, es gab sogar ein ordentliches Gerichtsverfahren, trotzdem erzählte man sich im ganzen Land, der Schnitzler habe einen Menschen totgefahren.

Ein weiterer Vorfall hängt mit seiner Frau zusammen. Sie hatte - als Ungarin - einen Paß, konnte also nach West-Berlin fahren und stahl dort in einem Kaufhaus ein Paar Strümpfe. Sie wurde erwischt, und der Vorfall wurde natürlich von der Westpresse groß aufgemacht. Am selben Abend trat ich auf die Bühne, und hörte, wie fortwährend im Publikum mein Name getuschelt wurde. Ich war vollkommen irritiert und wußte nicht, was los war. Als ich dann nach Hause kam, erfuhr ich von Michael die Hintergründe. Das Westfernsehen hatte die Nachricht gebracht.

Am nächsten Tag rief ich meinen Vater an, um zu erfahren, was an der Sache dran sei, und um mit ihm zu überlegen, wie ich mich - die ich ja eine in der DDR bekannte Schauspielerin war –, dazu verhalten solle. Aber er stritt den Vorfall konsequent ab und behauptete, dies sei eine Lüge des Klassenfeindes. Und so etwas finde ich schlimm, denn er hätte mich ganz sachlich über diesen Vorfall informieren können; schließlich bin ich auch mit ihm entsprechend umgegangen.

W.W.: Ist er selbst nach der Wende aus der Bevölkerung heraus angegriffen worden?

B. Schnitzler: Er wurde physisch bedroht, er bekam an den Tankstellen kein Benzin, eine Bank verweigerte ihm die Kontoeröffnung uvm. Später wendete sich das Blatt, und auch ich wurde hin und wieder in der S-Bahn positiv auf meinen Vater angesprochen.

Diffamierungen und Denunziationen

M. Knof: Wir wurden nach dem Mauerfall sogar beschuldigt, daß wir keine Berechtigung hätten, in unserer Wohnung zu leben, weil Karl-Eduard von Schnitzler uns das Privileg verschafft habe, diese Wohnung zu beziehen. Dieser hatte allerdings überhaupt nichts damit zu tun, sondern der Hintergrund war, daß ein Politiker einer deutschen Partei uns auf höchster politischer Ebene denunzierte, weil er selbst unsere Wohnung haben wollte. Wir mußten sogar einen Rechtsanwalt einschalten, und dieser Rechtsanwalt hieß Gregor Gysi. Barbara schrieb dann einen Brief an den Parteivorsitzenden mit der Folge, daß derjenige, der unsere Wohnung ergaunern wollte, zur Rechenschaft gezogen wurde.

B. Schnitzler: Derartige Anfeindungen gab es auf allen gesellschaftlichen Ebenen. Wir haben z.B. drei Jahre an dem Ausbau unserer Wohnung gearbeitet, teilweise mit Fachkräften. Die gleichen Handwerker, die noch vor der Wende für uns arbeiteten und meinen Kartoffelsalat aßen, legten nach der Wende plötzlich ihre Arbeit nieder, weil sie nicht mehr für „eine Schnitzler" arbeiten wollten.

Als sie uns nach der Wende die Wohnung wegnehmen wollten, mußte Michael zu dem entsprechenden Wohnungsamt gehen. Früher saß dort eine Dame aus der SED, nun saß dort eine vom Neuen Forum und sagte ihm offen ins Gesicht, daß eine Schnitzler keinen Anspruch auf eine 5-Zimmer-Wohnung habe. Daraufhin entgegnete ihr Michael: „Meine Frau hat den Gründungsaufruf des Neuen Forums unterschrieben. Zu diesem Zeitpunkt waren Sie wahrscheinlich noch in der SED!" Wir waren aber fünf Personen, und deswegen stand uns auch diese 5-Zimmer-Wohnung zu.

M. Knof: Plötzlich wurden wir überall für die Agitation von Barbaras Vater schuldig gesprochen.

B. Schnitzler: Diese Diffamierung ging auch in den 90ern weiter. Ich hatte als eine der ersten DDR-Schauspielerinnen richtig gut im Westen zu tun, drehte in Luxemburg, Hamburg, Köln, Frankfurt, nur in Berlin nicht. Meine Agentin sagte mir - und das war Mitte der 90er Jahre -, daß sie mit einem Produzenten gesprochen habe, der über mich geäußert habe, ich sei zwar eine gute Schauspielerin, daß er aber mit jemandem, der Schnitzler heiße, keinen Film drehen würde. Und das war keine DDR-Firma!

W.W.: Legt man Euch wirklich bis heute wegen Deines Vaters Steine in den Weg?

B. Schnitzler: Mein Vater ist jetzt drei Jahre tot, und so langsam ebbt es ab. Ich habe es immer abgelehnt, Projekte, die nicht gelangen, oder nicht zustande kamen, mit meinem Vater in Verbindung zu bringen. Ich habe die Gründe immer bei mir selbst oder bei anderen Dingen gesucht. Michael war auf diesem Sektor wesentlich skeptischer. Aber mit der Zeit bemerkte ich, daß einiges wirklich nicht zustande kam, weil ich Schnitzler heiße. Und es gab auch viele zwischenmenschliche Enttäuschungen, z.B. eine befreundete Kollegin, die ich für einen Heine-Abend in Dresden engagierte. Sie wurde vorab in eine Talk-Show ins Fernsehen eingeladen, berichtete über diesen bevorstehenden Abend, nur nicht, daß er mit mir stattfindet. Wahrscheinlich ist ihr das in diesem Moment gar nicht bewußt gewesen, aber unsere Freundschaft ist darüber zerbrochen. Ich entwickelte mit der Zeit ein feines Gespür dafür, bei welchen Gelegenheiten man mich wegen meines Namens mied. Meist ist dies nur atmosphärisch und nicht konkret zu packen.

Aber ich habe den Eindruck, daß sich nach dem Tod meines Vaters das alles langsam gibt.

Aussöhnung auf dem Totenbett

W.W.: Hast Du Dich zu Lebzeiten mit Deinem Vater ausgesöhnt?

B. Schnitzler: Ich habe zwar gelitten, aber wir waren nie zerstritten. Und mein Problem war, daß er als öffentliche Person für mich immer präsenter war denn als Vater. Ich war eben nicht durch Aufmerksamkeit und Zuneigung seinerseits geschützt. Abgesehen von seiner absoluten Zuverlässigkeit, wenn Not am Manne war, war er da.

Wir hatten während meiner Sterbebegleitung eine nonverbale Aussöhnung, über die ich sehr froh bin. Er ist auch in meinen Armen gestorben.

Der Biographiestempel

W.W.: Wie siehst Du die Anfeindungen nach der Wende?

M. Knof: Dazu fällt mir etwas ein. Zu DDR-Zeiten galt ich bei den Offiziellen als eine Art Anarchist und wurde wegen meiner Haltung etwas belächelt. In den letzten drei Jahren der DDR habe ich nicht mehr beim DDR-Fernsehen gearbeitet, obwohl ich weiterhin dort angestellt war. Die Projekte, die mir angetragen wurden, wollte ich aus politischen und künstlerischen Gründen nicht realisieren, und die, die ich als Regisseur und Autor hineintrug, waren im Fernsehen nicht erwünscht.

Im September 1989 hatte ich beim Chef des DDR-Fernsehens ein Gespräch mit all denjenigen eingefordert, die mir Steine in den Weg gelegt hatten. Und - oh Wunder - dieses Gespräch fand sogar statt. An diesem Gespräch nahm auch Karl-Eduard von Schnitzler teil, allerdings nicht als mein Schwiegervater, sondern als stellvertretender Vorsitzender des DDR-Fernsehens.

Während dieses Gesprächs habe ich verschiedene Verantwortliche politisch beschimpft. Ich war emotional sehr geladen, weil ich gerade meinen zwölfjährigen Sohn, dank seiner Mutter, durch das Öffnen der ungarischen Grenze nach Österreich an den Westen verloren hatte. Das Gespräch brachte sogar das Ergebnis, daß ich wieder einen Film drehen konnte: „Jugend ohne Gott“, ein Film zum Thema Schuld. Das Perfide an der Angelegenheit war aber, daß meine Chefin, die auch an diesem Gespräch teilnahm, im Dezember 1989 - nach der Wende und nachdem Karl-Eduard von Schnitzler entlassen worden war - ein Schriftstück für meine Kaderakte anfertigte. Sie war Offizier im besonderen Einsatz der Staatssicherheit - OibE - und wollte mich in der neuen Welt denunzieren, indem sie mir das Etikett „Schwiegersohn von Karl-Eduard von Schnitzler“ anheftete. Mit diesem Biographiestempel bin ich in die Bundesrepublik entlassen worden.

W.W.: Welchen Schaden hast Du dadurch erlitten?

M. Knof: Ich konnte deshalb vermutlich einige Filme nicht drehen. Vom Ergebnis her waren es ähnliche Erlebnisse wie in der DDR. 23 Jahre lebe ich jetzt schon mit dem Namen von Schnitzler. Er hat mein Leben zwar nicht geprägt, spielte aber bei unzähligen Einzelheiten mit hinein. Vorteile in der DDR hatte ich wegen seines Namens keine, dafür um so mehr Nachteile in der Bundesrepublik. Wenn ich meine Frau nicht kennengelernt hätte, wäre ich spätestens 1983 im Westen gewesen.

B. Schnitzler: Ich konnte nicht in den Westen gehen. Das wollte ich meinem Vater nicht antun.

Manöver der Schuldabwehr

Da unser Thema die Schuld ist, möchte ich an dieser Stelle gerne ein Zitat über die nicht erfolgte Schuldaufarbeitung der DDR-Bevölkerung bezüglich der Nazi-Zeit vorlesen. Es ist in dem kürzlich erschienenen Buch „Stasiland" von Anna Funder (Hamburg 2004) erschienen:

„Die Westmächte machten sich daran, in ihren Zonen prominente Nazis zu verhaften und ein demokratisches, föderatives Regierungssystem zu etablieren. 1949 wurde die Bundesrepublik Deutschland gegründet, die durch den Marshall-Plan große finanzielle Unterstützung erhielt.

Die Sowjets etablierten, ebenfalls im Jahr 1949, die Deutsche Demokratische Republik. Die Wirtschaft, d.h. alle Betriebe wurden verstaatlicht und Gesundheitswesen, Mieten und Nahrungsmittel subventioniert. Ein allmächtiger Geheimdienst wurde gegründet. Und nachdem die Sowjets das Angebot finanzieller Unterstützung aus den USA abgelehnt hatten, betrieben sie in den ostdeutschen Produktionsanlagen Demontage. Sie verlangten eine ‚Kommunistische Bruderschaft' von den Ostdeutschen, die sie vom Faschismus ‚befreit' hatten. Wie immer die persönliche Geschichte und die privaten Bindungen aussahen, die Menschen, die in dieser Zone lebten, mußten von einem Tag zum anderen von Nazis (zumindest rhetorisch) zu Kommunisten und Brüdern ihrer ehemaligen Feinde werden.

Und fast über Nacht waren die Deutschen aus Osten scheinbar unschuldig an der Nazi-Diktatur. Als glaubten sie, Nazis gäbe es nur in den westlichen Teilen Deutschlands, sie selbst hätten damit nichts zu tun. Die Geschichte war so schnell und so erfolgreich neu aufbereitet worden, daß die ostdeutsche Bevölkerung weder damals noch heute das Gefühl hatte, als Deutsche für das Hitler-Regime verantwortlich zu sein. Dieses historische Kunstwerk muß als eines der außergewöhnlichsten Manöver der Schuldabwehr im 20. Jahrhundert gelten." (S.194 f.)

Schuld und Sünde: der Bruch mit Gott

Interview mit Weihbischof Hans-Jochen Jaschke

von Katharina von Bechtolsheim

Weihbischof Dr. Hans-Jochen Jaschke, *geb. 1941 in Beuthen/Oberschlesien. 1967 Priesterweihe im Dom zu Osnabrück, 1974 Promotion, 1988 Ernennung zum Weihbischof von Osnabrück, 1989 Bischofsweihe im Dom zu Osnabrück. Seit 1989 Weihbischof in Hamburg und Schleswig-Holstein, 1995 Ernennung zum Weihbischof und Bischofsvikar im Erzbistum Hamburg.*

Weihbischof Dr. Jaschke ist Bischofsvikar für die Bereiche Bildung und Erwachsenenbildung, Ökumene, fremdsprachige Gemeinden und tritt besonders in Hamburg und Schleswig-Holstein für die katholische Kirche auf. Er ist Vorsitzender der Landescaritasverbände für Hamburg und Schleswig-Holstein sowie Vorsitzender des Aufsichtsrates des Marienkrankenhauses in Hamburg. Im Rahmen der Deutschen Bischofskonferenz ist er Mitglied der Ökumene-Kommission, Mitglied der Kommission Weltkirche, Vorsitzender der Unterkommission für den interreligiösen Dialog, Mitglied der Gemeinsamen Konferenz von Deutscher Bischofskonferenz und Zentralkomitee der Katholiken. Er ist der Beauftragte für die katholische Seelsorge beim Bundesgrenzschutz.

In der katholischen Glaubenslehre spielt die Belastung des Menschen mit Schuld und das Bekennen von Schuld und Sünde eine tiefgreifende Rolle. „Der Katholik geht in die Kirche, gibt den Verstand beim Küster ab und bekennt, daß er ein Schwein ist, dann muß er vielleicht nicht in der Hölle braten." So oder ähnlich sehen viele Zeitgenossen den Umgang mit Schuld und Sünde in der katholischen Kirche.

Wo aber steht die katholische Kirche wirklich hinsichtlich der Frage von Schuld und Vergebung? Gibt es einen qualitativen Unterschied zwischen Schuld und Sünde? Ist jede Sünde auch ein Vergehen gegen Gott - und was muß der Mensch tun, um sich von ihr zu befreien?

Was geschieht in der Beichte, was ist mit Lossprechung gemeint, wie erlange ich Vergebung, was ist Erbsünde, was sind läßliche Sünde und Todsünde? Was erwartet den schuldig gewordenen Menschen nach dem Tod - und was ist eigentlich die Schuld der Welt, die Christus auf sich nimmt, indem er sein Leben am Kreuz hingibt?

Weihbischof Dr. Hans-Jochen Jaschke gibt hierzu Antworten aus der Sicht des katholischen Geistlichen. Er spricht über Größe und Elend des Menschen, persönliche und strukturelle Sünde, über Umkehr und Entwicklung, das Schuldbekenntnis des Papstes im Heiligen Jahr 2000, Schuld im Alten und Neuen Testament, über die Sakramente, Judas, Christus und zuletzt auch über das Böse. Er beleuchtet diese Fragen bildhaft und nachvollziehbar und trägt damit zum Verständnis des katholischen Glaubens bei, wie er heute gelebt wird.

Katharina von Bechtolsheim: Sehen Sie einen Unterschied zwischen den beiden Begriffen Schuld und Sünde? Worin liegt er?

Weihbischof Dr. Hans-Jochen Jaschke: Schuld ist eine menschliche Grundbefindlichkeit. Wir spüren eine innere Unordnung. Wir belasten uns und geraten immer wieder in tragische Verwicklungen; wir leben in einer Welt, die von dieser Grundbefindlichkeit geprägt ist. Sünde hat damit unmittelbar zu tun, aber sie ist stärker die Tat, die einzelne Handlung. Wir Menschen versagen an bestimmten Punkten, wir werden unserem Gegenüber nicht gerecht, wir beleidigen Menschen, wir brechen die Ehe, wir töten Menschen oder tragen dazu bei, daß andere in den Tod gehen, wir mindern unser Leben. Schuld ist die Grunderfahrung und Sünde, der einzelne Tatbestand. Schuld gehört offenbar zum Menschsein. Wir stecken in tragischen Verwicklungen. Nehmen Sie die Griechen mit ihren Tragödien: Menschen geraten in Schuld, eine Tragik, die nur zum Erbarmen ist.

Die Bibel hat diese menschliche Grunderfahrung damit in Zusammenhang gebracht, daß der Mensch sich von Gott gelöst hat. Der Mensch will sein wie Gott: Er ißt vom Baum der Erkenntnis von Gut und Böse. Wenn Sie ins Neue Testament blicken, dann finden Sie Geschichten wie die vom verlorenen Sohn, der verlorenen Tochter. Der Mensch geht in die Fremde. Er entfernt sich und landet in ganz erbärmlichen Verhältnissen. Oder sprechen wir von David, den ich sehr liebe, diesen großartigen und strahlenden Menschen, der gleichzeitig so erbärmlich handelt. Ihm gefällt die Frau eines seiner Untergebenen, des Urias, die Bathseba, und David schickt Urias in die erste Reihe der Front, wo dieser umkommt, damit er Bathseba zur Frau nehmen kann. Eine ganz verwerfliche, boshafte Tat. David erkennt seine Schuld und bereut sie unendlich. Das macht auch die Größe eines Menschen aus, daß er um sein Versagen weiß.

Religionsgeschichtlich gesehen versucht der Mensch seit jeher, sich mit der Gottheit zu versöhnen. Er bringt Opfer dar - in schlimmsten Verirrungen sogar Menschenopfer, um die Götter zu besänftigen; um das, was zwischen Gott und den Menschen steht, zu heilen. Auch Kain und Abel opfern. Und bei dem Versuch, Gott mit sich zu versöhnen, wird dieser schreckliche menschliche Haß wach, und Kain lädt im Brudermord eine furchtbare Form von Schuld auf sich.

Die Bibel entlastet den Menschen nicht von der Schuld, aber in ihr ist auch angedeutet, daß der Mensch sich verführen läßt. Etwa, indem er vom Baum der Erkenntnis ißt. Der Mensch hat seine Schuld zu tragen, aber größere Schuld hat doch der Verführer, Luzifer, wie es in der Glaubensgeschichte ausgedeutet wird, der gefallene Engel, der sein wollte wie Gott.

Sein wollen wie Gott – Freiheit und Sünde

K.v.B.: Demnach würden Sie im Sinne der katholischen Glaubenslehre den Sündenfall, also das Essen vom Baum der Erkenntnis, gleichsetzen mit einer Art luziferischen Einschlags?

H.-J. Jaschke: Unbedingt. Es ist nichts anderes. Es geht um das Sein-Wollen wie Gott, um das, was der gefallene Engel wollte; und der Mensch wollte es, angestiftet durch ihn, auch.

K.v.B.: Welche Rolle spielt hier das Moment der Freiheit?

H.-J. Jaschke: Eine tragende. Der Mensch ist so geschaffen, daß er sich auch gegen Gott wenden kann. Auch Luzifer ist so von Gott geschaffen, daß er sich gegen Gott richten konnte. Ohne Freiheit gibt es keine Sünde. Unter Zwang und ohne Freiheit kann der Mensch nicht wirklich sündigen.

Schematisch gesprochen setzt die Sünde drei Dinge voraus: die Schwere der Sache, den freien Willen und die Erkenntnis. Erkenntnis meint hier Handeln mit Bewußtsein. Wille heißt, ich bejahe und tue die Tat in Freiheit, und die Schwere bezeichnet den Tatbestand. Diese Dreiteilung ist in meinen Augen recht vernünftig.

K.v.B.: Kardinal Karl Lehmann spricht in seiner Schrift „Umkehr und Versöhnung" (Bonn 1997) von vertikaler und horizontaler Schuld. Könnten Sie bitte beides näher erläutern?

H.-J. Jaschke: Das Vertikale heißt nichts anderes, als daß das Verhältnis zu Gott gestört ist – und das wirkt sich aus, indem das Verhältnis unter den Menschen, das horizontale Verhältnis, Brüche erfährt, in die Irre geht. Aus der Schuld, die der Mensch sich dadurch auflädt, daß er sein will wie Gott, entwickelt sich unaufhaltsam die Sünde des Brudermords.

Ich bin sicher, daß jeder zwischenmenschlichen Sünde, sei es Ehebruch, Mord oder eine Gewalttat, immer auch eine vertikale Dimension innewohnt. Die Glaubensgewißheit bringt Gott und den Menschen zusammen. Wenn das Verhältnis zu Gott in Ordnung ist, ist es auch das Verhältnis zum Menschen. Umgekehrt, wenn das Verhältnis zum Menschen seine Ordnung hat, dann auch zu Gott. Wenn ich mit den Menschen im Unreinen bin, störe ich meine Beziehung zu Gott. Manchmal zeigt man ganz einfach und ohne Aufhebens allein durch seine Taten, daß man mit Gott im Reinen ist. Andere beten als fromme Pharisäer und stellen mit ihren Taten das Gegenteil unter Beweis. So hängen vertikale und horizontale Schuld immer zusammen, lassen sich nicht trennen.

Größe und Elend des Menschen

K.v.B.: Sie sprechen immer wieder davon, daß eine Hauptschuld des Menschen darin besteht, daß der Mensch sein will wie Gott. Denken Sie, daß der Mensch zum Teil so ist wie Gott?

H.-J. Jaschke: Ja. Im Johannesevangelium 10,34 sagt Jesus einmal: *„Heißt es nicht in eurem Gesetz: ‚Ich habe gesagt: Ihr seid Götter'? Wenn er jene Menschen Götter genannt hat, an die das Wort Gottes ergangen ist, und wenn die Schrift nicht aufgehoben werden kann, dürft ihr dann von dem, den der Vater geheiligt und in die Welt gesandt hat, sagen: Du lästerst Gott – weil ich gesagt habe: Ich bin Gottes Sohn?"*

Damit will Jesus sagen, daß Gott den Menschen sehr nahe an sich herangerückt hat. Im Psalm 8 heißt es: *„...die nur wenig unter die Götter gesetzt sind."* Oder, wenn Sie die Schöpfungsgeschichte nehmen: Der Mensch ist die Krone der Schöpfung. Mit ihm vollendet Gott das Werk seiner Schöpfung. Die menschliche Würde ist aus christlicher Sicht unerhört groß.

Gottfried Benn hat das mit den Worten glossiert: „Die Krone der Schöpfung, der Mensch: das Schwein." Benn sah, wie der Mensch bei aller Größe mit Erbärmlichkeit behaftet ist, mit seinen ganzen schrecklichen Krankheiten, die der Arzt für venerische Erkrankungen gut kannte.

K.v.B.: Sprechen Sie von der Polarität zwischen Göttlichem und Bösem, in die wir als Menschen gestellt sind?

H.-J. Jaschke: Ja. Pascal nennt es Größe und Elend des Menschen. Der Mensch, der zu so Hohem berufen ist, erliegt dem Versucher.

Bis heute ist es so, daß wir in die Irre geraten und hypertroph werden, wenn wir uns selbst zum alleinigen Maßstab machen und uns nicht messen lassen an dem, was gut und schlecht ist, nicht messen lassen an Werten und Bindungen. Ein kluger Mann wie Habermas sagte kürzlich, daß unser Verstand das Maß braucht. Wir brauchen das messende Maß des Wissens vom richtigen Leben.

Inneres Maß und äußere Last

K.v.B.: Braucht der Mensch dieses Maß von außen, also durch eine äußere Ordnung, ein Gebot?

H.-J. Jaschke: Letztlich muß der Mensch sich das Maß von innen geben. Aber innen und außen sollen sich nicht widersprechen.

Ich denke schon, daß der Mensch, wenn er wirklich in sich geht und forscht, auf Grundaussagen kommt wie: „Du sollst den Nächsten lieben wie dich selbst.“; oder etwa auf Kants kategorischen Imperativ: „Handle so, daß du einen anderen nie zum Mittel für deine Zwecke machst; handle so, daß dein Handeln zum allgemeinen Gesetz gemacht werden kann.“

Der Mensch lebt nie für sich allein. Er übernimmt eine Werteordnung aus seiner Tradition, aus den Grundgegebenheiten der Geschichte, in denen er lebt, er übernimmt sie von seinen Eltern, aus dem moralischen Kodex, der ihn umgibt. Diese Werte dürfen jedoch nie zur Fremdbestimmung werden. Jeder muß selber seinen Weg zu ihnen finden und seine Werte entdecken.

Umgekehrt lebt der Mensch auch in einem Kontext von Geschichte mit allen möglichen Störungen, Zerstörungen und Belastungen - mit einer Erblast. Das benennen wir mit dem etwas unglücklichen Wort Erbsünde, wobei nicht vorausgesetzt werden kann, daß man die Sünde als solche erbt; aber jeder Mensch wird in eine Welt hineingeboren, die Verstrickungen und negative Konsequenzen für ihn mitbringt.

Erbsünde

K.v.B.: Sie sagen also, die Erbsünde bezeichnet nicht etwas, das Seele oder Geist eingeboren ist oder dem physischen Leib anhaftet, sondern etwas, das mit dem Umkreis zu tun hat, in den der Mensch hineingeboren ist?

H.-J. Jaschke: Ja, dort hat die Erbsünde ihren Platz.

K.v.B.: Papst Johannes Paul II. bezeichnet die Erbsünde in seinem Apostolischen Schreiben „Reconciliatio et Poenitentia“ (Versöhnung und Buße) von 1984 auch als Ursünde und spricht davon, daß jeder von Geburt an, also mit der Geburt, die Erbsünde wie ein von den Eltern empfangenes Erbe in sich trägt. Widerspricht das nicht dem vorher Gesagten?

H.-J. Jaschke: Es steckt ja in jedem Menschen neben allen Antrieben zum Guten immer auch Boshaftes. Der Begriff Erbsünde ist der Versuch, die Erfahrung zu beschreiben, daß in jedem von uns auch die Versuchlichkeit zum Üblen wohnt - und zweitens, daß wir in diesem äußeren Kontext, in diesem Gewebe von Schuld und Verstrickung stehen, von Geburt an.

Wir Deutschen haben geerbt, was der Nationalsozialismus über unser Land gebracht hat, wir sind Erben von Auschwitz. Natürlich ist das keine persönliche Schuld - für keinen von uns Späteren -, aber es ist eine Belastung, aus der wir uns nicht herausstehlen können. Wir Europäer tragen das Erbe der Kolonialgeschichte, das Erbe der Unterdrückung der sogenannten Dritten Welt, wir haben das Erbe der Judenfeindschaft und des Holocaust, das ganze Erbe der christlichen, der abendländischen Schuldgeschichte. Mit Erbsünde ist die Versuchlichkeit zum Bösen beschrieben, die in jedem von uns lebt, besonders aber dieser Kontext von Verstrickung und Belastung. Wir stecken in einer Welt, die uns Menschen anvertraut ist, und sollten verantwortungsvoll mit ihr umgehen, aber wir belasten unsere Nachwelt auch immer wieder ungeheuer. Durch Kohlenmonoxyd, durch ungerechte Strukturen - all das vererben wir den zukünftigen Menschen dieser Welt.

Insofern ist die Idee der Erbsünde sehr weise, wenngleich diese Dinge ins Wort zu bringen, immer nur Versuche sein können, die Wirklichkeit zu definieren. Wenn man zu scharf definieren will, geraten die Dinge ins Verkehrte. Ein Gedicht oder ein Bild kann von den großen Wahrheiten viel mehr einfangen, viel mehr aussagen. Oder etwa ein musikalisches Werk. Nehmen wir Beethovens neunte Symphonie; sie drückt mehr aus als etwa die schönsten Erlösungstheorien; wie sich in den Tönen und Melodien alles verstrickt und verknäult, bis endlich die Stimme kommt: „Freunde, nicht diese Töne!"

K.v.B.: Da stimme ich mit Ihnen überein, aber sind wir als Zeitgenossen nicht in beidem gefordert - also auch in der weitestgehenden Erkenntnis?

H.-J. Jaschke: Sicher, wir sollen natürlich ordentlich nachforschen. Aber selbst wenn so gut wie alles gesagt ist, muß man sich eingestehen, daß das Gesagte doch noch unvollkommen ist gegenüber dem, was es ausdrücken will.

Erkenntnisarbeit und Abgeben in Gottes Hand

K.v.B.: Kardinal Karl Lehmann sagt in seinem Schreiben „Umkehr und Versöhnung": „Wo Versöhnung gesucht wird, ist die Klärung der eindeutigen Schuldverhältnisse weniger wichtig als das Verlangen nach neuer, lebendiger Gemeinschaft. Insbesondere vor Gott müssen wir darauf verzichten, ganz durchschauen zu wollen, wie wir uns seiner Liebe öffnen oder verweigern." Müssen nicht Erkenntnis- und Selbsterkenntniskräfte ordentlich bemüht werden, wenn Versöhnung entstehen soll? Und warum sollten wir nicht versuchen zu durchschauen, wie wir uns Christi Liebe öffnen oder verweigern? Sind wir dazu nicht in der Lage?

H.-J. Jaschke: Es gibt das schöne Wort von Bonhoeffer, daß man keine billige Gnade in Anspruch nehmen soll. Wir sollen es uns nicht zu einfach machen, zum Vater zurückzukehren. Das ist durchaus Arbeit und Mühe. Versöhnung braucht alle Anstrengung, zu der wir fähig sind. Das bedeutet Kampf, d.h. mit dem Verstand die Dinge durchleuchten zu wollen, zu erkennen, was nicht in Ordnung ist.

Dennoch denke ich, daß wir darauf verzichten können, alles im letzten durchschauen zu müssen. Gerade in gemischten Schuldverhältnissen, die schwer zu entwirren sind, kann ich auch sagen: Lieber Gott, ich lege es in deine Hände zu sortieren, was nicht in Ordnung war. Für mich gilt das Wort Karl Lehmanns besonders im Hinblick auf den anderen, das Gegenüber. Man muß nicht alle Einzelheiten bis ins letzte aufrechnen, man kann auch sagen: Gott, du mußt das nun unter uns ausgleichen.

Aber es braucht beides: Mühe und Erkenntnisarbeit *und* Abgeben in Gottes Hände.

Todsünde – Hölle – die endgültige Verneinung

K.v.B.: Papst Johannes Paul II. legt Wert auf die Unterscheidung zwischen „Todsünde" und „läßlicher Sünde", wobei er sich auf den 1. Johannesbrief, auf Augustinus und auf Thomas von Aquin beruft. Was ist Todsünde, was ist läßliche Sünde - und was bedeuten beide für den Sündigen?

H.-J. Jaschke: Bei Johannes steht, daß es eine Sünde gibt, die *zum Tode führt*; wobei Todsünde eine schwere Sünde beschreibt - wie Mord, Gewalttaten und ähnliches -, läßliche Sünde eine Tat, die nicht den Bruch mit Gott bedeutet. Todsünde meint, daß durch die Tat das Leben mit Gott gewissermaßen tot ist.

K.v.B.: Also handelt es sich um einen geistigen Tod? Der Geist stirbt gewissermaßen an einer solchen Tat?

H.-J. Jaschke: Ja, Todsünde bedeutet den geistigen Tod. Die Beziehung zu Gott stirbt.

K.v.B.: Ist es das, was Thomas von Aquin mit „ewiger Strafe" meint?

H.-J. Jaschke: Sagt er das in der „Summa theologiae"?

K.v.B.: Ja, und Papst Johannes Paul greift es auf; also hat es in der katholischen Glaubenslehre ja irgendwie Gültigkeit.

H.-J. Jaschke: Nun, wenn man das in Worte fassen will: Der Mensch ist Gott gegenüber frei. Freiheit beinhaltet auch die Möglichkeit, sich total von Gott zu entfernen, in jeder Hinsicht; ihn ganz und gar zu verneinen. Die totale und willentliche Entfernung von Gott seitens des Menschen heißt: Hölle.

K.v.B.: Und was bedeutet diese Hölle dann für den sich Abwendenden?

H.-J. Jaschke: Nun, Sartre sagt in „Huit Clos" („Bei geschlossenen Türen") so treffend: Die Hölle sind die anderen. Die Hölle, das sind nicht irgendwelche Folterwerkzeuge, sondern die Hölle ist die totale Zerstörung der Beziehungen. Die endgültige Zerstörung der Beziehungen zu Gott und untereinander und die völlige Ausweglosigkeit. Die Hölle, das ist der Haß.

Menschen haben sich Hölle mit Feuer und Qualen ausgemalt, aber da müssen wir sehr vorsichtig sein. Stecken wir keinen Menschen gedanklich in die Hölle. Wir wissen auch von keinem Menschen, ob er in der Hölle, in dieser totalen Verneinung, endet. Die Hölle als Möglichkeit trifft den Menschen dann wirklich, wenn er dieses definitive „Nein" Gott gegenüber nicht nur ausspricht, sondern es lebt. Sagen kann man vieles, und Atheisten sind durch die verbale Ablehnung eines Göttlichen noch lange keine Höllenkinder. Unser Leben und unsere Taten sprechen eine eigene Sprache.

Ich denke, es gehört zur Größe und Würde des Menschen, daß er frei ist, dieses Nein auszusprechen und zu leben; aber ob es einen solchen Menschen gibt, das wissen wir nicht. Darum kann es, bildlich gesprochen, so sein, daß die Hölle leer ist.

Gericht – der nachtodliche Prüfstand

K.v.B.: Aber ist die Hölle denn dann gar kein katholisches Dogma, keine nachtodliche Realität, der sich der Sündige ausgesetzt sieht?

H.-J. Jaschke: Es gibt die klare Aussage, daß unser Leben auf dem Prüfstand steht, wenn wir sterben. Die Bibel sagt: Es werden die Bücher aufgeschlagen. Uns gehen die Augen auf. Und unter dem Blick des heiligen Gottes gehen sie uns auf für all das, was nicht in Ordnung ist. Das nennen wir Gericht. Und wenn uns die Augen dafür aufgehen, daß wir wirklich in totaler Gottferne gelebt haben, in endgültiger Gottferne, die wir so gewollt haben, dann ist das die Hölle.

K.v.B.: Und dann erwartet den Menschen aus katholischer Sicht sozusagen zeitloser geistiger Tod oder endlose Strafe?

H.-J. Jaschke: Ja. Unser Leben in der Zeit ist so bedeutsam, daß alles, was hier und jetzt geschieht, endgültige Bedeutung hat. Das gibt unserem Leben eine unerhörte Würde, denn wir können nicht nochmal von vorne anfangen...

K.v.B.: ...es sei denn, wir lassen den Reinkarnationsgedanken gelten.

H.-J. Jaschke: Viele Christen lehnen ihn ab. Aber das Gericht Gottes wird, so wie wir es an Jesus sehen, immer ein Gericht der Gnade und der Barmherzigkeit sein. Ein Mensch, der in der Haltung lebt, daß Gott gutmachen muß, was bei ihm nicht in Ordnung ist, wird von Gott nicht gnadenlos verurteilt werden. Der verlorene Sohn und die verlorene Tochter werden mit offenen Armen aufgenommen, wenn sie zurückkehren. Wenn unser Leben von der Grundhaltung bestimmt ist, daß uns unsere Schuld leid tut, daß uns die Schmerzen, die wir anderen zugefügt haben, weh tun, wenn der Mensch sich im letzten Moment seines Lebens eingesteht, daß er gefehlt hat, dann gibt es gute Anknüpfungspunkte für Gottes Liebe und Barmherzigkeit.

Nur wer sich total verweigert, spricht sich selber die Hölle zu. Aber noch einmal: Ob ein Mensch dort in der zeitlosen Verneinung endet, das können wir nicht behaupten. Wir können es selbst von Judas nicht sagen, der furchtbare Schuld auf sich geladen hat, indem er Christus verriet, und sich in äußerster Verzweiflung aufgehängt hat.

Aber es wäre billig zu erklären: „ Es gibt keine endgültige Verfehlung! Eia popeia, Gott macht alles gut - egal, ob ich Stalin, Lenin, Hitler oder Pol Pot bin - alles ist okay, und wir freuen uns alle auf Wolke sieben!“, das entspricht mit Sicherheit nicht der Wahrheit, das wäre leichtfertig und auch unwürdig.

Wir leben gegenwärtig in einer Zeit eines Unschuldswahns, in einer Gesellschaft, die meint, es gebe für alle Vergehen eine Entschuldigung, die Tat des einen sei durch seine frühe Kindheit zu entschuldigen, die des anderen durch das System, in das er hineingeboren wurde, die des dritten aus diesem und jenem Grund - das klingt mir zu sehr nach Ausrede.

Das Wort vom Gericht ist eine große Herausforderung für uns - und es bedeutet auch Trost - nicht Vertröstung -, gerade für die, denen es zu Lebzeiten dreckig geht.

K.v.B.: Meinen Sie damit, daß deren Leben nach dem Tode noch einmal anders in die Waagschale geworfen wird und aus Leid zu Lebzeiten nach katholischer Sicht Freude im Nachtodlichen werden kann?

H.-J. Jaschke: Ja, ich setze wirklich auf Gottes Ausgleich.

Aber ich möchte für jeden Menschen hoffen, auch wenn er noch so schlecht ist. Auch für mich armen Sünder! (*lacht*) Sich in eitlem Glauben von selbst auf die Seite der Guten zu positionieren, ist zutiefst unchristlich.

Schuldbekenntnis: ein Reinigungsritual

K.v.B.: In der katholischen Messe beginnt der Gottesdienst in der Eröffnung mit den Worten: „Damit wir die heiligen Geheimnisse in der rechten Weise feiern können, wollen wir bekennen, daß wir gesündigt haben. Wir sprechen das Schuldbekenntnis." Die Gemeinde spricht daraufhin das Mea culpa. Aber auch im Wortgottesdienst und in der Eucharistiefeier, also in allen Gliedern der Messe, ruft sich die Gemeinde immer wieder ihr Sündigsein vor Augen. Können Sie erklären, warum die heiligen Geheimnisse nicht ohne Schuldbekenntnis gefeiert werden können?

H.-J. Jaschke: Zur Gotteserfahrung des religiösen Menschen gehört, wie Rudolf Otto das nennt, das „Tremendum et fascinosum", das Erschauern und Fasziniertsein im Angesicht von Gottes Heiligkeit und Größe. Vor Gottes Heiligkeit geht uns Menschen auf, daß wir unheilig sind, beladen, belastet. Und dann gibt es alle möglichen Versuche, sich zu waschen, zu reinigen, zu sühnen. Viele Religionen, auch Naturreligionen, haben ihre diversen Reinigungsriten.

Im katholischen Christentum hat dieser Ritus eine wahrhaftig menschliche Gestalt angenommen: Ein Mensch sagt: „Ich bekenne meine Schuld - und ich bitte Gott, daß er mir vergibt", und vollzieht damit die Reinigungszeremonie vor dem Heiligen. Er muß keine Opfer darbringen oder ähnliches, sondern es kommt auf sein Inneres an. Wenn ich sage, ich bereue, ich habe gesündigt, ich bin nicht heilig, dann bin ich vor Gott im Recht. So gehört auch zur katholischen Messe, in der das Allerheiligste gefeiert wird, die Bitte vor der Kommunion: „Herr, ich bin nicht würdig, daß du eingehst unter mein Dach, aber sprich nur ein Wort, so wird meine Seele gesund." Auch die lutherische Messe enthält das „Kyrie eleison" - das „Herr, erbarme dich!". So haben die Blinden in Jericho Jesus angerufen, als er an ihnen vorbeiging.

Die Bitte um Vergebung hat nichts damit zu tun, daß man sich in seinen Sünden suhlt oder sich masochistisch in irgendeiner Art Sündigkeit gefällt und sich lähmt, sondern sie bedeutet, daß man realistisch sieht, was Sache ist, sich richtig einschätzt, wenn man mit dem Heiligen zu tun bekommt.

Taufe, Glaube, Bekenntnis

K.v.B.: Wir sprachen vorhin schon von der Erbsünde. Nach katholischer Kirchenlehre wird der Mensch durch die Taufe von der Macht der Sünde befreit; die Erbsünde wird von ihm getilgt. Wie geschieht das?

H.-J. Jaschke: Mit der Taufe tritt der Mensch in den Wirkungskreis Christi ein.

K.v.B.: Und wie geschieht das?

H.-J. Jaschke: Die Taufe wird gegeben im Blick auf den Glauben, zunächst mit dem stellvertretenden Glauben der Eltern und dann im Blick auf den Glauben in einem wachsenden Menschenleben. Die Taufe ist ein sichtbares äußeres Zeichen dafür, daß der junge Mensch in den Lebensraum Christi und damit immer auch in den Raum der Kirche gelangt. Damit ist der Sünde die bedrohliche Macht genommen, wenn auch dem Menschen die Freiheit bleibt, in seinem Leben zu sündigen. Der Lebensraum Christi wird bestimmt durch den Glauben. Wasser, Kreuzzeichen und Salbung sind die Symbole für eine Realität, die dann Gestalt gewinnt, wenn ein Mensch gläubig lebt. Und Glaube heißt nicht, daß jemand den Katechismus tadellos hersagen können muß, sondern meint vor allem, in einer Grundhaltung der Offenheit und Bereitschaft zu leben, einer Haltung, die mit Gott zu tun hat, auch wenn er nicht immer genannt wird. Man kann glauben, ohne ständig das Wort oder den Namen Gott im Munde zu führen. Denken Sie an Karl Rahner, der von den anonymen Christen gesprochen hat, von Menschen, die glauben, ohne daß sie dem Glauben einen Namen geben können: Sie zeigen ihren Glauben, indem sie verantwortlich zu leben versuchen, Leid schultern, anderen Menschen in Liebe begegnen – indem ihr Leben eine Sprache des Glaubens spricht.

K.v.B.: Das heißt, Wasser und Kreuz sind tatsächlich nur Zeichen? Der Glaube ist es, der die Sünde besiegt? Und Glaube heißt, nach christlichen Grundsätzen leben, auch wenn man sie nicht als solche benennt?

H.-J. Jaschke: Ja. Es wäre Magie, wenn Wasser und äußerliche Zeichen die Sünde vom Menschen nehmen könnten. Sie sind Symbole einer Realität, die im Menschenleben Gestalt gewinnen soll.

Ich bin aber der Überzeugung, daß auch ungetaufte Menschen in diesen Wirkungskreis gelangen können. Es gab Zeiten, als viele sagten: Wer nicht getauft wird, ist zum Tode verurteilt. Das sind doch wohl enge menschliche Vorstellungen, die der Gnade Gottes Grenzen setzen wollen. Ich sehe es als Hochmut an, wenn Christen oder Katholiken sagten: „Nur die, die zu uns gehören, die unsere Taufe empfangen haben, werden von Gott geliebt.“ Ich habe Respekt vor jeder religiösen Überzeugung. Gott bleibt immer größer als alles, was Menschen praktizieren. Was wir bekennen, ist wichtig, aber unsere ganze Lebenshaltung ist es, die vor Gott zählt.

Natürlich nehmen wir unseren christlichen Glauben sehr ernst. Ich bin auch der festen Überzeugung, daß Christus sich ganz entscheidend, qualitativ, von anderen Religionsführern unterscheidet, und dafür werde ich auch immer einstehen. In Jesus Christus und seinem Geist ist der menschliche Gott selber real auf dem Plan.

Strukturelle Sünde

K.v.B.: Ich würde gern ein bißchen ins Weltliche hinausspazieren. Der Begriff der „strukturellen Sünde“, wie Lehmann ihn verwendet, beschreibt die Verfestigung des Bösen in Strukturen und Institutionen. Können Sie etwas dazu erläutern? Wo ist strukturelle Sünde in der Gegenwart wirksam?

H.-J. Jaschke: Das ist ein Begriff, den es seit der sogenannten Befreiungstheologie gibt, als uns die Augen dafür aufgingen, daß wir in Strukturen leben, die den Menschen das Leben ungeheuer erschweren, und daß an diesen Strukturen auch die Kirche beteiligt ist, daß auch Christen beteiligt waren und sind. Aber ich unterscheide: Sünde im eigentlichen Sinne kann nur die persönliche sein, wenn auch in vielen Strukturen und Institutionen Sünde waltet. Ich würde Sie z.B. niemals verhaften für etwas, das eines Ihrer Familienmitglieder getan hat oder eines Ihrer Überzeugungsgeschwister; aber eine gewisse Verantwortung haben wir alle gemeinsam, auch die Pflicht zu versuchen, sündige Strukturen zu ändern.

Ein eindeutiges Beispiel für strukturelle Sünde zu finden, ist nicht ganz so einfach. In der Befreiungstheologie war man stark vom marxistischen Denkmuster geprägt – da war klar, wo die Guten sind und wo die Bösen. Dennoch: Eine Struktur des Bösen sehe ich in der Ungleichheit von Arm und Reich, eine Struktur des Bösen liegt darin, daß manchen Ländern durch Handelsbeschränkungen und Restriktionen der Zugang zu einem lebbaren Leben verweigert wird, eine Struktur des Bösen liegt in ausbeuterischen Verhältnissen. Ich liebe das Wort Ausbeutung nicht, weil es historisch belastet und zu undifferenziert ist. Aber wenn Menschen am Amazonas dazu gebracht werden, das Gold mit Quecksilber auszuwaschen, wenn Menschen zu Hungerlöhnen verdingt werden, dann ist das eine böse Struktur. Und die Übeltäter, die diese Strukturen bilden, ausweiten, verschärfen, zuspitzen, sind öffentliche Sünder.

In solchen Situationen und Verhältnissen bildet sich die Struktur des Bösen ab.

Der Papst als Stimme der Moral

K.v.B.: Der Heilige Stuhl sieht es als eine seiner Aufgaben, ethische Fragen aufzuwerfen, auch in der Weltpolitik. Ich denke jetzt an die Stimme des Papstes zum Irakkrieg. Was klagte Papst Johannes Paul II. an, was andere nicht in den Mund zu nehmen wagten?

H.-J. Jaschke: Der Papst wollte sich nicht direkt in die Politik einmischen. Das würde seine Kompetenzen überschreiten. Aber er hat mit Nachdruck darauf hingewiesen, daß Krieg immer eine Niederlage der Menschheit ist, und daß diese Ultima ratio, das allerletzte Mittel, nicht so im Eilverfahren angewandt werden darf, wie das geschehen ist.

Ein weiterer Gesichtspunkt des Papstes war die Warnung vor dem Hochmut des Westens mit seiner ganzen imperialistischen Kraft und Macht. Er weist darauf hin, daß der Westen mit dieser unglaublichen Überlegenheit die anderen Länder nicht unterdrücken und belasten darf, daß ein derart egoistisches Interesse zu schlimmen Verwerfungen führt. Wir sehen, wie die islamischen Länder sich vom Westen dominiert, mißachtet, nicht wahrgenommen fühlen. Und wenn der Westen mit einer großen Maschinerie, mit Gewalt und Imponiergehabe auftritt, dann kann und muß man kritische Fragen stellen.

Auf der anderen Seite hat der Papst nie verschwiegen, was für ein Völkermörder und Verbrecher Saddam Hussein war. Es gehört zur Politik des Heiligen Stuhls, auf die Bedeutung der UNO als handelndes Subjekt hinzuweisen und die internationalen Institutionen zu stärken. Natürlich weiß der Papst, daß die UNO oft machtlos ist und lahmgelegt wird von politischen Interessen.

Aber es muß dabei bleiben: Krieg ist immer eine Kapitulation der Menschheit; ein Krieg als Präventivhandlung muß mit äußerster Zurückhaltung, wenn nicht Ablehnung beurteilt werden. Die Frage nach der Legitimation durch das Völkerrecht bleibt damals wie heute ja stark umstritten. Aber es braucht auch eine Weiterentwicklung des Völkerrechts.

Daß der Papst als moralischer Mahner auftritt und sich zum Anwalt der schwachen Länder macht, verdient hohe Anerkennung. Wir erleben ja, was dort an Gefühligkeit und latenter Aggressivität schwelt; und dies wird solange so sein, bis der Westen mehr Verständnis für diese Länder entwikkelt. In dem Gemenge der Machtinteressen muß es eine unabhängige Stimme der Moral geben. Gut daß der Papst diese Aufgabe übernimmt.

Das Mea culpa des Heiligen Stuhls

K.v.B.: Papst Johannes Paul II. legte im März 2000 ein Schuldbekenntnis der katholischen Kirche ab. Welcher Schuld bezichtigte er darin die katholische Kirche?

H.-J. Jaschke: Das Jahr 2000 wurde als „Heiliges Jahr" gefeiert, das in besonderer Weise mit Dank vor Gott begangen wurde. Wenn man etwas Heiliges feiert, muß man zunächst einen Kehraus halten, vor der eigenen Tür den Dreck entfernen. Zweitausend Jahre Christentum sind ein richtiger Anlaß, daran zu erinnern, daß auch Christentum und Kirche ihre dunklen Kapitel haben. Der Papst hat sie in einem eindrucksvollen Akt benannt, den ich noch deutlich vor Augen habe. Eine Theologenkommission hat über die einzelnen Punkte, über die Defizite der Kirche beraten.

Die Kardinäle mußten die einzelnen Punkte benennen, das Schuldbekenntnis wurde feierlich verkündet, eindrucksvoll und bewegend.

Da ist die Schuldgeschichte gegenüber den Juden, da sind die Defizite im Umgang mit Frauen in der Gesellschaft, das Eingeständnis von Schuld gegenüber Völkern, die in der Kolonialzeit unter dem Deckmantel des Christentums ausgebeutet wurden und wichtige andere Kapitel.

Ich halte einen solchen Akt für angemessen und notwendig, denn die Christen betrachten sich nicht als die Erfolgsreligion, sondern wissen sich von Christus eingeladen, besonders die eigene Schuld zu bekennen.

K.v.B.: Wie schätzen Sie die Wirkung dieses Schuldbekenntnisses ein?

H.-J. Jaschke: Nun, wie das eben so ist: Man geht zur Beichte und bekennt – und nach allen Schwüren der Treue kommt der alte Adam dann doch wieder zum Vorschein. Wer realistisch ist, kann nicht erwarten, daß sich durch einen solchen Akt alles in der Kirche ändert.

Aber daß eine Sensibilität geschaffen wurde und eine Grundhaltung der Aufrichtigkeit, halte ich für enorm wichtig, das wirkt nach.

Umkehr – Entwicklung

K.v.B.: Die katholische Kirche ruft immer wieder zur Umkehr auf. Umkehr zum einfachen Leben, Umkehr zu Solidarität und Gerechtigkeit, zu Gemeinsinn und Verantwortung, sozial gestalteter Wirtschaft und Politik, zu lebensfördernden Werten und Normen. Wieviel Hoffnung haben Sie auf Umkehr im obengenannten Sinn, und ist Umkehr überhaupt möglich?

H.-J. Jaschke: Manche Menschen sagen, Geschichte ist immer wiederkehrende Wiederholung, der Mensch taumelt von einem Fehler in den nächsten. Andere meinen, die Geschichte kenne doch Fortschritte zum Besseren hin. Ich persönlich möchte eher einer Entwicklung das Wort reden als der ständigen Wiederkehr und darauf trauen, daß wir alte Fehler überwinden können, Kräfte zum Guten freisetzen und neu beginnen.

Die Kirche muß den Finger in die Wunden legen bei Ungerechtigkeiten, bei Gewalt, bei Terror, bei Krieg und Unterdrückung; sie muß vor der Zerstörung der Umwelt und vor dem Aufbrauchen all unserer Ressourcen warnen. Damit macht sie notwendige Aussagen. Aber die Kirche weiß auch keine Patentrezepte für alle Fragen anzubieten. Soll sie etwa das Autofahren verbieten? Soll die Kirche in das Gefüge der modernen industriellen und technischen Welt eingreifen?

K.v.B.: Sie sprachen von Entwicklung. Darf ich da ein wenig nachhaken? Welcher Entwicklung reden Sie das Wort?

H.-J. Jaschke: Ich denke, daß sich weltweit die Erkenntnis den Weg bahnt, daß wir mit Gewalt nicht weiterkommen, daß Gewaltlosigkeit der Weg ist, um Gewalt zu überwinden. Ich spreche vom Großteil der Menschheit, nicht von einzelnen Regierungen. Weltweit hat sich ein Verständnis für Grundrechte und Menschenrechte entwickelt. Auch die katholische Kirche hat früher in bestimmten Fällen die Todesstrafe für richtig erachtet. Weltweit und auch in der Kirche hat sich mehr und mehr die Erkenntnis durchgesetzt, daß die Todesstrafe in einem geordneten Staatswesen kein Recht mehr haben kann.

K.v.B.: Also auch nicht in Texas.

H.-J. Jaschke: Auch nicht in Texas. Ich setze auf Entwicklung. Natürlich bleibe ich auch skeptisch und rede nichts schön. Wir klettern nicht automatisch auf der Stufenleiter des Erfolges, die Welt steht gerade heute auf der Kippe wie nie zuvor. Dem muß man ins Auge sehen. Aber unsere Welt muß nicht kippen. Wir haben viele gute Chancen.

Das Ende des Menschen

K.v.B.: Macht sich die Wissenschaft schuldig, indem sie die Genforschung bis zum Klonen von Menschen vorantreibt, wenn auch unter dem Deckmantel des therapeutischen Klonens?

H.-J. Jaschke: Das Klonen menschlichen Lebens ist ein schrecklicher Mißbrauch. Hier werden Dr. Mabuse- und Dr. Frankenstein-Phantasien zur grausamen Realität, bis hin zum Homunculus. Wenn wir anfangen, Menschenleben zu reproduzieren, den Menschen zum Material machen, dann kommt das Ende des Menschen auf uns zu, wie Francis Fukuyama es jüngst in seinem gleichnamigen Buch beschreibt.

Mit der Gentechnologie kann der Mensch unter den Rädern der Megamaschine Welt, Wirtschaft und Technik an sein Ende kommen. Er dient nur noch irgendwelchen Zwecken. Der Mensch braucht seine eigene Geschichte, seine eigene Würde, seine eigene Sehnsucht, er darf nicht zu einem Wesen verkommen, das sich in elender Langeweile vielleicht irgendwann einmal selber reproduzieren kann, wenn es das nötige Geld hat.

Hier muß die Kirche in aller Deutlichkeit Einspruch erheben. Was wir erreichen, steht auf einem anderen Blatt. Ich bin sehr froh, daß wir in Deutschland bislang ökumenisch mit großem Einklang zu den Fragen der Genmanipulation und der verbrauchenden Embryonenforschung Stellung bezogen haben, und ich hoffe, daß die christliche „Front“ - militärisch ausgedrückt - geschlossen bleibt und daß wir keine Aufweichungen erleben.

Wenn wir anfangen, Menschenleben zu teilen, zu sagen: Im embryonalen Status oder zum Ende hin, wenn das Bewußtsein nicht entwickelt oder nicht mehr da ist, ist das kein echtes Leben, dann gibt es kein Halten mehr. Nach welchen Kriterien wollen Sie Menschenleben für lebenswert oder lebensunwert erklären? Diese schlimmen Zeiten haben wir in Deutschland mit grausamsten Erfahrungen hinter uns gebracht.

K.v.B.: Ist an der Entwicklung in der Genforschung auch das gültige Menschenbild schuld? Einen Menschen als Molekülhaufen oder Zusammenschluß von Synapsen zu betrachten oder ihn als geistbegabtes Individuum zu sehen, ist ja ein Unterschied, und das eine fordert eine andere Ethik als das andere.

H.-J. Jaschke: Sicher. Denken Sie an die Debatten in der Hirnforschung über das Thema Geist. Momentan macht sich wieder die Sicht breit, daß Geist lediglich eine Art Schimmel auf dem Gehirn ist, der von den Synapsen chemisch erzeugt wird.

Ich halte daran fest, daß Geist und Bewußtsein die Einmaligkeit eines jeden Menschen ausmachen. Unsere unersetzliche Schönheit und Würde, unsere Verantwortung haben hier ihren Grund. Wenn wir uns das selber nehmen lassen durch Entwicklungen der Moderne, dann zieht in der Tat das Ende des Menschen auf.

Das faszinierend Neue

K.v.B.: Gibt es für Sie Stellen im Neuen Testament, die schon vor der Kreuzigung verdeutlichen, daß mit Jesus Christus eine andere Zeit hereinbricht, ein neues Verhältnis von Gott und Mensch zur Schuld?

H.-J. Jaschke: Das Alte Testament weist in den prophetischen Schriften darauf hin, daß die Menschen einen neuen Bund brauchen, bei dem der Kommende unsere Herzen aus Stein zu Herzen aus Fleisch macht, bei dem er sein Gesetz in unser Inneres legt, so daß es nicht mehr von außen kommt. Christen sehen den neuen Bund in der Gestalt Christi begründet und realisiert.

Schon im ersten Kapitel heißt es bei Johannes: „Seht das Lamm Gottes, es nimmt hinweg die Sünde der Welt". Oder nehmen Sie die synoptischen Evangelien: Christus rührt die Sünder an und macht ihnen Mut. Er sagt: Ich bin nicht für die Gesunden gekommen, sondern für die Kranken. Er befreit den Menschen aus seinen Verkrümmungen. Er zeigt uns, daß wir nicht mit dem Stein auf andere werfen dürfen, sondern daß wir selber mit unseren eigenen Fehlern zu tun haben. Das ist das faszinierend Neue, das uns auf Schritt und Tritt von Anfang an im Evangelium begegnet. Es leuchtet in Christus auf. Zu Recht laufen die Menschen ihm nach und wollen mit ihm zu tun haben.

In dieser Neuheit liegt der Grund für den Konflikt Jesu mit den Wächtern der Religion und der politischen Ordnung. So landet er am

Hubert und Jan van Eyck (bis 1432)
Genter Altar: Anbetung des Lammes (Ausschnitt)
Gent St. Baafs

Kreuz, und was tut er dort? Er betet um Vergebung für die Übeltäter. „Denn sie wissen nicht, was sie tun." Das Kreuz bildet die Mitte und die Summe des Evangeliums. Es ist nicht das Zeichen der Katastrophe, sondern im Kreuz wird sichtbar, daß Gott Heil schafft in menschlicher Schuld. Neben dem Gekreuzigten hängen die Verbrecher. Einer von ihnen wird besonders hervorgehoben. „Heute noch wirst du mit mir im Paradies sein." Das Kreuz richtet Heil und Liebe auf in einer heillosen Welt und macht gerade den „Gekreuzigten" - im wörtlichen wie im übertragenen Sinne - Mut.

Das hat einen Mann wie Nietzsche herausgefordert, der meinte, an Christus sehe man, wie Ressentiment und Minderwertigkeiten, wie die

Schwachen und Krummen sich großtun wollen. In seinem Wahn rief er den Übermenschen aus, starke Menschen in einem modernen Heidentum. Die Perversion eines solchen Übermenschen haben wir in den „Züchtungen“ der Arier gesehen, sie kündigt sich heute mit ganz neuen Möglichkeiten an.

Agnus dei – Lamm Gottes

K.v.B.: Bleiben wir bei dem Begriff des Agnus dei, des Lammes Gottes. „Du nimmst auf dich die Schuld der Welt.“ Welche Schuld hat Jesus Christus auf sich genommen? Was ist in Ihren Augen die Schuld der Welt?

H.-J. Jaschke: Das Lamm ist das alte Opfertier. Wenn Gott sich selber zum Lamm macht, bedeutet das, daß er in Liebe umfaßt und austrägt, was nicht in Ordnung ist. Er macht gut, was in seiner Welt nicht gut ist, indem er sich selber auf den letzten Platz stellt. Und so lädt er auf sich, was es an Abfall, Verkommenheit und Entfernung von Gott gibt. Er ist nicht der Rächer, der wie Zeus Blitze des Zorns vom Himmel schleudert, sondern der Versöhner und Erbarmer.

Christus: die neue geistige Realität

K.v.B.: Die Tat des schuldlos In-den-Tod-Gehens könnte auch ein normaler Sterblicher leisten. Wenn man aber davon ausgeht, daß mit Christus ein göttliches Wesen in einem menschlichen Leib verkörpert war, dann ist meine Frage: Was veränderte sich durch Christi Tod in der Welt substantiell?

H.-J. Jaschke: Es wurde eine andere geistige Realität geschaffen, eine neue Dimension von Liebe, Mitleid, Barmherzigkeit und Vergebung. Und diese Realität will wirksam werden unter den Menschen. Sie soll uns Kraft geben. Sie ist eine Kraft, die der Sündenböcke nicht bedarf, sondern uns selber von innen her verwandelt.

K.v.B.: Und diese Kraft wirkt von da an bis heute fort? Hat diese Kraft eine geistige Dimension, und ist sie für uns erreichbar?

H.-J. Jaschke: Ja, davon bin ich fest überzeugt. Christus lebt im Heiligen Geist, wie wir sagen. Er ist an unserer Seite, wenn wir uns an ihn wenden. Ich kann seine berührende heilende Nähe erfahren: in seinem Wort, das meine Seele gesund macht, das mich befreien will zur Tat, zum Handeln, das mich prüft und herausfordert. In Christus und im Heiligen Geist ist Gott, der Vater uns nahe. So umfaßt und durchwirkt Gott unsere Zeit. Im Bild gesprochen: Gott hält die Welt und uns Menschen in seinen Händen. Das Christusgeschehen bleibt nicht in einer historischen Vergangenheit, sondern wird immer neu zur bleibenden Gegenwart.

Besonders im Abendmahl feiern wir das Gedächtnis, das lebendige Gegenwart Christi ist.

K.v.B.: Können Sie beschreiben, was in der Eucharistie geschieht, in dieser kultischen Handlung, die, wie Sie sagen, zur lebendigen Gegenwart Christi führt?

H.-J. Jaschke: Ja, es ist der Kultus der Realisierung dessen, was ein für allemal geschehen ist und so immer neu gegenwärtig wird. Die Eucharistie hat ihren Grund im letzten Abendmahl, bei dem Christus im Blick auf seinen Tod, seinen Leib und sein Blut als die Opfergaben bezeichnet und die Seinen einlädt, durch das Essen und Trinken von Brot und Wein mit ihm, dem Geopferten, eins zu werden und seine heilende Nähe zu erfahren. Wir werden jedesmal neu einbezogen in diese Verbindung, die eine geistige, geistliche und sakramentale Realität ist.

Judas: Verräter und verirrtes Lamm

K.v.B.: Ich würde gerne auf Judas Ischariot zu sprechen kommen. Judas trägt, wie Sie selber sagten, unermeßlich große Schuld. Aber ohne seine Schuld wäre Golgatha ja nicht geschehen. Bewegt Sie diese Frage hin und wieder menschlich, philosophisch, religiös? Sehen Sie in Judas nur einen verabscheuungswürdigen Todsünder, oder hatte seine Tat auch einen Sinn?

H.-J. Jaschke: Bei Gott erhält auch sie ihren Sinn. Ich habe ein Bild vor Augen, das Kapitell eines Pfeilers der Kathedrale von Vézelay in Südfrankreich, in Burgund. Auf der einen Seite sehen wir Judas, wie er sich das Leben genommen hat. Da ist der Strick, die Zunge hängt ihm aus dem Halse heraus, seine Augen sind weit aufgerissen, ein Bild des Grauens und der Verzweiflung. Auf der anderen Seite des Kapitells sieht man Jesus Christus, der Judas um seine Schultern gelegt hat, wie der Hirte das Lamm, das sich verirrt hat oder die Beine gebrochen hat und nicht mehr weiterkann.

Mit Judas kommt aus dem innersten Kreis der Apostel der Verrat. „Mit einem Kusse verrätst du mich!“ - eine abscheuliche, widerwärtige Tat. Aber zeigen wir nicht mit dem Finger auf Judas. Die anderen Elf waren nicht eben die Mutigsten. Petrus hat seinen Herrn verleugnet, die anderen haben die Flucht ergriffen. Unter dem Kreuz blieben allein Maria, Maria Magdalena und Johannes, der Jüngling.

Wir haben allen Grund, vor der Abgründigkeit der Tat des Judas zu erschrecken, aber nie einen Grund, ihn zu verdammen. Ich hoffe für Judas. Christi Liebe muß größer sein, als diese Untat, ich hoffe, daß sie auch Judas umfängt.

Manche sagen: Hätte Judas Christus nicht verraten, dann wäre es nicht zur Erlösungstat Christi gekommen. Das entschuldigt freilich nicht den Verräter. Aber ich kann den Verräter nicht aus dem Raum der Liebe Christi herausstellen.

Sakrament der Buße – Beichtpraxis heute

K.v.B: Sowohl Kardinal Lehmann als auch Papst Johannes Paul II. vermerken einen Einbruch im Sakrament der Buße, also in der Beichtpraxis. Wie erklären Sie sich, daß immer weniger Menschen das Bedürfnis verspüren zu beichten?

H.-J. Jaschke: Die Botschaft Christi beginnt damit, daß er die Menschen zur Umkehr aufruft. Christliches Leben und Glauben heißt immer auch Erkenntnis unserer Schuld und die Bereitschaft, sich Vergebung schenken zu lassen.

Leider gibt es heute vielfach die Haltung, daß wir uns unschuldig vorkommen, diese Form von Unschuldswahn.

Die Beichte ist ein Sakrament, das sich schon sehr früh herausgebildet hat. Sie beruft sich auf das Wort Christi an die Jünger: „Welchen ihr die Sünden nachlaßt, denen sind sie erlassen".

K.v.B.: Er machte diese Aussage den Aposteln gegenüber – und die Bischöfe und Priester sehen sich nun in deren Nachfolge und können so die Beichte abnehmen und vergeben?

H.-J. Jaschke: Damit ist kein Automatismus gemeint, aber wir sind sicher: Wenn ein Gläubiger in guter Haltung und mit Reue die Beichte empfängt, dann wird ihm Gottes Vergebung zuteil.

Viele Menschen haben in der Vergangenheit die Beichte als Belastung erfahren, weil sie den Priestern der Kirche sagen mußten, was nicht in Ordnung war. Da gab es Druck und auch Peinliches, besonders bei Verfehlungen im sexuellen Bereich. Das sechste Gebot wurde lange Zeit zu sehr in den Mittelpunkt gerückt. Man hat oft vergessen, daß es ja an sechster Stelle steht und nicht an erster.

Die Beichtpraxis ist in den letzten 20 bis 30 Jahren sehr stark zurückgegangen. Die Kirche hält aber fest an der Beichte; und das ist gut so. Beichte ist ein Gespräch, das auch mit Therapie zu tun hat. Wenn ich ausspreche, was nicht in Ordnung ist, und mich vergewissere, daß ich in Gottes Gnade leben darf, wenn ich die rechte Haltung zu meinen Taten entwickle, entlastet das ungeheuer.

Es gibt verschiedene Formen der Beichte. Der Beichtstuhl, in den man früher hineinhuschte, ist heute in der Regel zum Beichtraum geworden, wo man unerkannt mit einem Priester sprechen kann.

Ich wünsche mir neue Akzeptanz für die Beichte. Aber sie darf nicht mit Druck verbunden sein.

Lossprechung: „Die Schuld ist genommen"

K.v.B.: Gibt es eine Beichte, an deren Ende keine Lossprechung steht?

H.-J. Jaschke: Wenn Sie mir beichteten, daß Sie jemanden umgebracht haben, und wir nicht zu einem Weg kämen, daß Sie Ihre Schuld öffentlich zur Geltung bringen und sich einer gerechten Strafe stellen, dann dürfte ich Sie nicht lossprechen. Ich dürfte Sie nicht verraten, denn das Beichtgeheimnis bindet, aber ich dürfte Ihnen nicht die Vergebung zusprechen. Wenn Sie ein Auto gestohlen haben und sagen mir: „Ich habe das getan, finde die Tat aber gut, bitte sprechen Sie mich los!", dann muß ich Sie verpflichten, das Auto zurückzugeben, damit Sie in Ordnung bringen, was nicht in Ordnung ist. Wenn Sie zu mir kämen und erwarteten, daß ich Sie mit einem Zauberspruch losspreche, Ihnen die Tat aber gleichgültig ist und Sie keine Schulderkenntnis spüren, dann kann es keine Absolution geben.

Dies sind natürlich theoretisch Extremsituationen. Oft sagt ein guter Priester: Wir schließen alles mit ein. Wenn Einsicht und Reue da sind, vertrauen wir darauf, daß Gott uns kennt, und wir müssen nicht alles bis ins allerletzte auseinanderdröseln. Es hat etwas ungeheuer Befreiendes und Schönes, daß es einen sichtbaren, erfahrbaren, greifbaren Ort gibt, an den wir unsere Schuld tragen können und erleben, daß wir gutgemacht werden.

K.v.B.: Ist es denn so, daß mit Handauflegung und Lossprechung die Schuld vom Beichtenden ganz genommen ist? Trägt er in den Augen der katholischen Kirche von diesem Augenblick an keine Spur der Schuld mehr an sich?

H.-J. Jaschke: Ja, darauf vertrauen wir. Aber eben nicht automatisch. Reue und Einsicht sind Voraussetzung.

K.v.B.: Aber wenn ich nun zu Ihnen käme und eine Tat beichtete, mit der ich einem anderen Menschen Leid zugefügt habe; und Sie sähen: Die ist wirklich reuig; aber ich ließe trotz meiner Reue daraus keine Tat folgen, die die Schuld am anderen ausgleicht, wäre dann dennoch die Schuld von mir genommen mit der Lossprechung?

H.-J. Jaschke: Die Schuld wäre durch die Lossprechung genommen - aber sie würde sofort wieder neu wach werden, weil sich nichts änderte, wenn Sie daraus keine Tat folgen ließen.

K.v.B: Also schließt die Lossprechung mit ein, daß eine Änderung stattfinden sollte?

H.-J. Jaschke: Der Wille zur Änderung muß dasein. Aber natürlich bleiben wir schwache Menschen und fallen wir hinter alle guten Vorsätze zurück.

Es wirkt das Wort Christi

K.v.B.: Was geschieht denn mit der Lossprechung spirituell oder substantiell?

H.-J. Jaschke: Es gibt geistige Realitäten, die auf ihre Art wirksam sind. Wenn uns das Wort trifft: „Du bist in Ordnung gebracht“, dann geschieht etwas Reales, dann ändert sich etwas in mir. Wir müssen uns das nicht einreden, sondern es wird uns zugesprochen - durch die Vermittlung eines von der Kirche Beauftragten. Und es ist ja nicht sein persönliches Wort, sondern das Wort Christi: „Deine Sünden sind dir vergeben. Geh hin und sündige nicht mehr.“

K.v.B: Das heißt, Christus spricht durch den Priester; der Priester spricht mit den Worten Christi?

H.-J. Jaschke: Ja. Nur was Christus wirkt, kann weiterwirken, seine heilende Kraft, seine heilende Berührung, sein heilendes Wort: „Herr, sprich nur ein Wort, und meine Seele wird gesund.“ Christus lädt zu solch einem Gebet ein.

K.v.B: Und angenommen, der Priester wäre selbst irgendwie der Sünde verfallen oder schuldig geworden: Hätte sein Wort dann trotzdem die Kraft Christi?

H.-J. Jaschke: Es gehört zu den frühesten Erkenntnissen der Kirche, daß die Sakramente nicht an die Heiligkeit des Priesters gebunden sind. Das gibt dem Christen Sicherheit. Er kann Christus dem Heiligen immer begegnen. Paulus sagt einmal: „Wir tragen den Schatz in unwürdigen Gefäßen". Natürlich sollen wir uns bemühen, anständig und sauber zu sein, aber es ist nicht unsere Heiligkeit, die wir weitergeben.

Kommunion und Erstbeichte

K.v.B.: Mit neun Jahren erneuert der junge Katholik seinen Taufbund in der Erstkommunion. Jetzt darf er an der Kommunion teilnehmen, aber nicht, ohne vorher seine Erstbeichte abgelegt zu haben. Können Sie erklären, warum Erstbeichte, Kommunion und Erneuerung des Taufbundes gerade im Alter von neun Jahren stattfinden?

H.-J. Jaschke: Früher, als Erwachsene getauft wurden, waren Taufe, Beichte und Kommunion direkt miteinander verbunden. Der Erwachsene wurde vorbereitet, bekannte seinen Glauben, beichtete, wurde getauft und empfing die Kommunion, auch die Firmung. Dies waren die Initiations-, die Einführungssakramente. Schon bald wurden Kinder getauft, und in neuerer Zeit kam es für die Kommunion zum Alter von neun Jahren. Kinder beginnen zu unterscheiden und können spüren, was die Kommunion bedeutet. Ich halte es für sinnvoll, die Erstbeichte damit zu verbinden. Es ist gut, vor der Kommunion die Vergebung zu erfahren.

Natürlich ist so eine Beichte kindgemäß, ohne Beichtzettel und Aufsagen von Sündenkatalogen.

Das Böse ist der Mangel an Gutem

K.v.B: Sie sprachen von der geistigen Realität Christi, von seiner substantiellen, realen Gegenwart, Sie sprachen auch von geistigen Realitäten überhaupt...

H.-J. Jaschke: Ich denke an den Philosophen George Steiner mit seinem Buch über reale Gegenwart. Oder nehmen Sie Botho Strauß mit seinem Pochen auf die Erfahrung von geistiger Realität. Sonst gerät man von einer Deutung in die andere, interpretiert sich zu Tode. Wenn es nicht das Mysterium der Wandlung gibt, dann wird unser Leben hohl und oberflächlich, oder es bleibt rein akademisch.

K.v.B.: Sie sprechen von diesen geistigen Realitäten in bezug auf das Gute, auf das Göttliche, auf die sakramentale Realität Christi. Billigen Sie auch dem Bösen eine substantielle oder geistige Realität zu?

H.-J. Jaschke: Das ist eine hochkomplizierte Frage. Augustinus sagt: Das Böse ist der Mangel an Gutem. Womit er darauf hinweisen wollte, ist, daß das Böse eigentlich keine eigene Gestalt, sondern im Defizit des Guten besteht. Ich denke, im Grunde ist diese Sicht richtig. Wenn Sie an Auschwitz denken, dann kommt einem so etwas nicht so leicht über die Lippen, aber trotzdem halte ich an der Grundrichtung fest, daß das Gute die Macht unserer Welt bleibt und das Böse ihm nicht gleichwertig gegenübersteht.

Christen haben immer die Idee vom Bösen als einer Art Gegengott abgelehnt. Das Böse oder der Böse ist ein Geschöpf, ein gefallener Engel, aber niemals ein ebenbürtiger Partner.

Das Böse von innen verwandeln

K.v.B.: Aber gerade der gefallene Engel, nicht nur als Bild genommen, sondern als Gegenkraft zum Guten, als ehemals selbst Guter: Hat er keine geistige Realität?

H.-J. Jaschke: Doch, die hat er: als Gegenkraft, als Verneiner, als Verwirrer. Ein Trost ist, daß der Luzifer nicht auf einer Stufe mit Gott steht. Er besitzt Realität, unheimlich und bedrängend. Das Böse gewinnt Gestalt in immer neuen Ausgeburten der Hölle. Aber wir lassen uns nicht blenden oder gar faszinieren. Es bleibt bei all seinem Schrecken lächerlich, eine Fratze, die auszulachen ist.

Ich setze auf die Überwindung des Bösen durch die Liebe Gottes, der sich selbst in die Gewalt des Bösen begeben hat und so das Böse von innen heraus verwandelt und gutmacht. Wir Menschen sind in diese Bewegung hineingenommen.

Ich vergebe dir

Interview mit Günther Dellbrügger

von Wolfgang Weirauch

Dr. phil. Günther Dellbrügger *studierte Slawistik, Philosophie und Geschichte. 1978 wurde er zum Priester der Christengemeinschaft geweiht; ab 1989 in der Leitung des Priesterseminars in Stuttgart, seit 2000 in der Leitung des Priesterseminars in Hamburg. Buchveröffentlichungen: Das Erkennen schlägt die Wunde – und heilt sie. Hegels Kampf um die menschliche Intelligenz (Stuttgart 2000). Alles höhere Erkennen ist Gnade. Die Bedeutung des Religiösen für den Erkenntnisweg (Stuttgart 2001). Ich weiß, dass mein Erlöser lebt. Zur Durchchristung des Karmagedankens (Stuttgart 2004).*

Was gemeinhin mit Schuld bezeichnet wird, eröffnet bei einem näheren Blick auf das Wesen der Schuld Dimensionen, die mit der gesamten Menschheitsentwicklung, dem Miteinanderwirken von Göttern und Menschen und der Erdenzukunft zusammenhängen. Am Beginn der Bibel steht ein Garten, das Paradies. Luzifer - ein hohes göttliches Wesen - war es, der mit seinen Eigenimpulsen Dynamik in die Menschheitsentwicklung brachte, ihm einerseits die Freiheit und Intelligenz ermöglichte, andererseits aber auch den Keim zum Bösen in ihn legte. Folge dieses Eingriffs, an dem der Mensch völlig unschuldig war, war der Fall in die Materie, mit allen Konsequenzen, die daraus entsprangen.

Der Eingriff Luzifers war eine Götterangelegenheit. Gleichermaßen war es eine Götterangelegenheit, daß sich Christus aus Freiheit geopfert hat, die Folgen des sogenannten Sündenfalls zu heilen und der Erde einen neuen Sinn und den Menschen eine neue Zukunft zu geben. Mit Günther Dellbrügger besprach ich diese weltentwicklungsumspannenden Zusammenhänge auf der Grundlage der Anthroposophie.

Wirkliche Schuld entsteht aber erst dort, wo der Mensch die Freiheit hat, auch unschuldig zu bleiben. In diesem Spannungsfeld steht der Mensch zwischen Sündenfall und der Stadt, dem Neuen Jerusalem - wie sie am Ende der Bibel, in der Apokalypse des Johannes, beschrieben ist - , die er auf Zukunft gesehen erbauen wird. Schuldig werden kann nur der Mensch, aber auch nur er kann sich angesichts der Schuld zu Taten aufraffen, die völlig neue Dimensionen in die Weltentwicklung stellen.

Diese Zusammenhänge, das kosmische Vaterunser, das Vaterunser, die Schuld des Judas, zwischenmenschliche Schuld, die Kraft des Verzeihens und die Durchchristung des Karmagedankens besprechen wir in folgendem Interview.

Wolfgang Weirauch: Was ist für Dich persönlich Schuld?

Günther Dellbrügger: Mich hat immer ein Wort von Rudolf Steiner bewegt, das besagt, der Christus sei in der Nähe der Schuld zu finden. Es bestehen also dort positive Ausgangsmöglichkeiten, wo zuerst etwas negativ scheint.

Allgemein umfaßt der Schuldbegriff viele Aspekte. Wenn ich z.B. bei einem Autounfall einen Schaden verursache, dann bin ich daran schuld, und es muß ein finanzieller Ausgleich erbracht werden. Allerdings ist es ein großer Unterschied, ob ich ein parkendes Auto beschädige oder einen Menschen verletze oder gar töte. Beide Male bin ich schuld, aber im letzteren Falle werde ich mich höchstwahrscheinlich auch schuldig fühlen. Ein Schulkamerad von mir wurde einmal von einem betrunkenen Autofahrer angefahren und war infolge des Unfalls querschnittsgelähmt. Der Fahrer hat seine Schuldgefühle das ganze Leben getragen.

Schuld ist das Resultat eines menschlichen Handelns. Ich unterscheide zwischen Schuld als Wertung - indem jemand schuldig gesprochen wird oder sich schuldig fühlt - und Schuld als Desiderat für die Zukunft, indem Schuld aufgearbeitet wird.

Der Mythos des Sündenfalls

W.W.: Wenn man den sogenannten Sündenfall, also das Essen vom Baum der Erkenntnis, naiv auffaßt, hätte der Mensch erstens den freien Willen gehabt, auch *nicht* vom Baum der Erkenntnis zu essen, und er wäre zweitens dadurch schuldig geworden. Ist diese Vorstellung realistisch?

G. Dellbrügger: Die Geschichte vom Sündenfall ist eine bildhafte Erzählung, ein Mythos. Dieser Mythos ist wahrscheinlich deswegen entstanden, weil die Wirklichkeit komplexer ist, als sie uns mit intellektuellen Begriffen zugänglich ist.

Während der Erdentstehung haben die Schöpfergeister es ermöglicht, daß den Gegenmächten ein Freiraum eröffnet wurde, in dem sie an den

Michelangelo Buonarroti (1508/12)
Ursünde und Vertreibung
Rom, Vatikan, Sixtinische Kapelle

Menschen herantreten konnten. Dort haben sie ihn in seiner noch kindlichen Unschuld versucht. Dieser Versuchung war der Mensch nicht gewachsen. Aber im Menschen lebte etwas, was wir normalerweise als das Gebot, nicht vom Baum der Erkenntnis zu essen, kennen. Es entstand eine Art Polarität zwischen innerer seelischer Wirklichkeit und diesem Gebot, und in diesen offenen Raum wirkte die Versuchung Luzifers hinein.

Rudolf Steiner beschreibt diese erste luziferische Versuchung in etwa mit folgenden Worten: „Sieh einmal, Mensch, das ist langweilig, da immer nur mit diesem einzigen Mittelpunkt „Ich-bin“ herumzuwandeln und alles übrige nur anzuschauen. Viel kurzweiliger ist es, du tauchst unter in deinen Astralleib.“ (GA 134/1990/29.12.1911/S.59)

So entstand während der Menschheitsentwicklung die Lust am Materiellen. Früher war der Mensch wie eine Marionette, aber nach dem luziferischen Eingriff entstand allmählich ein Freiheits- und Verantwortungsbereich. Trotzdem wurde der Mensch unschuldig schuldig. Was im Großen in der Menschheitsgeschichte mit allen Menschen geschehen ist, finden wir im Kleinen innerhalb jeder Biographie während der Kindheit und Jugend. Auch in dieser Zeit wird der Mensch oft unschuldig schuldig.

W.W.: War der Mensch also in dieser lemurischen Zeit auf keinen Fall in der Lage, irgend etwas gegen die luziferische Versuchung zu unternehmen?

G. Dellbrügger: Nein, er wurde komplett überwältigt.

W.W.: Wenn der Mensch damals unschuldig schuldig geworden ist, worin besteht diese Schuld?

G. Dellbrügger: Sie besteht darin, daß der Mensch materieller wurde als von den göttlichen Schöpfermächten ursprünglich gedacht. Daraus entstand ein Ungleichgewicht in der Welt, das sich folgenschwer auswirkte. Diese folgenschwere Entwicklung, in die der Mensch unschuldig hineingeriet, kann man mit Schuld bezeichnen.

Der Fall in die Materie

W.W.: Was genau ist bei dem luziferischen Eingriff zur lemurischen Zeit mit den Menschen geschehen?

G. Dellbrügger: Die luziferischen Mächte haben den entstehenden Freiraum entdeckt, in ihn hineingewirkt und die menschliche Wesenheit im Sinne ihrer eigenen Zwecke verändert. Diese Veränderung des Menschen war auch für die luziferischen Wesen von hoher Wichtigkeit. Aber dieser luziferische Eingriff ist nicht nur etwas Schlechtes, er bewirkte nämlich, daß der Mensch selbständig wurde und damit die Grundlage zur Moralität entwickeln konnte. Schiller hat den Abfall des Menschen als die glücklichste und größte Begebenheit in der Menschheitsgeschichte bezeichnet. Darin erkennt man den Zug der Aufklärung.

W.W.: Und auf welche Weise wurden die Wesensglieder durch den luziferischen Eingriff verändert?

G. Dellbrügger: Einfach gesagt, wurde das Ich angestachelt, es „lustiger" als vorher haben zu wollen. Das Ich taucht in Denken, Fühlen und Wollen unter und gebraucht diese Seelenkräfte für sich selbst. Der Mensch begann, zu seinem eigenen Vorteil zu denken, ein Selbstgefühl zu entwickeln und einen Eigenwillen zu impulsieren. Dadurch bekam das Ich ein Übergewicht über den Astralleib. Aber diese Einwirkung auf den Astralleib wirkte ihrerseits weiter. Die persönlichen Seelenregungen des Menschen lebten sich weiter in seine Wesenheit ein und wurden grundlegende Eigenschaften seines Ätherleibes. Der Ätherleib wurde dadurch aus seinem paradiesischen Zustand herausgehoben, war nicht mehr in der Lage, sich geistig zu ernähren, und brauchte physische Nahrung.

Der Mensch verband sich also mit der Materie, und dadurch entstand nun andererseits ein Gegenschlag von unten: die ahrimanischen Mächte wurden im Ätherleib wirksam. Es entstanden Drüsenabsonderungen, die als Triebnatur in das Seelische hineinwirkten. Der physische Leib war nicht mehr vollständig vom Ätherleib durchdrungen, und es entstanden in ihm Todesprozesse, in denen sich die Sinnesorgane entwickelten. - Das Auge ist z.B. fast ausschließlich ein physikalisches Werkzeug, und jeder Lebensprozeß im Auge wirkt sich als Entzündung störend aus.

Dieser Prozeß der Wesensgliederveränderung ist gemeint, wenn in der Schöpfungsgeschichte davon gesprochen wird, daß die Augen des Menschen aufgetan werden.

W.W.: Welche Schädigung hat der Phantomleib durch den luziferischen Angriff erfahren?

G. Dellbrügger: Der Phantomleib ist dem materiellen Leib als geistige Form, als geistiger Modell-Leib zugeordnet. Durch den luziferischen Eingriff und die daraus folgende Ungleich- und Übergewichtigkeit der Wesensglieder untereinander wird dieser physische Geistleib im Menschen verdunkelt, geschwächt und weniger wirkungsmächtig gemacht.

Diese Schädigung hat bis in die heutige Zeit zugenommen. Mich hat einmal sehr berührt, daß Rudolf Steiner darauf hingewiesen hat, daß die Heilungen, die Christus vor 2.000 Jahren an den Menschen vollzogen hat, heute so nicht mehr möglich gewesen wären, weil der Mensch ganz verfestigt in seiner Leiblichkeit ist.

Vom vollkommenen Kunstwerk zum unglücklichen Künstler

W.W.: War es das Ziel der Schöpfergeister, das Böse in der Menschheitsentwicklung zuzulassen, damit der Mensch in der Auseinandersetzung mit dem Bösen ein höheres Gutes schaffen kann?

G. Dellbrügger: Die anthroposophische Geisteswissenschaft beobachtet, ist aber sehr vorsichtig mit einengenden Schlüssen. In der Menschheitsentwicklung haben sich die Götter zurückgezogen, es entstand ein Freiraum im Menschen, und die Gegenmächte haben ihre Chance ergriffen. Der Mensch war zwar unterlegen, erhielt aber die Freiheit. Schiller sagt, daß der Mensch von einem vollkommenen Kunstwerk zu einem unglücklichen Künstler wurde.

Wir kennen z.B. aus verschiedensten Schicksalsgeschichten, daß Menschen in den schlimmsten Situationen - z.B. im KZ oder im Gulag - dem Grausamen auch etwas radikal Gutes abgerungen haben. Besonders eindrucksvoll ist für mich Viktor Frankl, der jüdische Psychiater, der seine KZ-Erfahrungen in dem Buch „Trotzdem Ja zum Leben sagen" (München 1977) veröffentlicht hat. Durch sein Verhalten und das Verhalten anderer, ähnlich gesinnter Menschen entsteht ein neues Gutes. Allerdings sollte man nicht im Umkehrschluß denken, daß derart schreckliche Geschehnisse eintreten sollten, damit dieses neue Gute entstehen kann. Verrechnen darf man es nicht, weil dann mit einer solchen Handlungsmaxime Mißbrauch getrieben wird. Jede Situation im menschlichen Leben birgt in sich die Möglichkeit, etwa Neues hervorzubringen und das Leben neu zu gestalten.

Die freie Tat des Christus

W.W.: Der luziferische Einschlag war eine Götterangelegenheit, der der Mensch unschuldig zum Opfer fiel. Mußte Christus deswegen auf die Erde kommen? War das Mysterium von Golgatha ebenfalls eine

Götterangelegenheit, eine göttliche Notwendigkeit zur Heilung des kranken Phantomleibes?

G. Dellbrügger: Christus mußte nicht auf die Erde kommen, aber er wollte. Er wollte den Menschen zu Hilfe kommen. Das ist ein freier Entschluß aus dem Blick heraus, was mit den Menschen geworden ist und noch mit ihnen werden würde. Diese Perspektive hat in der Seele des Christus bewirkt, daß er den Menschen zu Hilfe kam. Dadurch konnten neue heilende Kräfte in die Erde einziehen. Und selbstverständlich ist das auch eine Götterangelegenheit, im Ausgleich zu der anderen Götterangelegenheit, die mit Luzifer zusammenhängt.

W.W.: Ich möchte aber doch noch einmal nachfragen: Es ist deutlich, daß es irgendwann in der Seele des Christus den Moment gegeben haben muß, in dem er aus freiem Entschluß den Menschen zu Hilfe kommen wollte. Auch ist klar, daß nicht er das Wesen hätte sein müssen, welches den Menschen zu Hilfe kommen mußte. Hätte dann aber nicht ein anderes Wesen den Menschen zu Hilfe kommen müssen? Wenn am Anfang eine Götterangelegenheit - das luziferische Einwirken auf den Menschen mit allen Folgen - steht, ist es dann nicht auch eine göttliche Notwendigkeit, daß den Menschen von den Göttern geholfen wird, aus ihrer Abwärtsentwicklung herauszukommen?

G. Dellbrügger: Ich trage mich etwas schwer mit solchen Vermutungen. Von den Tatsachen her kann ich aber sagen, daß die Menschen in den Jahrhunderten vor der Zeitenwende im Seelischen immer hoffnungsloser wurden; Solowjow spricht sogar von Selbstmordepidemien zur Zeitenwende. Im Bereich des Lebendigen wäre die Erde immer mehr erstorben. Abgestorbene Wälder oder der Blick auf die abgestorbene Erde wie in dem Film „Matrix 1" sind für mich dafür Bilder, auf welche Weise die Erde erstorben wäre. Und die physisch-materiellen Leiber der Menschen hätten sich immer weiter verhärtet, so daß eine Inkarnation des Seelisch-Geistigen in den materiellen Leibern immer schwerer möglich gewesen wäre. Aus dieser Zukunftsperspektive kam der freie Entschluß des Christus, den Menschen zu helfen.

Ewiges und Vergängliches

W.W.: Rudolf Steiner spricht auch über die Schädigung des Phantomleibes und darüber, daß die Menschen vor der Zeitenwende im Nachtodlichen in ihrem Bewußtsein immer dumpfer wurden und ohne die

Christustat noch dumpfer geworden wären. Wie hätte es sich für die Menschen im Nachtodlichen ganz realistisch ausgewirkt, wenn Christus nicht auf die Erde gekommen wäre?

G. Dellbrügger: Wir haben die Paradoxie, daß es etwas Ewiges gibt, das aber zugleich auch vergehen kann. In der Menschenweihehandlung der Christengemeinschaft heißt es an einer Stelle, daß die Gefahr bestehe, daß die Menschen ihr Ewiges um ihres Zeitlichen willen begraben könnten. Das ist eine Paradoxie. So gibt es bei Rudolf Steiner auch auf der einen Seite die Aussage, daß ein in Erscheinung getretenes Ich nicht mehr vergehen könne, auf der anderen Seite aber auch die Aussage, daß sich ein Ich, das auf egoistische Weise nur sich selbst will, schließlich in ein böses Elementarwesen verwandeln könne. Das Ich ist aber das Zentrum der menschlichen Entwicklung. Wenn es immer dumpfer geworden wäre, dann hätten sich wahrscheinlich immer mehr menschliche Iche auf diese unnatürliche Weise verwandelt.

W.W.: Wie sollten sich die Menschen zur Tat Christi positionieren? Mußte die Tat Christi sein, weil der Angriff Luzifers von den Göttern zugelassen wurde? Empfinden wir Dankbarkeit gegenüber der Tat Christi, weil er aus Freiheit heraus den Menschen geholfen hat und man ohne ihn kaum hätte weiterleben können? Steht man also in Christi Schuld? Oder gilt alles zusammen?

G. Dellbrügger: Es ist ganz lehrreich, wenn man auf Menschen schaut, die nicht von vornherein Christen waren, wie z.B. der römische Hauptmann, der auf Golgatha Christus am Kreuz erlebt und schließlich zu der Erkenntnis durchbricht, daß Christus Gottes Sohn ist (Lukas 23,47). Oder man denke an die beiden Schächer, die neben Christus gekreuzigt wurden und in ihrer Unterschiedlichkeit das freie menschliche Verhältnis zu Christus repräsentieren. Der eine verspottet ihn, während der andere etwas merkt und umdenkt (Lukas 23,39 ff.). Derjenige, der umdenkt, steht in einem urchristlichen Verhältnis zum Christuswesen. Er hat den Christus vor sich und steht vor ihm in einem freien Verhältnis. Ein solches Verhältnis scheint mir das angebrachte, auch in bezug auf Deine Fragen, zu sein.

Die neue Schöpfung des Christus

W.W.: Was ist die neue Schöpfung des Christus, und inwiefern kann sich der Mensch aus Freiheit an der Vervollkommnung dieser Schöpfung beteiligen?

G. Dellbrügger: Das betrifft sowohl den Menschen als auch die Erde und den Kosmos. Nach der Tat des Christus hat jede menschliche Seele, die sich inkarniert, im Umkreis der Erde eine Begegnung mit Christus. In dieser Begegnung erlebt der Mensch sein tiefstes eigenes Wesen. Dieses Erlebnis wird nach der Geburt vergessen, liegt aber auf dem Grunde der Seele. Aber eine Erinnerung wohnt in jedem Menschen, und es ist die Frage, inwieweit diese Begegnung wieder aktiviert werden kann, in Kraft kommen kann. „Christus in Euch" ist nicht nur ein Indikativ, sondern auch eine Bewegung, ein Prozeß, eine Möglichkeit zur Aktivierung. Hierin sehe ich die Neuschöpfung des Menschen. Paulus nennt Christus den neuen Adam, zu dem wir allerdings in Wahlverwandtschaft stehen. Mit dem ersten Adam sind wir dagegen durch die Natur, durch die Vererbung verbunden.

Das zweite ist die neue Schöpfung der Welt. Ich finde es außerordentlich großartig, wie der Großstädter Paulus im Römerbrief plötzlich über die Natur spricht und die Not der Natur entdeckt: „Rings um uns her wartet alle Kreatur mit großer Sehnsucht darauf, daß in der Menschheit die Söhne Gottes zu leuchten beginnen." (Römer 8,19) Im Griechischen heißt es, daß die Natur sich reckt und Ausschau hält nach dem, was da kommt. Das bedeutet also, daß dasjenige, was in den Menschen als Christusverbundenheit erwacht, auch auf die Wesen der Welt ausstrahlen kann und nicht auf die eigene Erlösung beschränkt bleibt. Der Auftrag des Menschen ist die Erlösung der Welt. Das nennt Paulus die Apokalypse des Menschen. In dieser Weise sehe ich die neue Schöpfung im Inneren wie nach außen hin.

Die freie Tat des Judas

W.W.: Welche Rolle spielt Judas? Auf der einen Seite verrät er Christus durch den Bruderkuß; auf der anderen Seite hätte es ohne ihn keine neue Schöpfung gegeben. Ist er schuldig? Hat er nun etwas Gutes oder etwas Schlechtes getan - oder beides?

G. Dellbrügger: Christus hat durch eine Art Machtverzicht die Tat des Judas überhaupt erst möglich gemacht, ohne ihn aber zu seiner Tat zu bestimmen. „Der größte Verzicht des Christus Jesus tritt uns da entgegen, wo er durch seinen Verzicht den Gegner selber in seine Sphäre kommen läßt: den Judas. (...) Der Christus resigniert" - er verzichtet (G.D.) - „auf das, was geschehen würde, wenn er nicht den Judas als seinen Gegner auftreten lassen würde." (GA 132/1987/14.11.1911/S.55)

Christus verzichtet darauf, Judas zurückzuweisen und somit den Verrat zu verhindern. Statt dessen nimmt er ihn in den Jüngerkreis auf. Johannes schreibt, daß Christus von Anfang an wußte, wer ihn verraten würde (Johannes 6,64). Dennoch ist es eine freie Tat des Judas. Die Tatsache, daß er zu Christi Tod beigetragen hat, kann deswegen nicht im nachhinein im Sinne eines Heilsplans interpretiert werden. Judas kann also insofern nicht entlastet werden.

W.W.: Das betrifft jetzt die Persönlichkeit des Judas. Er war frei und hätte Christus nicht verraten müssen. Christus sollte aber durch den Tod gehen, und insofern mußte ihn jemand verraten. Wenn Judas ihn nicht verraten hätte oder gar nicht Jünger geworden wäre, hätte ihn dann ein anderer verraten?

G. Dellbrügger: Walter Jens betrachtet es von der anderen Seite her, nämlich daß Judas ein Komplize Christi gewesen sei. Alles sei ein abgekartetes Spiel gewesen. Das aber würde aus dem Ereignis von Golgatha ein Planspiel machen. Vielmehr ist es so, daß Christus die feindliche Tat des Judas - er sagt ja auch über ihn, daß es besser gewesen wäre, er wäre nicht geboren - durch seine eigene Tat zum Guten wendet. Das ist ein Tatzusammenhang in Freiheit, der sich nicht gegeneinander verrechnen läßt. Die Tat des Judas war ein Verrat, durch den er Christus provozieren wollte, aber Judas ist weder Märtyrer noch Opfer. Die menschlichen Taten aus Freiheit führen so zu einer Art „Gesamtkunstwerk" (Ruth Ewertowski).

W.W.: Trotzdem möchte ich noch einmal nachhaken. Äußerlich betrachtet, erscheinen der Verrat sowie die Gefangennahme etwas merkwürdig, denn Jesus war ein bekannter Mann, und die Römer hätten ihn auch von allein ergreifen können. Rudolf Steiner erklärt dies so, daß Christus eine so hohe Wesenheit war, daß er aus allen Jüngern sprach und man nicht wußte, wer von ihnen nun der eigentliche Christus war. In bezug auf Judas bleibt es m.E. aber dabei, daß er einerseits frei war, andererseits auch nicht. Wenn es bei Johannes heißt, daß Christus von Anfang an wußte, daß er ihn verraten würde, ist er doch in dem Moment der Aufnahme in den Jüngerkreis nicht mehr ganz frei gewesen. Denn wie kann man um das Ergebnis einer aus Freiheit vollbrachten Tat wissen, bevor sie geschehen ist? Wenn er ein vollkommen freier Mensch gewesen wäre, hätte er auch auf den Verrat verzichten können. Was wäre dann geschehen?

G. Dellbrügger: In einer geschichtlichen Situation kommen immer mehrere Impulse zusammen. Zum einen der Impuls des Judas, Christus zu zwingen, sich als irdischer Herrscher, als Messias zu offenbaren. Ein anderer Impuls war der des Christus, den Menschen zu Hilfe zu kommen. Beides hat zu diesem Tatzusammenhang geführt. Es ist keine Kette von Ursachen und Wirkungen, die abläuft. Hätte Judas den Verrat nicht ausgeübt, wäre eine neue Konstellation entstanden. Der Wille des Christus zu helfen, hat über die ganze Zeit seines Erdenlebens Widerstand erfahren, nicht nur in Judas. Durch das freie Gestalten der Menschen entstehen fortwährend neue Konstellationen, die dann von der geistigen Welt ergriffen werden.

W.W.: Das ist ähnlich wie in der Biographie eines jeden Menschen. Der Schutzengel des Menschen richtet eine Situation ein, und der Mensch kann sie ergreifen. Versäumt er sie jedoch, wird sein Schutzengel zu einem späteren Zeitpunkt eine neue Situation schaffen, bei der der Mensch das Versäumte nachholen kann.

G. Dellbrügger: Genauso ist es, und dann entsteht ein neuer Handlungsstrang.

„Es walten die Übel"

W.W.: Steiner spricht über die 18 unbekannten Jahre Jesu - zwischen seinem zwölften Lebensjahr und der Jordantaufe - in dem Zyklus „Aus der Akasha-Forschung". Dort schildert er, wie Jesus in dieser Zeit u.a. die Begegnung mit verschiedenen heidnischen Völkern und ihrem Kultus hatte und in einem Moment an einem heidnischen Altar das „kosmische Vaterunser" wahrnahm:

„Amen
Es walten die Übel
Zeugen sich lösender Ichheit
Von andern erschuldete Selbstheitschuld
Erlebet im täglichen Brote
In dem nicht waltet der Himmel Wille
Indem der Mensch sich schied von Eurem Reich
Und vergaß Euren Namen
Ihr Väter in den Himmeln." (GA 148/05.10.1913/1975/S.64)

Was ist mit dem Satz „Es walten die Übel" gemeint?

G. Dellbrügger: Das kosmische Vaterunser wurde zuerst bei der Grundsteinlegung des ersten Goetheanums gesprochen, am 20. September 1913. Dieses Vaterunser ist eine Diagnose des damaligen Weltzustandes. Und Christus wandelt diesen Weltzustand in einen Heilsvorgang um. Dazu gibt er das Vaterunser, wie wir es kennen. Dieses Gebet ist das umgewandelte kosmische Vaterunser. Christus wandelt die Analyse in eine Therapie um. Rudolf Steiner greift dies 1913 wieder auf. Auch diese Weltsituation 1913 läßt sich mit dem kosmischen Vaterunser beschreiben, und dagegen setzt er den heilenden Impuls der Anthroposophie, für die das Goetheanum ein Zeichen sein soll.

Das makrokosmische Vaterunser ist sprachlich nicht einfach, und es hat mich auch sehr beschäftigt, daß Steiner wieder dieses alte Wort „Übel" nimmt. Das ist sprachlich nicht genau geklärt; vermutlich hängt es mit „über" zusammen, das Über-das-Maß- und Über-die-Norm-Hinausgehende. Handlungen, die über die göttlichen Normen hinausgehen oder gegen diese verstoßen und als Wirkungen in der Welt vorhanden sind, können mit diesem Satz gemeint sein. Und Jesus hat dieses in seinen jungen Jahren an den heidnischen Altären als Weltzustand erlebt. Es wimmelte sozusagen nur so von Übeln in der Welt. Im Neuen Testament sind es übrigens die Dämonen, die als erste Christus erkennen und ihn attackieren, weil er ihnen die Weltherrschaft streitig macht.

W.W.: Sind die „Zeugen sich lösender Ichheit" die Menschen, die durch den luziferischen Angriff in die Freiheit und in die Ichheit gestoßen worden sind?

G. Dellbrügger: Die Ichheit der Menschen sondert sich immer mehr aus dem Bereich der Götter ab, und die Menschen werden immer selbständiger. Die Übel sind Zeugnisse dieses Prozesses, also Produkte dieser menschlichen Freiheit. Durch den luziferischen Eingriff trennt sich der Mensch also immer weiter von Gott ab, auch, indem der Mensch sich immer mehr selbst als Gott erlebt.

W.W.: Was genau ist die „von andern erschuldete Selbstheitschuld"?

G. Dellbrügger: Das ist eine ziemlich schwer zu verstehende Formulierung, denn wie kann Selbstheitschuld von andern erschuldet sein? Vielleicht ist damit auf den Zusammenhang hingewiesen, den wir schon besprochen haben: Luzifer und andere Engel haben agiert, aber wir als Menschen haben es uns gefallen lassen. In diesem Begriff liegt eine Doppelheit: einerseits waren wir passiv, andererseits hat es uns auch gefallen! In unserem Ego hat es uns letztendlich gefallen. Andere - die luziferischen Wesen - tragen also die Schuld an einem Prozeß, die Menschen geraten durch zu große Selbstbezogenheit in eine daraus resultierende Schuldfolge. Das makrokosmische Vaterunser ist also eine Art Spiegel für dasjenige, was aus der Menschheit nach dem Sündenfall geworden ist.

Das Vaterunser

W.W.: Im Vaterunser heißt es: „Vergib uns unsere Schulden, wie wir vergeben unseren Schuldigern". Bittet man darum, daß einem selbst nur in der Weise vergeben wird, wie man selbst bereit ist, anderen zu vergeben?

G. Dellbrügger: Im Griechischen ist es sogar Perfekt: Vergib uns unsere Schulden, wie wir vergeben haben unseren Schuldigern. Die Bitte um Vergebung kann nur in dem Maße gebetet werden, in dem man sich selbst bemüht. Der religiöse Mensch muß aktiv sein und kann seine Bitte um Vergebung nicht auf die leichte Schulter nehmen. Lediglich um Vergebung zu bitten, wäre zu einfach. Es bedarf der Eigenbeteiligung des Menschen. Allerdings ist die Eigenbeteiligung keine Bedingung des Vaterunsers, sondern es ist eine Anregung.

Zwischenmenschliche Schuld

W.W.: Was ist zwischenmenschliche Schuld? Welches Verhältnis besteht zwischen zwei Menschen, wenn der eine an dem anderen schuldig geworden ist?

G. Dellbrügger: Von zwischenmenschlicher Schuld sprechen wir, wenn wir uns als Menschen gegenseitig geistig, seelisch oder gar physisch Schaden zufügen, wenn wir uns beeinträchtigen, herabsetzen oder verletzen. In einer feinen Weise geschieht dies ständig im Zwischenmenschlichen. Wir verschulden fortwährend etwas oder bleiben etwas schuldig. In bezug auf die soziale Schuld spricht Christus auch kurz vor seinem Tod von den Aufgaben, die wir als Menschen gegenwärtig haben: zu essen und zu trinken zu geben, Fremde aufzunehmen, Kleidung zur Verfügung zu stellen, Kranke und Gefangene zu besuchen (Matth. 25).

Die lateinamerikanische Befreiungstheologie hat für Versäumnisse in diesen Bereichen den Begriff der sozialen Sünde geprägt. Gerade in Lateinamerika wird die soziale Seite des Christentums in sehr schöner Weise bedacht.

Darunter haben wir noch eine Schicht des Verhaltens im sozialen Miteinander des Lebens, in der wir, nüchtern betrachtet, immer schuldig werden, indem wir hinter unseren Idealen zurückbleiben.

W.W.: Was genau ist Schuld, substanzmäßig betrachtet? Ist dies ein gegenseitiges gefühlsmäßiges Abhängigkeitsverhältnis, eine spirituelle Substanz, eine Ursache-Wirkungs-Beziehung oder alles zusammen?

G. Dellbrügger: Zunächst bleiben wir hinter den Idealen zurück, die uns im Gegensatz zu den Tieren eingeschrieben sind. Das ist z.B. das Ideal der ganz von Liebe zum anderen erfüllten Tat. Indem dieses Ideal von uns nicht ganz erfüllt werden kann, entsteht zu dem anderen Menschen ein karmisches Band, das wie eine Anziehungskraft zum anderen wirkt. Nach einer Tat oder einem Versäumnis ist das Verhältnis zwischen zwei Menschen anders. Nachtodlich erlebe ich aus der Sicht des anderen, wie meine Tat auf seine Seele gewirkt hat, und das wiederum bewirkt in meiner Seele, daß ich für ein neues Leben schicksalsmäßig eine Situation suche, um mit dem anderen gemeinsam weiterzukommen oder einen Ausgleich zu schaffen. In gewisser Weise kann dieser Impuls schon jede Nacht entstehen, denn bereits in der Nacht tauchen wir in das Gewebe der Schicksalsbeziehungen ein. Und manchmal tauchen dann aus der Nacht Handlungsimpulse auf, die aus dem Tagesbewußtsein kaum zu erklären sind.

Versöhnung nach dem Bombenabwurf

W.W.: Wie kann zwischenmenschliche Schuld in diesem oder in einem der nächsten Leben ausgeglichen werden?

G. Dellbrügger: Dazu möchte ich ein Beispiel nennen, auf das mich eine Kollegin aufmerksam gemacht hat. Im Juni 1972 ging ein preisgekröntes Foto um die Welt. Der 24jährige John Plummer hatte im Vietnamkrieg ein Dorf mit Napalmbomben zerstört. Das Foto zeigt ein kleines nacktes vietnamesisches Mädchen, das inmitten anderer Menschen auf einer Straße flieht und verzweifelt schreit. Einen Tag später sieht Plummer dieses Foto und ist zutiefst betroffen über die Wirkung seiner Tat und über seine Schuld. Das Mädchen überlebt nach 17 Operationen und wird später Botschafterin für gute Taten bei der UNESCO.

24 Jahre nach dem Abwurf der Bombe hält sie vor Vietnam-Veteranen einen Vortrag ganz in der Nähe von Plummers Wohnsitz, und

dieser sitzt in der Zuhörerschaft. Vor diesen Veteranen sagte sie: „Wenn ich von Angesicht zu Angesicht mit dem Piloten sprechen könnte, der diese Bombe abgeworfen hätte, würde ich ihm sagen, daß wir die Geschichte nicht rückgängig machen können, aber wir sollten versuchen, Gutes für unsere Gegenwart zu tun." Während der Veranstaltung schreibt Plummer eine Notiz - „I am that man" - und läßt sie ihr überbringen. Am Ende ihrer Rede drängt er durch die Menge auf sie zu, und sie fallen sich in die Arme. Das einzige, was Plummer sagen konnte, war: „Es tut mir so leid, es tut mir so leid." Und sie antwortete: „Ich vergebe dir. Ich vergebe dir."

Natürlich ist das ein extremes Beispiel, aber vielleicht kann es uns Mut machen und zeigen, wie eine geheime Anziehungskraft diese beiden Menschen schon in diesem Leben wieder zusammengeführt hat. Beide haben sich aber in Freiheit zu ihrer Tat entschlossen: Plummer, sich zu outen, Phan Thi Kim Phuc, dem Bombenabwerfer in freiem Entschluß zu verzeihen.

W.W.: Kann man auch unschuldig schuldig werden?

G. Dellbrügger: Ich denke ja, weil wir die Folgen und Wirkungen unseres Handelns selten ganz überschauen können, sie aber doch wirken. Von daher ist es für mich eine große Gnade, jeden Abend beten zu dürfen: „Vergib uns unsere Schulden ...", weil darin auch die unbekannten Schulden mit eingeschlossen sein können. Daran erlebe ich etwas tief Heilsames, ohne daß mir etwas abgenommen wird.

Schuldgefühle sind mehrdimensional

W.W.: Man kann auf verschiedene Weise schuldig werden. Schuldig wird man z.B., wenn man einem Menschen mit Bewußtsein Schaden zufügt. Andererseits steht man auch in der Schuld eines anderen Menschen - so wird es zumindest in der deutschen Sprache ausgedrückt -, wenn dieser sehr viel für einen tut, z.B. einem das Leben rettet, oder wenn Eltern ihre Kinder erziehen. Ist diese letztere Schuld auch eine Schuld, die man abtragen muß?

G. Dellbrügger: Daß Eltern ihre Kinder erziehen, ist eine Tatsache. An dieser Tatsache können sich jetzt wiederum verschiedene Gefühle entzünden, und man kann sich z.B. im Rückblick auf das eigene Leben fragen, wem man etwas verdankt. Dann wird man vermutlich erkennen, wie wenig man nur aus sich selbst heraus geschaffen hat. Daran kann sich

Dankbarkeit entzünden. Je älter man wird und je mehr Abstand man zu gewissen Dingen bekommt, desto milder wird meist auch das Urteil in bezug auf Dinge, die einem ehemals nicht gepaßt haben. Schuldgefühle sind mehrdimensional.

Wenn jemand einem das Leben rettet, steht man sozusagen in seiner Schuld. Dann ist man ihm dankbar, und auch hier besteht ein Anziehungsband für die Zukunft beider Menschen.

Vergebung oder Teufelskreis der Rache

W.W.: Welche Bedeutung hat das Verzeihen eines Geschädigten gegenüber seinem Schädiger? Ist das Verzeihen immer angebracht, oder setzt es einen Erkenntnisakt sowie eine Entschuldigung des Schädigers voraus?

G. Dellbrügger: Der Mensch des Alten Testaments lebte nach der Devise: „Die Rache ist mein. Ich will Vergeltung." Man spürt, daß dieses Verhalten unmittelbar reaktiv ist und direkt durch das schädigende Verhalten ausgelöst wird. Das ist wie ein Gummiball, den ich eindrücke und der dann zurückschnellt. Vergeben aber setzt voraus, daß man Abstand schafft, daß man innehält, sich die Folgen der eigenen möglichen Reaktion ausmalt und dann frei entscheidet.

Ein phantastisches menschliches Beispiel für die Fähigkeit des Verzeihens ist das, was George Ritchie in seinem Buch „Rückkehr von morgen" von Bill Cody erzählt hat. Er war ein polnischer Jude und seit sechs Jahren in einem deutschen KZ. George Ritchie gehörte zu den US-Amerikanern, die im Mai 1945 dazu abgeordnet waren, medizinische Hilfe für die erst kürzlich befreiten Gefangenen zu bringen. Er erlebte das ganze Elend der ehemaligen Gefangenen und sah, wie auch nach der Befreiung täglich Dutzende starben. Nur Bill Cody war unermüdlich in seiner Energie, ohne äußere Spuren der KZ-Strapazen und erstaunlich gesund und strahlend. Ritchie erlebte ihn vor allem hilfreich sorgend für seine Mitgefangenen. Er erfährt, daß Cody bereits seit 1939 in dem Lager ist und im Jahr 1939 mit ansehen mußte, wie die Deutschen seine Frau und seine Kinder vor seinen Augen erschossen. In bezug auf dieses Schicksal entstand in Ritchie die Frage, ob Cody sich jetzt an den Deutschen rächen würde. Aber Cody entschied sich unmittelbar nach der Erschießung seiner Familie anders:

„Ich mußte mich dann entscheiden, ob ich mich dem Haß den Soldaten gegenüber hingeben wollte, die das getan hatten. Es war eine leichte Entscheidung. Ich war Rechtsanwalt. In meiner Praxis hatte ich zu oft gesehen, was der Haß im Sinn und an den Körpern der Menschen anzurichten vermochte. Der Haß hatte gerade sechs Personen getötet, die mir das meiste auf der Welt bedeuteten. Ich entschied mich dafür, daß ich den Rest meines Lebens - mögen es nur wenige Tage oder viele Jahre sein - damit zubringen wollte, jede Person, mit der ich zusammenkam, zu lieben." (Marburg 1978, S.92)

Ritchie hat dies als eine Kraft ungeheurer Bejahung erlebt, eine Kraft, die er sogar mit Christus im Zusammenhang sieht.

Cody hat sich zunächst selbst davor bewahrt, in den Teufelskreis von Haß und Rache hineingezogen zu werden. Erst, wenn die Täter zu einem späteren Zeitpunkt auf ihn zugekommen wären, wäre die Frage des Verzeihens akut geworden.

Verzeihen ist sicherlich leichter, wenn dem Schädiger die eigene Tat leid tut. Aber der Impuls des Verzeihens muß bei dem Geschädigten in seinem Inneren entstehen.

Neue Schuld

W.W.: Kann sich das Verhältnis auch so entwickeln, daß der Geschädigte nicht verzeihen will, obwohl der Schädiger alles in diesem Leben Mögliche tut, um seine Schuld auszugleichen, und dadurch der Geschädigte selbst schuldig wird?

G. Dellbrügger: Grundsätzlich erlösend finde ich in diesem Zusammenhang die Aussage der Anthroposophie, daß jede Tat ihre gerechten Folgen finden wird und daß man dies selbst nicht beurteilen und auch nicht dafür sorgen muß, daß dies geschieht. Es wird als Weltentatsache geschehen. Wenn jemand speziell um Verzeihung bittet, ist die Frage, ob er seine Schuld wirklich bereut oder nur die Folgen scheut. Andererseits kann die Möglichkeit, das Verzeihen zu verweigern, zu einem neuen Machtmittel werden. Hier kann neue Schuld des ursprünglich Geschädigten entstehen, z.B. durch dessen eigene Starrheit. Er kann sein Recht als Opfer auch verwirken. Aber das ist in jeder Situation individuell verschieden.

Die Kraft des Verzeihens

W.W.: Hat ein wirkliches Verzeihen auch die Kraft, die es dem Schädiger möglich macht, seine noch nicht eingesehene und eingestandene Tat leichter einzusehen und auszugleichen?

G. Dellbrügger: Ganz bestimmt, denn Gefühle und Gedanken sind genauso wirksam wie äußere Taten. Und das zeigt sich in diesem Bereich ganz besonders. Was man innerlich geistig vollbringt, hat nach außen eine starke Wirksamkeit. Wenn die Kraft des Verzeihens wirkt und zu einer äußerlichen Aktion führt wie bei Phan Thi Kim Phuc und John Plummer, entsteht ein neuer Daseinsradius. Sie befreien sich aus einer Kette unabdingbarer Ereignisse. Eine solche Verzeihenstat verbindet die Menschen auch positiv für die Zukunft. Es wird nicht nur das Alte gelöst, sondern es entsteht eine positive Kraft, die sich in der Zukunft fruchtbar niederschlagen kann.

W.W.: Ich möchte noch einmal präzise nachfragen, ob durch ein aktives Verzeihen etwas Konkretes bewirkt wird. Nehmen wir an, ein KZ-Opfer verzeiht seinen KZ-Wächtern wirklich und befreit sich damit aus seinem möglichen persönlichen Teufelskreis. Aber wenn nun die Wärter ihre Schuld in keiner Weise einsehen, bewirkt dann das Verzeihen des Opfers bei diesen wirklich etwas?

G. Dellbrügger: Hier sollte man sich aus der bloßen Kausalitätskette befreien. Das Verzeihen ermöglicht etwas bei dem anderen, aber ob er es ergreift, ist seine freie Tat. Rudolf Steiner hat einmal formuliert, daß Christus im Menschen so wirkt, daß er die Erbsünde dämpft und dem Menschen dadurch freies Handeln ermöglicht. Aber Christus macht den Menschen nicht automatisch gut. Das ist ein ganz wichtiger Unterschied.

Ursachen in der Zukunft

W.W.: Anthroposophisch gesehen wird Schuld durch Karma in einem der nächsten Erdenleben abgetragen. Hier sollte man sich davor hüten, ein zu einfaches Ursache-Wirkungs-Gesetz anzunehmen; z.B. nach dem Motto: Jedes Leid in diesem Leben sei das Abtragen von Vergehen aus einem früheren Leben. Wie kommt man aus diesem einfachen Verhältnis von Ursache und Wirkung heraus?

G. Dellbrügger: Schon im Neuen Testament findet sich zu dieser Frage eine klassische Szene. Jesus wird mit einem Blindgeborenen konfrontiert, und sogar seine Jünger fragen ihn: „Meister, wer hat gesündigt? Er selbst oder seine Eltern, daß er blind geboren wurde?" (Johannes 9,2) Selbst seine Jünger können also die Ursache dieser Blindgeborenheit nur in der Vergangenheit sehen. Man kann sich auch fragen, welche Vorstellungen damals über ein Leben vor der Geburt herrschten. Denn wann hätte der Blindgeborene sündigen können? Doch wohl kaum im Himmel! Man kann also die Frage haben, ob nicht von den fragenden Jüngern ein früheres Erdenleben vorausgesetzt worden ist.

Die überraschende Antwort des Christus ist dann aber, daß weder er noch seine Eltern gesündigt hätten, sondern daß Gottes Wirken in ihm zur Erscheinung kommen sollte. Das Geschehen hat also seine Ursache in der Zukunft, und zwar in dem, was sich daraus entwickeln soll. Der Blindgeborene wird dann geheilt, entscheidend ist aber, daß er aus diesem Heilungsprozeß zu Christus findet, während die Juden ihn ausstoßen.

Grundsätzlich kann man sich fragen, ob man bei einem Ereignis etwas Vergangenes als Ursache spürt, dann könnte man von altem Karma sprechen. Oder man fragt sich - und diese Frage scheint mir immer wichtiger zu werden -, was sich aus einem Ereignis für die Zukunft entwickeln kann. Grandios in diesem Zusammenhang finde ich immer Jacques Lusseyran, der geschrieben hat, daß seine Blindheit sein größtes Glück gewesen sei, weil sie ihm geistige Erlebnisse ermöglicht hat, die er ohne seine Blindheit wahrscheinlich nicht gehabt hätte.

W.W.: Siehst Du es auch so, daß heute ein großer Teil des gegenwärtigen Elends auf der Welt - Folter, Hunger, Globalisierungsschäden, Krieg, Kindersoldaten usw. - keine Wirkungen aus dem letzten Leben sind, sondern in diesem Leben durch Menschen verschuldetes neues Leid sind, das in einem nächsten Leben seinen positiven Ausgleich finden wird?

G. Dellbrügger: Ja, das sehe ich auch so.

Radikal umdenken

W.W.: Steiner spricht darüber, daß Christus der Herr des Karmas geworden ist. Was ist damit genau gemeint?

G. Dellbrügger: Das gehört zu den Gebieten, die Rudolf Steiner m.E. nicht ganz ausgeführt hat bzw. ausführen konnte. Christus ergreift und ordnet das Karma aller Menschen so, daß jede Ausgleichstat eines Menschen in den nächsten Erdenleben so eingerichtet wird, daß diese das größtmögliche Heil auf Erden bewirkt. Ein anderer Aspekt ist, daß sich das Karmagesetz durch Christus verändert hat, und zwar so, daß das Prinzip der Stellvertretung neu hereingekommen ist. Christus hat die Sünden der Welt auf sich genommen, die er nicht selber verursacht hat. Dieses Prinzip der Stellvertretung überträgt sich heute auch auf das Verhältnis der Menschen untereinander.

Eine Tat muß ihren Ausgleich finden, aber es ist nicht mehr notwendig bestimmt, durch wen diese Tat zum Ausgleich kommt. Auf diesem Gebiet sind Freiheit und die Möglichkeit, einander zu helfen, entstanden. Das beginnt damit, daß wir mit einem anderen Menschen mitfühlen oder ihm helfen, und endet damit, daß wir in einem nächsten Leben ein gesamtes Karma eines anderen Menschen übernehmen können. Das eröffnet ungeheure Zukunftsperspektiven und beschreibt eine christliche Gemeinschaft. Dort, wo Menschen sich auf diese Weise verbinden, können sie einander helfen, das notwendig abzutragende Karma gemeinsam auszugleichen. Aber von einer solchen Perspektive haben wir alle kaum ein Bewußtsein. Trotzdem ist diese Möglichkeit ganz real.

Das bedeutet, daß man in bezug auf Karma und Reinkarnation mit jeder Spekulation, was ein Mensch im letzten Leben getan haben könnte, aufhören muß. Vielmehr ruft die Stimme des Karmas mir zu, daß z.B. ein Mensch neben mir lebt, der meine Hilfe braucht.

W.W.: Oder: Schaue das Leid dieses Menschen - welches Opfer hat er mit der Übernahme eines solchen Schicksals auf sich genommen!

G. Dellbrügger: Ganz genau. Das verlangt von uns allen ein radikales Umdenken. In meinem Buch „Ich weiß, daß mein Erlöser lebt. Zur Durchchristung des Karmagedankens“ habe ich versucht u.a. darzustellen, wie sich der Karmagedanke bei Rudolf Steiner entwickelt hat und welches Umdenken dieser Gedanke von uns verlangt.

W.W.: Bedeutet das also, daß man bei der Vorbereitung eines neuen Lebens in der Zeit zwischen Tod und neuer Geburt eine Perspektive für das bekommt, was weltweit karmisch ausgeglichen werden muß, und daß man sich dann aus Freiheit einen Schuldausgleich aussucht?

G. Dellbrügger: Ja, und das beginnt heute schon während des Lebens, wenn Menschen weltweit einander helfen - eine phantastische Vorstellung, vor allem, weil sie eine ganz starke Verbindung der Menschen untereinander schafft.

Die geistigen Flügel wachhalten

W.W.: Welche Rolle spielt die Schuldfrage in Deiner Seelsorge?

G. Dellbrügger: Sie spielt eine große Rolle, z.B. in bezug auf die Klärung der eigenen Aufgaben und der Suche nach dem Sinn bzw. der Linie in dem eigenen Schicksal.

An dieser Stelle kann ich vielleicht ein Beispiel erzählen, wie Schuld im menschlichen Leben entsteht und wie damit umgegangen wird. Der extremste Fall, den ich in meiner Seelsorge erlebt habe, war eine Tötung in Notwehr. Eine Frau hat in Lebensgefahr einen anderen Menschen getötet. Sie ist gerichtlich freigesprochen worden, fühlte sich aber sichtlich schuldig. Ihre Frage war immer, was sie nun für diesen anderen Menschen tun könne, obwohl sie äußerlich gesehen unschuldig war.

Daran erkennt man, daß die strafrechtliche und die moralische Schuld ganz verschiedene Ebenen berühren. Später bekam sie ein Kind und hatte den Eindruck, daß in ihm die Seele desjenigen lebte, den sie Jahre zuvor umgebracht hatte. Ich kann nicht beurteilen, ob das wahr ist. Aber daß ein Zusammenhang zwischen der Frau und demjenigen, den sie getötet hatte, besteht, ist deutlich.

W.W.: Was hast Du in dieser Situation der Frau geraten?

G. Dellbrügger: Äußerlich war es in diesem Fall kaum möglich, etwas zu tun. Aber in einem solchen Fall sollte man seine geistigen Flügel wachhalten für alles, was einem das Schicksal bringen kann. Diese Offenheit kann zu einem Lebensgefühl des Vertrauens in das Schicksal werden.

W.W.: Ist Dir das Phänomen begegnet, daß man sich selbst gegenüber - nicht anderen Menschen gegenüber - schuldig fühlt, z.B. wegen gewisser Versäumnisse?

G. Dellbrügger: Das kenne ich, und es hängt damit zusammen, daß jeder Mensch empfindet, daß er einen Auftrag hat. Jeder Mensch soll und will etwas tun. Je nachdem, wie er diesen Auftrag ergreifen und erfüllen kann, ist damit auch ein Selbstgefühl verbunden. Ich kenne einen Studenten, der einige Jahre seines Lebens ganz extrem an seinem Lebensauftrag vorbeigelebt hat, der wie außerhalb seines Schicksals gelebt hat. Später empfand er dann dieses Versäumnis, und es tat sich in seinem Leben eine Art Kluft zwischen dem auf, was er äußerlich lebte, und dem, was er innerlich als seinen Auftrag empfand. Derartiges wird jeder Mensch mehr oder weniger in seiner persönlichen Biographie empfinden.

Gottesnähe in der Schuld

W.W.: Welche Rolle spielt die Schuldfrage im Sakrament der Beichte in der Christengemeinschaft?

G. Dellbrügger: Das Beichtsakrament wirkt auf die Menschen ungeheuer beruhigend und ihr Schicksal tragend. Ein jüngerer Mensch hat mir einmal unmittelbar nach dem Vollzug des Beichtsakramentes entgegnet: „Das ist das Schönste, was ich jemals erlebt habe." Dieses Sakrament vermittelt das Gefühl, daß man nicht allein ist, auch wenn dies vordergründig so scheint. Es gibt Trost und schafft Geborgenheit, aber verbunden mit der Aktivierung der eigenen Möglichkeiten für Zukunftsaufgaben. Das Sakrament beginnt mit dem Wort „Lerne". Es fordert den Menschen auf, anders mit seinen Gedanken und mit seinem Willen umzugehen, um dadurch eine Neuorientierung des eigenen Lebens und inneren Frieden zu finden.

Man könnte ja meinen, daß diejenigen Menschen, die nicht schuldig geworden sind, Gott näher seien. Es gibt eine slowenische Geschichte aus dem Mittelalter, die von einer Pilgerreise von Frauen erzählt. Sie fahren über ein Meer und hören eine Stimme, die die Fahrt des Schiffes bedroht. Schließlich meldet sich eine Frau und gesteht eine große Sünde, und man beschließt, diese Frau über Bord zu werfen. Die anderen setzen ihre Fahrt fort und kommen schließlich zu ihrem Ziel, einer Kirche. Und siehe da, die über Bord geworfene Frau ist schon da. In dieser Geschichte wird erzählt, daß sie sich Gott anvertraut hat, daß sie gebetet hat und von Maria zu dieser Kirche getragen wurde.

Das Ideal kann also nicht sein, Schuld zu vermeiden, also nur brav und schuldlos vor sich hin zu existieren. Jeder Mensch wird während seines Lebens fortwährend schuldig, und die große Frage des menschlichen Schicksals ist, wie wir mit dieser Schuld umgehen.

W.W.: Das finden wir auch im Gleichnis vom verlorenen Sohn, das viele Menschen nicht recht akzeptieren können. Dem verlorenen zurückgekehrten Sohn wird ein Fest bereitet, demjenigen, der immer beim Vater lebt, aber nicht.

G. Dellbrügger: Wenn man ganz genau auf den Text schaut, dann heißt es: „Mein Kind, du bist immer bei mir, und alles, was mein ist, ist dein." (Lukas 15,31) Er hätte sich immer einen Bock nehmen können. Es stand ihm frei. Der ältere ist offensichtlich beleidigt, weil er nicht die Zuwendung bekommt, die der jüngere, verlorene Sohn erfährt. Das ist ein psychologisches Problem, denn es gibt auch diesen älteren Sohn in uns. Und der ist nicht unschuldig.

W.W.: Sollte man die Beichte vielleicht nicht nur mit der Schuld in Verbindung bringen?

G. Dellbrügger: Man kann auch aus Freude beichten!

W.W.: Was ist bei einem Menschen anders, der innerhalb des Beichtsakramentes einen Teil seiner Biographie darstellt, als bei einem Menschen, der sein Schicksal mit sich selbst abmacht?

G. Dellbrügger: Man muß den Begriff der Beichte verflüssigen. Rudolf Steiner spricht auch davon, daß der Mensch prinzipiell die Möglichkeit hat, in Zukunft sein eigener Beichtvater zu werden. Das hat aber hohe innere Bedingungen. Entscheidend ist, ob ich mein Schicksal anschaue und verwandle oder nicht. Auch das Beichtsakrament der Christengemeinschaft nimmt mir nicht die Arbeit an meinem Schicksal ab, sondern schafft mir einen Zusammenhang, in dem ich fruchtbar mit meinem Schicksal arbeiten kann.

Aspekte geistiger Schuld

von Hartmut Hasselberg

Das Wort *Schuld* kommt von *sollen* und bedeutet *das Gesollte.* Der Schuldbegriff spielt in allen gesellschaftlichen Lebensgebieten, im Geistes-, Rechts- und Kulturleben eine wichtige Rolle, entweder als Sünde, strafrechtliche Schuld oder als wirtschaftliches Schuldverhältnis. Hier sei die geistig verstandene Schuld näher betrachtet.

Religiöse Schuld

Wohl alle Kulturen kennen das Schuldopfer zum Ausgleich für Verschulden gegenüber den Ahnen, Geistern und Göttern. Die Azteken opferten die vielen lebenden Herzen, um nicht schuld zu werden am Fortbleiben der Sonne. Die Brahmanen opfern Pflanzensträuße. Bis zur Zerstörung des Herodes-Tempels durch römische Legionen schlachteten die Hebräer als Opfer kostbare Haustiere. Hellas und Rom opferten Göttern und Kaisern, bis das Christentum Staatsreligion wurde. „Wir sind dem Asklepios noch einen Hahn (als Opfergabe) schuldig", mahnt Sokrates einen Jünger, bevor er den Schierlingsbecher trinkt. Alles Tieropfer ist Sündopfer. Dabei ist Ganzverbrennung (griech. Holokaust) die Ausnahme; in der Regel kommt nur das Fette und Ungenießbare auf den Brandaltar, der Löwenanteil wird zum Opfermahl.

Auch das Abendmahl ist ein Opfermahl. Wenn es auch nicht mehr überall liturgisch im Zentrum steht, wie im Protestantismus, ist es doch spirituell der Mittelpunkt des christlichen Gottesdienstes. Nur ist das Opferlamm-Essen sozusagen im brahmanisch-vegetarischen Sinne ins Unblutige von Brot und Wein umgewandelt worden. Eingehüllt ist dieses Mysterium nun aber in den durch die Jahrhunderte aufblühenden Gesang, das „Opfer des Lobes", wie es in einer Ode der orthodoxen Chrysostomosliturgie heißt.

Die christliche Liturgie ist zu großen Teilen aus ausgewählten und durch trinitarische Formeln christlich gewandeten Psalmen Davids aufgebaut. Das ist ein bedenkenswertes Faktum bei dem latenten leichten Antijudaismus der Kirchen, wie er in den alljährlichen Passions-Oratorien mit der dramatisch betonten Schuldzuweisung an „die Juden" (statt an die Römer) zum Ausdruck kommt. Ebenfalls aus der Psalm-Rezitation hat sich die „Seele des Klosters“, das Stundengebet, entfaltet. Und dem Halleluja-Jubilus der Messe haben sich wie aus einem Springquell die Anfänge der europäischen Mehrstimmigkeit entwickelt. Sie ist wohl ein den anderen Geschenken Europas an die Welt – Aufklärung, Gewaltenteilung, Maschine – ebenbürtiges Gut. Vor dem Hintergrund eines wiederaufflammenden Antisemitismus scheint mir die verstärkte Wahrnehmung des Beschenktwordenseins der christlichen und säkularen Kultur aus altjüdischer Lebenspraxis heraus geboten. Ähnliches könnte für die Aufarbeitung von aktuellen Schuldzuweisungen gegenüber dem Islam eine Rolle spielen.

Während das Altaropfer als Wiedergutmachung im „Schuldhaushalt“ ästhetische, symbolische und theologisch-dogmatische Bedeutung hat, kommt dem „Opfer des Lobes“ die praktische, psychische und soziale Bedeutung als Ausgleichshandlung für das antisoziale Alltagsverhalten zu. So könnte man vielleicht die normalen Verfehlungsarten des Lebens zusammenfassen. Der sakrale Gesang ist eine Art aktuell-spirituelles Gemeinschaftstherapeutikum für die Seelen und die Seele. Und soweit auch das *Wort* musikalisch ist, heilt es ebenso. Ohne Musikalität neigt es zu Klügelei und Überwältigung, mit zuviel Musik zum Salbungsvollen. Ganz nah steht alle ernstgemeinte Musik der Sakralmusik. Jeder gut gespielte und ernst gehörte musikalische Satz säkularer Musik zeugt von diesem immer weiter darin vorhandenen Charakter des Gemeinschaftsgebets. Der Konzertabend ist ein auf den Feierabend verlegter Gottesdienst, der dessen seelisch Wesentliches, die feierliche Ruhe und das Gemeinschaftshören, erhalten hat. Der fehlende Mitgesang wird dabei durch die höhere musikalische Qualität kompensiert, die aus dem Lebenswerk der weltkulturellen Meister schöpft. Auch Populär-, Schul-, und Hausmusik können diesen „sakraloiden“ Charakter haben, nur sind sie viel leichter der Veralberung und Chaotisierung ausgesetzt als das klassische Konzert, das der Hort des Ernstes bleibt. Das Konzert wird in Zukunft vielleicht in das entstehende Vakuum der sich leerenden Kirchen einströmen, da es sowohl in meditativer wie in mediativer Hinsicht dem Gottesdienst ebenbürtig zu sein scheint.

Nun sei noch die Poenitenzpraxis der Kirche beleuchtet, da sie seit dem 12. Jahrhundert das Vorbild für den weltlichen Strafprozeß und seit dem 20. Jahrhundert für das psychotherapeutische Gespräch geworden und deswegen von Interesse für innerkulturelle Strukturvergleiche ist.

Die Bußpraxis entwickelte sich vor dem Hintergrund des Täufer-Rufs nach Sinneswandel: „Denkt um!“ Nach Reue und Beichte legt der Geistliche dem Beichtkind Bußaufgaben auf (Gebet, Wiedergutmachung, Almosen) und vergibt kraft apostolischer Autorität die Sünden. Dieser Befreiung folgt dann früher oder später, wegen der Erbschuld(lehre), aber mit Notwendigkeit, die nächste Verfehlung. Damit beginnt der Zyklus von neuem. Die Phasenlänge dieses Wellenschlages war unterschiedlich. Typisch war die Jahresfrist. Das schuldhafte Übertreten einerseits und das zweifache Ausgleichen andererseits werden durch den inneren Umkehrprozeß von Reue und Beichte zu einem Heilsgeschehen verbunden. Beides Tun ist gleich wichtig. Wie entgeht man aber einer möglichen Folgerung aus dieser höheren Einsicht, daß man nämlich das Falsche als Vorraussetzung des Richtigen billigend in Kauf nimmt, etwa nach dem Schlagwort Pecca fortiter („Sündige nur ordentlich! - damit du gnadebedürftig wirst und Gnade erfährst)?

Für Millionen Christen war und ist diese Beichtpraxis die Regel, verliert aber in Europa an Bedeutung. Die Beichtstühle finden nun eher als Meisterwerke der Feintischlerei Aufmerksamkeit. Aber die Beicht- und Bußpraxis zur Entschuldung des Glaubenden und zur Verinnerlichung des Glaubens muß im Frühmittelalter eine bedeutende Rolle als Erziehungmittel für teutonische Wildlinge durch iroschottische Wandermönche und Klostergründer gespielt haben. Bevor diese im 7. Jahrhundert die Ohrenbeichte - zusammen mit ihrer kunstvollen Schreibkultur - nach Mitteleuropa brachten, gab es nur das öffentliche, gemeinsame Schuldbekenntnis.

Ein Rest davon hatte sich bis zum 2. Vatikanischen Konzil im Confiteor („Mea culpa, mea culpa, mea maxima culpa“) mit der Anrufung Marias und des Erzengels Michael in der röm.-kath. Meßfeier erhalten. Dieser ausdrucksvolle Gestus ist, begleitet von einem selbstkritischen und den guten Willen ausdrückenden An-die-Brust-Klopfen, als Redensart bis in unseren Alltag eingedrungen.

Die kommerzialisierte Bußpraxis der Kirche war auch der Anlaß zu Luthers Protestbewegung gewesen. Die regelmäßige Beichte bewahrt nach Kirchenlehre nie völlig vor der Strafe für die Sündenschuld im nachtodlichen Fegefeuer, sie kürzt es nur ab. Das konnten aber auch gute Werke oder Geldzahlungen für Ablaßbriefe bewirken. Mit diesem von Luther so inkriminierten Ablaßgeld, das, „wenn es im Kasten klingt“, bewirke, daß „die Seele in den Himmel springt“, wie ein Spottvers höhnt, wurden allerdings von den päpstlichen Medici und Borgia nicht nur die bald von antiken Statuen strotzenden Adelspaläste der Kardinalsfamilien erbaut, sondern so Unschätzbares an Weltkulturerbe wie Bramantes Petersdom, Raffaels „Schule von Athen“ oder Michelangelos Sixtina-Decke finanziert.

Luther lehnte Beichte und „Werkgerechtigkeit“ ab. Sola fide (allein durch den Glauben), aber nicht mehr durch die guten (religiösen, sozialen und kommunalen) Werke kann die Gnade herbeigerufen werden. So endete eine wenigstens sechs-, wenn nicht neunhundert Jahre währende Zeit der großen öffentlichen Bauten, der Dome und Rathäuser, der Lauben, Brunnen und Brücken, die bis heute das Innere vieler europäischer Städte zu einzigartigen kommunalen Kleinodien „öffentlicher Innerlichkeit“ machen. Deren ungeheuerliche Bauleistung ist nach heutigen Vorstellungen von den Kosten handwerklicher Qualitätsarbeit absolut unnachvollziehbar und unwiederholbar. Sie sind meiner Meinung nach allein aus der Summierung von „guten Werken“ zu erklären, die Schuld abtragen und nachtodliche Bestrafungsqualen abkürzen sollten. Statt sakraler und kommunaler Bauten entstanden nun die überdimensionierten, verschlossenen (daher "Schloß“ genannten) Residenzen und Jagdschlösser der barocken Bauherren.

Diese beginnende Neuzeit erfand auch die Hexenverbrennung und führte die mit der Antike vor einem Jahrtausend untergegangene Sklaverei für die neuen Kolonien wieder ein. So können, scheint es, Zeitstile wechseln in Abhängigkeit von dem, was als Pflicht und Schuldigkeit angesehen wird. Gibt es auch Epochenschuld?

Einen ganz anderen Weg des Umgehens mit Schuld, als die monotheistischen Religionen, geht die Karmalehre. Dem Hindu und Buddhisten erklärt der Karmagedanke das Mißlingende seines jetzigen Lebens durch die im vorigen verursachten Verfehlungen. Er hofft auf Nicht-wieder-geboren-Werden, wenn er jetzt gut handelt. Der abendländische Reinkarnationsgedanke hofft dagegen eher, die Früchte jetzigen guten Handelns in einer nächsten Existenz ernten und erweitern zu können.

Der Israelit hofft auf Erlösung von der Urschuld durch die leibliche Auferstehung beim Kommen des Messias, der Kirchenchrist bei dessen Wiederkunft.

Schuld im beichtverwandten Gespräch

Die Ohrenbeichte war ursprünglich ein Individuationsprogramm im Sinne der gegen Augustinus gerichteten Lehre des Iren Pelagius von der Willensfreiheit, die man wohl vor dem Hintergrund altkeltischer Geistigkeit sehen muß. Sie lebte, als häretisch verdammt, im Hintergrund weiter. Die im 20. Jahrhundert entwickelte psychotherapeutischen Einzelgesprächspraxis könnte man als säkularisierte Ohrenbeichte aus einer neuen Freiheit heraus betrachten - nun aber in ganz anderem Gewand: als eine Art Luxussakrament für sinnsuchende Selbständige und trostheischende Kassenpatienten, die ihre im Lebenskampf des mechanisierten Zeitalters empfangenen Wunden nicht alleine versorgen wollen oder können. Weil sich aber Psychologie und Psychotherapie als Wissenschaften und nicht als Weltanschauung verstehen, öffnet sich von dieser Plattform aus nun erstmalig wieder ein von dogmatischen Vorgaben befreiter Blick auf die Condition humaine im Zeitalter neuer Individualitätsbedrohung. Ihr dürfte die nähere Zukunft gehören.

Wenn auf diesem Feld von Schuld und Versäumnis die Rede ist, und wie sollten sie es nicht, sie sind ja allem Tun assoziiert, und sie kommen im vertraulich-versierten Gespräch wohl leichter als sonst ans Licht, dann geht es dabei wieder um existentielle Schuld. Wo aber ist das geistige Haus, das die Besprechungsräume von Mythos, Religion und Psychotherapie umgreift, stützt, ernährt und belehrt? Ich behaupte, daß es die Weltliteratur sei; Weltliteratur als globales Schuld-und-Sühne-Gespräch.

Es muß immer ein Autor da sein, der uns Kunde vom Leben des Geistes gibt, soweit wir nicht am schöpferischen Gespräch und der Lehrrede vor dem Aufschreiben Anteil nehmen zu können die Gnade haben. Der Autor stellt die Frage nach der Laufrichtung des Lebensfadens, um im Mythosbild zu bleiben, jeweils für sich neu. Ganz und je auf seine Weise, aber modellhaft für die Menschheit. So individuell er auch lebt, so bildet die zusammengedachte Autorenschaft doch eine mächtige Hierarchie, eine globale Körperschaft mit einem Blumen-, Frucht- und Kräutergarten, der Weltliteratur, wie man ihn sich sortenreicher nicht vorstellen kann. Vom Schreibtisch des Schriftstellers gehen Wellen aus wie von dem ins Wasser geworfenen Stein: Manuskript, Verlag, Bühne, Bibliothek, Philologie, Feuilleton. In der Weltliteratur haben wir die kreative Herzregion des Geisteslebens, die erst die Quelle für dessen andere Teilgebiete - Philosophie, Wissenschaft, Kunst, Religion - abgibt. So gesehen sind die Buchreligionen Teilgebiete der Literatur und ihre heiligen Bücher Sonderfälle von Höchstauflagen. Aus dem Wissen um diese Beziehung war mehrere Jahrhunderte lang das Bild des inspirierten Evangelisten - neben den Initialen die Hauptillustration der Evangeliare des frühen Mittelalters - nach dem *Modell des antiken Dichterporträts* gestaltet! Jedes Buch ist eine Konfession des Autors, eine Teilbiographie; wie auch die Evangelien Teilbiographien eines Erdenwandels sind.

Vom sumerischen Gilgamesch-Epos bis zur „Odyssee im Weltraum" sind die Literatur und ihre Auswüchse in den Tagesmedien das Feld, auf dem die Schuldfrage im existentiellen Sinn von Kants „Was sollen wir tun?" und im individuell-biographischen Sinne des Autors wie seines Protagonisten, des „Helden", immer neu in biographischer Form gestellt wird. In der populärsten Literatursorte überhaupt, dem Kriminalroman, tritt die Schuldsuche auf das Nüchtern-Kriminelle verengt ins Zentrum. Wo es in der Hochliteratur um das Mea culpa der Mittelpunktsperson geht, handelt es sich hier um das Entgegengesetzte, um Schuldzuweisung, um ein Tua culpa, wie er auf dem benachbarten Geltungsgebiet von Schuld, im Rechtsleben, im Gerichtsprozeß und im politischen Geschäft, berechtigt ist. Die Literatur mit ihren drei urphänomenalen Werkgattungen ist das inspirierende Kompendium des innerweltlichen Menschgeistes: mit dem Gedicht, das als überkonfessioneller Menschheitspsalm den authentischen Augenblick beschwört, mit dem Bühnenstück als dem ergreifenden Handlungsausschnitt, mit der Prosa in Roman, Essay und Fachbuch als geruhsamer Irgendwo-Begegnung für den Jedermann in uns. In jedem Buch wird die Frage nach „Schuld und Sühne" (so die treffend interpretierende deutsche Übersetzung von Dostojewskis Hauptwerk „Verbrechen und Strafe") auf eigene Weise abgehandelt. Wir müssen nur die Fragen mehr biographisch und weniger stilistisch stellen.

Im „König Ödipus" von Sophokles (429 v. Chr.) weiß der Held nicht, daß er den Vater erschlägt und die Mutter heiratet. Ist Schicksalsblindheit Schuld? Er wird dennoch - oder deswegen - zum Heros, zum Heiligen, erhoben.

Im „Parzival" (um 1210 n. Chr.) stellt Wolfram die Frage nach dem Schuldigwerden und der Einsicht in Verbrechen und Versagen, und zwar auf kühne Weise, die das damals neu aufkeimende Interesse am Individuum zum Ausdruck brachte. Das Versäumnis, nicht die Mitleidsfrage gestellt zu haben und damit dem kranken Gralskönig eine Frage schuldig geblieben zu sein, macht ihn schuldig. 25.000 Verse benötigt Wolfram, um die verschiedenen Lebensläufe zu einem erlösenden Ende zu führen und den Protagonisten fähig zur Tilgung der Schuld zu machen.

Wir wollen immer wissen, wer schuld hat

Interview mit Peter Dentler

von Arfst Wagner

Prof. Dr. Peter Dentler, *geb. 1946. Abitur 1966 in Bad Schwartau. Verheiratet, drei Kinder. Studium in folgenden Fachbereichen: Jura, Psychologie an der Universität Kiel, Geschichte und Geographie an der Pädagogischen Hochschule Kiel, später noch Zoologie.*
Tätigkeiten u.a.: Assistent im Zentrum Nervenheilkunde der Universitätsklinik in Kiel, 1978 Promotion an der Christian-Albrechts-Universität Kiel zum Dr. rer. nat. Professur an der Fachhochschule Kiel im Fachbereich Sozialwesen, Ausbilder für Gesprächstherapie. Ausbildung zum Heilpraktiker. Approbation als Psychologischer Psychotherapeut.

Peter Dentler ist ein unangenehmer Realist. Im Gespräch, besonders wenn es dienstlich ist oder auch nur seine Fachgebiete streift, muß man sich deshalb „warm anziehen". Der Boden der Tatsachen ist die Welt, in die er einen immer wieder zurückholt. Und er kommt dadurch zu erstaunlichen Konsequenzen.

Seit vielen Jahren führt Prof. Dr. Peter Dentler Seminare für unterschiedliche Organisationen im Bereich Personal- und Organisationsentwicklung durch. Ich lernte ihn in der Supervisionsarbeit an der Freien Waldorfschule Rendsburg kennen. Seine humorvolle Nüchternheit und die Stringenz seiner Vorgehensweise beeindruckten mich zutiefst.

Nach den zwei Interviews – „Du bist egoistisch", Flensburger Hefte 74, und „Liebe ist der Entschluß, für jemanden da sein zu wollen", Flensburger Hefte 64, durfte ein Interview mit Peter Dentler in einem Heft, das Verantwortung und Schuld thematisiert, natürlich nicht fehlen.

Ich besuchte Peter Dentler in seinem Haus in der Nähe von Kiel.

Arfst Wagner: Sie haben sich als Psychologe und Therapeut sicher schon oft mit dem Begriff der Schuld auseinandergesetzt. Wird der Mensch unschuldig oder schuldig geboren?

Peter Dentler: Das ist eine religiöse Fragestellung. Sie setzt denjenigen, der diese Frage stellt, in ein Machtverhältnis zu demjenigen, dem diese Frage gestellt wird, sozusagen a priori. Schuld hat mit dem freien Willen zu tun. Davon kann man bei einem Neugeborenen ja kaum reden. Schuld hat auf der anderen Seite mit Konventionen zu tun, die sich Menschengruppen geben. Und wenn jemand dagegen verstößt, dann macht er sich schuldig. Das kann schon beim Kind im Krabbelalter sein. Wenn man dem Kind fünfmal sagt: „Zieh nicht die Tischdecke vom Tisch!", und es zieht dennoch, dann macht es sich schuldig. Allerdings wird man bei der Bestrafung hoffentlich rücksichtsvoll sein und anschließend die Tischdecke weglassen. Dann geht das Kind ans Radio und richtet dort irgendein Unheil an. Erziehung besteht über weite Strecken darin, Kindern zu sagen, was sie nicht tun sollen, und zwar einerseits materiell, andererseits auch gesellschaftlich-sozial.

Die Kinder beginnen, sich schuldig zu machen, und die Erziehung sagt ihnen, was richtig und falsch, böse und gut ist. Das ist der Kanon. Von Geburt an schuldig kann man nicht sagen, denn das Kind wächst erst langsam in diese Konventionen hinein.

Es gibt Gesellschaften, die relativ wenige Regeln haben, und andere haben viele Regeln, gegen die man verstoßen kann. Wir neigen dazu, bei anderen weniger Regeln zu sehen, weil wir nicht richtig hinschauen.

Gegen die Regel

A.W.: Wie läßt sich Schuld definieren? Worin besteht das Wesen von Schuld?

P. Dentler: Schuld entsteht, wie gesagt, durch das Verstoßen gegen Regeln, zunächst gegen äußere Regeln. Wenn man diese Regeln verinnerlicht hat - im sogenannten Gewissen -, dann kann man auch innerlich gegen Regeln verstoßen, und zwar selbst dann, wenn man nach außen hin nicht gegen Regeln verstößt, da nach außen manches nicht geregelt und somit auch nicht unter eine äußere Strafe gestellt ist. Ein Schuldgefühl entsteht auch beim Verstoß gegen eine innere Regel. Selbst wenn andere versuchen, einem dieses Schuldgefühl auszureden, haben sie damit meist keinen Erfolg.

A.W.: Man kann auch gegen Regeln verstoßen, die einem unbekannt sind, die man vielleicht nicht einmal kennen kann.

P. Dentler: Ja, natürlich. Da werden dann entsprechende Richter sagen: Strafe muß sein, aber es gibt mildernde Umstände.

A.W.: Ist Unschuld das Fehlen von Schuld, oder besitzt Unschuld eine eigene Qualität?

P. Dentler: Unschuld ist für mich keine eigene Qualität. Unschuld ist das Fehlen von Schuld. Eine unspezifische Kategorie ist die kindliche Unschuld. Oder nehmen Sie das Bild vom Menschen, der seine Unschuld verliert - auch das ist eine unspezifische Kategorie.

Die Frage, ob man der Unschuld eine eigene Qualität zusprechen kann, halte ich für irrelevant.

Maßlos in der Selbstbestrafung

A.W.: Was unterscheidet eine rein rechtliche Schuld von einer psychologischen Schuld? Welche Formen eines inneren Umgangs mit Schuld gibt es?

P. Dentler: Umgang mit Schuld heißt immer Bestrafung durch andere oder durch mich selbst. Wenn ich mich „nach außen" schuldig mache, dann werde ich bestraft, und dann ist es auch gut. Mache ich mich „nach innen" schuldig, stellt sich also ein inneres Schuldgefühl ein, dann bin ich in meiner Selbstbestrafung oft maßlos - schlimmer, als jeder Richter es tun würde, vor allem sehr viel länger.

Manche Menschen bestrafen sich lebenslang selbst. Der Umgang mit inneren Schuldgefühlen ist meist dramatischer als der juristische. Der juristische ist kontrolliert, geregelt.

A.W.: Das christliche Abendland ist geprägt durch den Begriff des Sündenfalls: Wir sind als Menschen Sünder?

P. Dentler: Die verschiedenen Weltreligionen verkünden Vorschriften, die dem menschlichen Zusammenleben dienen sollen. Im Rahmen dieser Vorschriften, die sich im Laufe der Zeit entwickelt und etabliert haben, kann man sich schuldig machen. Der Begriff des Sünders ist ein spezifisch christlicher. Mit diesem Begriff wird Politik gemacht.

Der Sündenfall ist schon eine interessante Geschichte. Der Mensch hat gegen zwei Regeln verstoßen: Er hat vom Baum des Lebens gegessen, und er hat vom Baum der Erkenntnis gegessen. Beide gehören Gott: ewiges Leben und Erkenntnis. Und indem der Mensch nun nach beidem strebt, hat er sich sündig gemacht. Das ist für die katholische Kirche ein nicht annehmbarer Zustand. Und daß der Mensch nach dem ewigen Leben trachtet, das ist auch unanständig, denn es steht geschrieben, der Mensch wird höchstens 70 oder 80 Jahre alt. Alles andere ist Überheblichkeit.

Inwiefern stellt das nun einen Sündenfall dar? Nun, der Mensch hat sich gegen Gott gestellt. Das sind aber alles Konstrukte, die eher mit Machtverhältnissen zu tun haben als mit wirklichen religiösen Angelegenheiten.

Natürlich kann ich Kinder oder auch Erwachsene unter Druck setzen, indem ich ihnen von der Sünde und dem Sündenfall doziere. Wenn alles nicht zieht, dann gibt es immer noch die Erbsünde. Ich finde, das ist eine unerhörte Zumutung. Damit kann man alles erschlagen. In anderen Weltreligionen finde ich das alles nicht in demselben Maße.

Der Sündenfall

A.W.: In anderen Religionen wird man aber wegen kleinerer Vergehen oft sehr heftig bestraft - bis hin zur Todesstrafe.

P. Dentler: Das ist schon richtig. Aber so etwas wie unsere Höllenvorstellung gibt es im Buddhismus beispielsweise nicht. In den semitischen Religionen kommt sie allerdings durchaus vor. Im Buddhismus

Meister Bertram von Minden (um 1379)
Grabower Altar, rechter Innenflügel, Außenseite Ausschnitt:
Sündenfall, Gottvaters Strafrede
Hamburg Kunsthalle

kann man immer höher aufsteigen, aber in eine Hölle herabsinken kann man nicht. Das Hinunterfallen und Bestraftwerden bis in alle Ewigkeit, das gibt es dort, wie auch z.B. in Naturreligionen, nicht. Im Christentum ist das die Folge des allzu vermenschlichten Gottesbildes. Der Buddhismus hat viele Götter, hier ist es einer. Der Sündenbegriff dient somit als Machtinstrument.

A.W.: Wird dem Menschen eine Verantwortung für den Sündenfall zugeschrieben? Zur Übernahme von Verantwortung gehört doch, daß ich die Folgen meiner Taten in etwa zu überschauen vermag. Das konnte der Mensch doch gar nicht, bevor er vom Baum der Erkenntnis gegessen hatte.

P. Dentler: Wenn ein Kind das Spielzeug, das es unter dem Weihnachtsbaum findet, sofort auseinandernimmt, dann sagen die Eltern, dieses Kind sei zerstörerisch, es mache alles kaputt.

A.W.: Dabei ist es phantasievoll!

P. Dentler: Ja, und es ist neugierig. Es will wissen, wie die Dinge funktionieren. Regelmäßig bleiben ein paar Schrauben übrig. Und dann ist das Ding kaputt. Hat das Kind nun diese Folgen vorhersehen können? Nein. Es ist keine Schuld und keine Sünde. Es ist zunächst allerdings durchaus verantwortlich dafür, daß das Ding wieder zusammengesetzt wird. Aber wenn es nicht wieder funktioniert, stellt sich die Frage, ob das irgend jemanden interessiert.

Gibt es eine Regel, die lautet: „Du nimmst das Teil nicht auseinander!“, dann hat sich das Kind schuldig gemacht. Gibt es diese Regel nicht, dann gibt es auch keine Schuld. Schuld ist immer die Folge eines Verstoßes gegen eine oder mehrere Regeln.

Wer ist verantwortlich, wer ist schuld?

Wir wollen in allen Auseinandersetzungen immer wissen, wer schuld hat. „Du hast schuld. Nein. Du hast schuld. Du hast selber schuld“, und so weiter. Wir benehmen uns ständig wie Juristen. Warum? Weil derjenige, der schuld hat, klein beigeben muß. Der muß bezahlen. Kleine und große Kinder wollen immer wissen, wer schuld hat.

Früher war es z.B. bei Ehescheidungen immer sehr wichtig, wer schuld hat. Und schuld haben, das hieß: kein Geld. Sie oder er ist fremdgegangen, und deshalb war sie oder er auch schuldig. Und deswegen gab es kein Geld. Davon sind wir inzwischen abgekommen. Verantwortung ja, aber nicht Schuld.

Wenn ein Mensch ein sinnvolles Glied seiner Gemeinschaft werden will, dann muß er lernen, zu sehen, was diese Gemeinschaft braucht. Damit macht er sich verantwortlich. Wenn ich mich als Vater in einer Familie verantwortlich fühle für meine Kinder, dann habe ich eine ganze Menge an Aufgaben, für die ich verantwortlich bin. Zu lernen, mit Verantwortung umzugehen, das ist das Ziel der Erziehung schlechthin. Die Frage, an welcher Stelle ich mich schuldig mache, das ist eine Frage der Konvention.

A.W.: Ergibt sich dann die Strafe auch aus Konventionen?

P. Dentler: Mache ich mich in Deutschland schuldig, dann bekomme ich eine Geld- oder Freiheitsstrafe. Wenn ich meiner Verantwortung nicht nachkomme, dann komme ich an den Pranger oder werde verbannt, teilweise auf sehr subtile Art. Das sind also zwei verschiedene Dinge. Ein Beispiel: Wenn meine Kinder eine Scheibe zerschlagen, dann haben sie schuld, aber ich habe die Verantwortung. Meine Kinder bekommen von mir eine Strafe auferlegt, sie müssen das wiedergutmachen; ich bekomme womöglich auch eine Strafe vom Nachbarn, dem die Scheibe zertrümmert wurde. Im Wiederholungsfall zeigen die Leute in der Straße mit dem Finger auf mich: Guck mal da, dieser komische Vater kann nicht einmal auf seine Kinder aufpassen. Und wenn das öfter passiert und ich dann auch noch sage: „Wieso, das ist doch nicht schlimm!", dann werde ich aus der Nachbarschaft verbannt.

Ich denke, damit wird deutlich, worin der Unterschied zwischen Verantwortung und Schuld liegt.

Kind oder Erwachsener

A.W.: Definieren Sie in diesem Zusammenhang doch bitte den Begriff des Erwachsenen.

P. Dentler: Ja, das ist sehr wichtig. Ein Erwachsener ist derjenige, der in seinem Zuständigkeitsbereich dann Verantwortung übernimmt, wenn sie abgefragt wird. In der restlichen Zeit kann er sich ruhig mit seinem „inneren Kind" beschäftigen. Ich gehe allerdings davon aus, das zwei Drittel unserer Bevölkerung nicht erwachsen werden wollen. Denn dann müßten sie auch für die Dinge geradestehen, die nicht sie selbst, sondern andere getan haben, also an denen sie nicht schuld sind. Das gilt für den privaten Bereich ebenso wie für den gesamtgesellschaftlichen Bereich.

Wenn ein Deutscher im Ausland zum Holocaust sagt: „Ich war`s nicht", dann hat er ja meistens recht, er war es nicht. Aber er hat die

Verantwortung. Regelmäßig wird aber die Verantwortung abgelehnt. Die Schuld braucht er nicht auf sich nehmen. Aber die Verantwortung. Da geht meist alles durcheinander.

A.W.: Warum schiebt man Schuld und Verantwortung so gerne von sich?

P. Dentler: Aus Angst vor der Strafe. Wenn ich nur ein Kind habe, und die Vase fällt herunter, dann weiß ich, es war mein Kind. Sind da zwei oder drei Kinder, dann beginnt die Dynamik; alle sagen erstmal: „Ich war es nicht." Dann kommt: „Es war der andere." Hat man aber einen erwischt, dann sagt dieser: „Ich habe es aber nicht mit Absicht getan." Das wirkt sich dann strafmildernd aus, zumindest ist das seine Hoffnung. Die Kleinsten wissen schon ganz genau, warum sie Schuld und Verantwortung ablehnen: eben wegen der Strafe. Das reicht eigentlich als Begründung.

In anderen Ländern

A.W.: Kommt es vor, daß es notwendig wird, eine schuldhafte Tat zu begehen? Ich denke da z.B. an die Wilhelm-Tell-Thematik.

P. Dentler: Ja. Das ist dann mutig. Sowohl im politischen als auch im privaten Bereich kann es vorkommen, daß ich aus Verantwortung gegenüber der Gemeinschaft gegen Regeln verstoßen muß. Ich bin dann der Überzeugung, daß dieser Regelverstoß die Gemeinschaft weiterbringt. Es gibt auch Situationen, in denen es egal ist, was ich tue: Ich mache mich auf jeden Fall schuldig. Dann muß ich zu dem stehen, was ich im Moment am besten begründen kann. Manchmal führt diese Tat zur Änderung von Regeln, denn Regeln sind veränderbar. Aber auch, wenn ich hoffe, daß eines Tages die Regel geändert wird, schützt dies nicht vor der Bestrafung für meine Tat.

A.W.: Was ist, wenn ich gar nicht weiß, daß ich mit meinem Verhalten gegen eine bestehende Regel verstoße?

P. Dentler: Wenn ich mich in Arabien aufhalte und mit dem Finger auf einen Menschen zeige, was dort absolut nicht sein darf, dann verstoße ich gegen eine Regel; oder auch wenn ich dort einem anderen Menschen zu lange oder zu tief in die Augen schaue. In der Konvention der Araber ist das Schuld. Bin ich ein Tourist und reise wieder ab, dann wird mir das meist nachgesehen. Komme ich wieder, dann sagt man mir: „Mach das bitte nicht noch einmal." Das erste Mal wird mir vergeben. Bleibe ich im Lande, dann werde ich möglicherweise irgendwann für mein dort regelwidriges Verhalten büßen müssen. Zwar kann ich dann sagen: „Bei uns ist das aber anders“, aber das wird mir nichts nützen.

Sie nutzen die Waffen, um zu schießen

A.W.: Was ist eine Spirale der Schuld?

P. Dentler: Meist entsteht sie durch falsche politische Entscheidungen. Denken wir z.B. an den Nahen Osten: Dort machen wir uns durch schuldhafte Fehlentscheidungen immer schuldiger. Dann eskaliert die Schuld.

A.W.: Kann eine Strafe in ihrer Wirkung schlimmer sein als die Tat, die sie zu bestrafen beabsichtigt? Und führt nicht gerade das zur Eskalation? Das Strafmaß muß verhältnismäßig sein. Woran bemißt sich Strafe?

P. Dentler: Nehmen wir wieder dasselbe Beispiel. In Palästina gibt es zwei große alte „Kinder“. Sie werden mit Geld und mit Waffen ausgerüstet. Sie nutzen die Waffen, um zu schießen. Nimmt man sie ihnen weg, können sie das nicht mehr tun. Aber es findet sich immer jemand, der sie beliefert. Durch Waffenlieferungen in solche Krisengebiete mache ich mich immer schuldiger. Den einen Staat greife ich an, weil er angeblich Massenvernichtungswaffen besitzt, und einen anderen Staat unterstütze ich, obwohl er tatsächlich Massenvernichtungswaffen besitzt. Ich verstricke mich dann immer weiter in Schuld, wenn ich einmal damit anfange. Habe ich mich erst einmal in eine solche Situation gebracht, komme ich da kaum wieder heraus, weil ich mich stets für eine Seite bzw. für die Wahrnehmung der einen Seite engagiere.

Unter der Spirale der Schuld ist allerdings eher eine Eskalation von Gewalt zwischen zwei Parteien zu verstehen, von denen mindestens eine Seite ein „Kind“ ist.

Regeln, Strafe und Gewalt

A.W.: Es gibt Mechanismen von Gewalt, die nicht unter Strafe stehen oder die von niemandem angezeigt werden und deshalb auch nicht bestraft werden können, z.B. häusliche Gewalt.

P. Dentler: Gewalt ist gegen die Interessen einer Person gerichtet und wird mit körperlichen oder seelischen Mitteln ausgeübt. Die seelischen Mittel sind häufig schlimmer, sozusagen effektiver, als die körperlichen.

In der Erziehung war lange Zeit der Einsatz körperlicher Gewalt ganz legal. Das ist inzwischen unter Verbot gestellt. Diese körperliche Gewalt ist jetzt durch andere Methoden wie Nichtbeachtung, Liebesentzug, Ironie etc. ersetzt worden, was nicht gerade besser ist. Erziehung heißt in gewisser Weise auch Einengung. Das ist nun einmal so. Kinder kann ich einengen, indem ich an ihren Verstand appelliere, was nicht immer funktioniert, oder indem ich Grenzen setze, Regeln. Und ich muß auch dafür Sorge tragen, daß die Regeln eingehalten werden. Dazu muß ich in der Lage sein, auf das Nichteinhalten der Regeln reagieren zu können.

Eine wichtige Instanz für die Aufstellung und Einhaltung der Regeln im privaten Bereich war lange Zeit die Kirche. Heute fehlen kontrollierende Instanzen weitgehend. Außerdem sind viele Begriffe und Vorstellungen von der 68ern kaputtgeredet worden, nachdem sie vorher von den Nazis mißbraucht wurden. Wir müssen wieder zurückkommen zu Begriffen wie Verantwortung, Selbstverpflichtung und vielen anderen. Diese Begriffe sind in den sechziger Jahren derart in Frage gestellt worden, daß auch die übernächste Generation immer noch denkt, diese Begriffe seien zu nichts gut.

A.W.: Wie kann ein Ausgleich für Schuld geschehen, und welche Bedeutung hat das Verzeihen?

P. Dentler: Der Mensch ist bis heute immer noch auf Rache getrimmt, im Sinne des Alten Testaments: Auge um Auge, Zahn um Zahn. Im Neuen Testament steht ja, du sollst auch die andere Wange hinhalten. Verzeihen ist eine Schlüsselkompetenz derer, die ich erwachsen nenne.

Ich möchte, daß er seine Schuld eingesteht

A.W.: Man spricht davon, man habe eine Schuld auf sich geladen. Durch schuldhaftes Verhalten lädt man sich, aber auch anderen etwas auf.

P. Dentler: Ja, und indem man die beschädigte Ware bezahlt, wird einem diese Schuld wieder abgenommen. Wenn sie nicht bezahlbar ist, dann kommt die Sehnsucht nach dem Auge um Auge zum Vorschein. Jemand hat mir einen Esel gestohlen, und ich muß ihm einen Esel zurückgeben und auch vielleicht noch ein wenig mehr, um zu sühnen. Wenn die Ehre genommen wurde, dann muß Genugtuung geschaffen werden. Das ist regional verschieden.

Heute möchte man ja nicht mehr archaisch sein. Aber wenn jemand meine Tochter überfährt, dann habe ich zunächst Rachegedanken. Das muß ich auch denken dürfen. Wenn ich den Täter jetzt erwische, dann möchte ich, daß der sich ent-schuldigt, daß er klein beigeben muß, daß er seine Schuld eingesteht. Das ist das Mindeste. Das wird auch vor Gericht erwartet, also Reue. Reue wirkt dann strafmindernd. Reue darf allerdings nicht zum Alibi werden. Das Eingeständnis von Schuld und die Reue allein schützen allerdings nicht vor Strafe. Wir erwarten von der Justiz, daß sie schmerzhaft deutlich macht, daß eine solche Tat nicht in Ordnung ist. Ist es für den Täter nicht schmerzhaft, dann fühlt sich das Opfer betrogen. Wir wollen, daß es dem anderen wehtut. Außerdem hoffen wir, daß er es nicht wieder tut.

A.W.: Besonders schmerzhaft ist es aber, wenn man sich nicht dagegen wehren kann, daß man z.B. weiß, jemand hat sich wirklich etwas geleistet, und er kommt straffrei davon. Die Geschichte ist voll von solchen Beispielen.

P. Dentler: Richtig. Das führt dann zu Wut.

A.W.: „Manch teuflisch Ungeheuer sieht wie ein Engel aus..."*

P. Dentler: Da steckt man nicht drin. Und der häßliche Bucklige muß kein Unmensch sein. Jedenfalls wird man, Engelsgesicht oder nicht, dem Täter die gerechte Strafe gönnen und sie ihm auch zukommen lassen. Mindestens wird man dann - sozusagen als Retourkutsche - Rufmord betreiben oder jedenfalls versuchen, den anderen an den Pranger zu stellen. Man wird die Mittel nutzen, die einem zur Verfügung stehen. Oder man nutzt wenigstens die Presse als Pranger.

Was würdest du an Kraft gewinnen?

A.W.: Doch wie ist es nun mit dem Verzeihen?

P. Dentler: Kindern wird beigebracht, sie sollen verzeihen, vergeben. Ich halte es für ein Kriterium des Erwachsenseins, verzeihen zu wollen. Aber nicht unbedingt um des anderen willen, das ist eher Religion. Ich rate Menschen, die keine Kraft mehr haben, darauf zu schauen, wo es Menschen gibt, denen sie verzeihen könnten. Denn wenn ich Menschen nicht verziehen habe, ist jede Menge Kraft gebunden, die man eigentlich sehr viel nutzbringender woanders brauchen könnte. Ich könnte auch fragen: „Wen würdest du am liebsten umbringen?" Die Antwort darauf zeigt dann vielleicht, wo viel Kraft gebunden ist. Wieviel Prozent deiner gesamten Kraft hängt an dieser Person fest? Was würdest du an Kraft gewinnen, wenn du ihr verzeihen würdest? Nicht um ihretwillen, sondern um deinetwillen. Es nutzt diesem Menschen zwar auch, wenn du

*Kantate 24 von J.S. Bach, „Ein ungefärbt Gemüte", Text von Erdmann Neumeister

ihm verzeihst, aber in allererster Linie nutzt es dir selbst. Verzeihen ist in dieser Hinsicht eine ressourcenorientierte Maßnahme, die auf Einsicht beruht. Verzeihen aus Großmut ist etwas anderes. Ich trenne das.

Die Gerichte und die Schuldfrage

A.W.: Bei einer schuldhaften Tat spricht man von Täter und Opfer. Seit einigen Jahrzehnten ist immer mehr die Rede vom Opferanteil an der Tat. Wie sieht das die Psychologie?

P. Dentler: Diese Tendenz in der neuen Rechtsprechung, die von seiten der Justiz entwickelt wurde, halte ich für äußerst problematisch. Auf jeden Fall muß Rechtsklarheit darüber bestehen, wer der Täter ist und wer das Opfer. Wenn diese Grenze verschwimmt, dann kommt es zur Rechtsunsicherheit. Denke ich an die vergewaltigte Frau, der dann gesagt wird: „Na, du hast ihn bestimmt verführt!", dann muß klar sein: Kein Mann hat das Recht, eine Frau zu vergewaltigen, egal, ob sie ihn verführt hätte oder nicht.

Ein anderes Beispiel: Ein Radfahrer schneidet mir, der ich mit dem Auto unterwegs bin, die Vorfahrt ab. Es kommt zum Unfall. Der Radfahrer bekommt womöglich recht, weil er der Schwächere ist. Das finde ich so nicht nachvollziehbar. Wenn die Gesetzgebung oder der Richter die Schuldfrage so begründet, ist für die meisten Bürger irgend etwas in unserem Rechtssystem verrutscht.

Grotesk wird es z.B., wenn ein Einbrecher, der sich bei einem Einbruch verletzt, den Besitzer verklagen kann, weil dieser ihm irgend etwas in den Weg gestellt hat. Ich hoffe nicht, daß wir hierzulande solche Verhältnisse in der Zukunft haben werden.

Das Verhältnis zwischen Täter und Opfer im Hinblick auf die Tat muß klar und deutlich sein. Vieles am Täter-Opfer-Ausgleich läßt Bitterkeit zurück. Das führt zu Justizverdrossenheit. Wer als Täter identifiziert wird, der muß schmerzlich bestraft werden. Dabei darf das Opfer nicht mehr Schmerzen erleiden als der Täter.

Die meisten lernen nichts aus Schuld und Tat

A.W.: Kann man aus Schuld lernen?

P. Dentler: Ich denke, der Satz „Wir lernen aus der Geschichte" ist ein frommer Spruch. Es wäre schön, wenn es so wäre. Doch jede

Generation beansprucht für sich, ihre eigenen Fehler machen zu können. Auch lerne ich wohl nicht direkt aus der Schuld, sondern wahrscheinlich aus dem Schmerz, aus der Bestrafung, die andere mir zufügen - oder ich mir selbst. Zumindest lerne ich dann ein Vermeidungsverhalten.

A.W.: Also lernt der Mensch nicht aus Einsicht?

P. Dentler: Jedenfalls erwächst aus Schuld nicht automatisch Einsicht. Es sei denn, ich gestehe die Schuld ein und übernehme die Verantwortung dafür, d.h. im Einzelfall auch die Verantwortung für die Unschuld, wenn es sich um Personen aus meinem Zuständigkeitsbereich handelt. Diejenigen, die ich Erwachsene nenne, übernehmen Verantwortung für sich selbst und für andere. Doch der Löwenanteil unter den sogenannten Erwachsenen sind nach dieser Definition wohl eher Kinder, die nicht wahrhaben wollen, was sie angerichtet oder nicht verhindert haben. Sie wollen sich buchstäblich unschuldig fühlen, ganz gleich, was sie getan haben. Sie können deshalb nichts aus ihrer Tat und deren Folgen lernen, weil sie nicht akzeptieren, verantwortlich zu sein. Das finden Sie in jeder Familie und auch überall in der Geschichte. Kinder oder Erwachsene: Das sind für mich Schlüsselbegriffe zum Verständnis von Schuld und Verantwortung.

Die Journalisten und die Verantwortung

A.W.: Was ist Kollektivschuld? Was ist Kollektivverantwortung? Gibt es so etwas überhaupt?

P. Dentler: In den Kinos läuft derzeit der Film von Bernd Eichinger, „Der Untergang". Ich kann die allgemeine Kritik, die dazu geäußert wurde, etwa daß Hitler dort verherrlicht wird, nicht teilen. In dem Film wurde m.E. sehr deutlich, daß die hohen Offiziere zu feige waren, und die Sekretärin Hitlers sagte: „Man hätte es alles wissen können." Offen blieb, was man dann hätte tun können. Damals haben sich viele schuldig gemacht, und ich wüßte noch nicht einmal, wie ich mich damals selbst verhalten hätte. Aber eine Kollektivschuld etwa aller Deutschen halte ich nicht für gerechtfertigt, eher eine Massenschuld. Die trifft aber nicht auf das ganze Kollektiv zu. Und „Kinder" lehnen dies ohnehin vorsorglich ab. Wenn Sie mich in diesem Zusammenhang nach Journalisten und deren Verantwortung fragen, so sehe ich das genauso: Volksverdummung oder gar Volksverhetzung durch naive oder gezielt falsche Berichterstattung bis hin zur Skrupellosigkeit macht denjenigen Journalisten schuldig, der dies betreibt oder nicht verhindert. Allerdings steht darauf nur selten eine Strafandrohung, die solchem Treiben Einhalt gebieten könnte.

Journalisten, die vierte Kraft im Staat, müssen besonders verantwortungsbewußt sein. Oft reden sie aber, nur um die Auflage ihrer Zeitung zu erhöhen, alles möglichst schlecht, oft sogar gegen besseres Wissen. Daß sie damit Angst schüren und Lethargie erzeugen, nehmen sie in Kauf.

Neulich las ich eine fette Überschrift: „Immer mehr Kinder wachsen ohne leibliche Eltern auf." Im Text stand dann allerdings, wenn auch unglaublich verklausuliert, daß nach wie vor 85 % der Kinder mit beiden Eltern aufwachsen. Der Anteil war um 1,5 % höher als im Vorjahr. Aber eine so geringe Schwankung darf man doch nicht unter einer solchen Überschrift verkaufen. So etwas finden Sie aber in jeder Ausgabe fast jeder Zeitung. Das ist verantwortungslos.

Der Grundsatz der Meinungsfreiheit ist aber das höherwertige Gut, auch dann, wenn diese Meinungsfreiheit massenhaft und in einer Monopolstellung mißbraucht wird. Selbstverständlich gibt es sehr verantwortungsvolle Journalisten. Insofern kann bei Mißbrauch der Meinungsfreiheit wohl auch nicht von einer Kollektivschuld gesprochen werden. Dasselbe gilt natürlich auch für andere Berufsgruppen. Es wäre schön, wenn Journalisten, Lehrer, Ärzte, Priester, aber auch Busfahrer usw. öffentlich vereidigt würden hinsichtlich ihrer Verantwortung für andere. Immerhin gibt es oft berufsbezogene ethische Selbstverpflichtungen, die zumindest in allgemeiner Form von Aufsichtsgremien überwacht werden.

A.W.: Es ist aber ein Faktum, daß gesagt wird: „Die Deutschen sind schuld."

P. Dentler: Ja, das wird gesagt. Und wenn Sie die Kriegsschuld meinen, dann stimmt es ja auch für die damalige Regierung und für den Personenkreis, der den Krieg und die Vernichtungsstrategien betrieben hat. Im Ausland mache ich allerdings oft die Erfahrung, daß mir dort ausdrücklich gesagt wird, daß ich persönlich natürlich keine Schuld trage, allerdings die Verantwortung, so etwas in Zukunft zu verhindern. Und sie sagen auch: Wir wissen, daß nicht alle Deutschen Hitler hinterhergelaufen sind. Natürlich bin ich als Deutscher mit einem deutschen Personalausweis auch verantwortlich für das, was in Deutschland passiert ist, gerade passiert und in Zukunft passieren wird. Aber nicht im Sinne von Kollektivschuld, sondern von Kollektivverantwortung.

Es haben sich ja auch nicht nur deutsche Staatsbürger schuldig gemacht. Die Österreicher beispielsweise haben offenbar von Kollektivverantwortung noch nicht allzuviel gehört - oder auch andere Europäer. Die Japaner offenbar auch nicht. Auf keinen Fall jedoch sollten wir Deutschen die Untaten unserer Geschichte versuchen aufzuwiegen gegen die Untaten anderer Völker. Das führt nur zu gegenseitigen Schuldzuweisungen und lenkt ab von der durchaus kollektiven Verantwortung.

Kinder wollen klare Verhältnisse

A.W.: Kann man lernen, erwachsen zu werden? Von selbst geschieht das offenbar nicht. Wie lernt man, Verantwortung zu übernehmen?

P. Dentler: Durch Vorbilder. Das beginnt in der Kinderstube. Da gibt es den altmodischen Begriff der Tugend, der ja leider auch von den Nazis verdreht und mißbraucht worden ist. Auch nach 1945 sind Werte noch weiter kaputtgemacht worden, dann von den 68ern. Diese grundsätzliche Infragestellung aller Werte hatte damals sicher ihre Berechtigung. Aber heute müssen wir diese Werte wieder neu sortieren, neu bewerten. Eltern - und dann erst Lehrer - müssen sich in der Erziehung an irgend etwas orientieren, damit die Kinder wieder am Vorbild lernen können. Sie müssen den Kindern ein Vorbild für das Erwachsensein bieten. Wenn ich nichts von Schuld weiß, auch nichts von Verantwortung, wie will ich dann Kinder erziehen? Kinder, und damit meine ich jetzt die, die auch dem biologischen Alter nach Kinder sind, wollen klare Verhältnisse. Auch in der Schule muß das ein sehr wesentliches Unterrichtsziel sein: Man unterrichtet als Lehrer nicht nur Mathematik, sondern man ist auch Vorbild, ob man will oder nicht. Und dieses Vorbild sollte - nicht hundertprozentig, aber zumindest hochprozentig - das eines verantwortungsbewußten Erwachsenen sein.

Schuld ist die Mutter der Tiefe

von Renate Hasselberg

„Und Jesus ging auf den Ölberg. Als dann aber der nächste Tag heraufdämmerte, war er schon wieder im Tempel, und das Volk strömte zu ihm, und er setzte sich nieder und lehrte sie. Da brachten die Schriftgelehrten und Pharisäer eine Frau herbei, die beim Ehebruch ergriffen worden war, und stellten sie in ihre Mitte. Dann sprachen sie zu ihm: Meister, diese Frau ist auf frischer Tat beim Ehebruch ergriffen worden. Moses hat uns im Gesetz geboten, solche Frauen zu steinigen. Was sagst du dazu? Das sagten sie, um ihn auf die Probe zu stellen und um einen Grund zur Anklage gegen ihn zu finden.

Jesus jedoch beugte sich nur nieder und schrieb mit dem Finger in die Erde. Als sie nicht aufhörten, mit Fragen in ihn zu dringen, richtete er sich auf und sprach: Wer von euch von der Sünde frei ist, der werfe als erster den Stein auf sie. Und wieder beugte er sich nieder und schrieb in die Erde. Als sie seine Worte gehört hatten, gingen sie, zuerst die Ältesten, einer nach dem anderen hinaus. Schließlich blieb er ganz allein zurück, und die Frau stand noch in der Mitte. Da richtete sich Jesus auf und sprach zu ihr: Weib, wo sind sie nun? Verurteilt dich keiner? Sie sprach: Keiner, Herr. Da sprach Jesus: Ich verurteile dich auch nicht. Geh, und sündige von jetzt an nicht mehr!“ (Joh. 8,1-11)

Wer von euch ohne Sünde ist - wir können auch sagen: Wer von uns ohne Schuld ist, der werfe den ersten Stein.

Wer tätig ist, also handelnd in die Welt eingreift, zückt ein zweischneidiges Schwert. Er wird schuldig. Warum? Weil alles Getane, Gedachte, Gefühlte und Gewollte immer auch besser und mit mehr Einsatz, besonnener, weniger selbstisch, mit viel mehr Liebe hätte getan werden können.

Ist das Schuld oder nur Versäumnis? Ist vielleicht jedes Versäumnis auch immer schon Schuld? Nur der Untätige bleibt vordergründig ohne Schuld, oder wird er gerade durch sein Nicht-Tun schuldig?

Was heißt eigentlich Schuldigwerden?

Wenn wir schuldig werden, ist die erste Verpflichtung, eine angemessene Erkenntnisleistung, die beinhaltet, die Folgen unseres Tuns mutig zu erkennen und im Herzen zu fühlen, so daß wir wissen: Wir haben uns beschädigt.

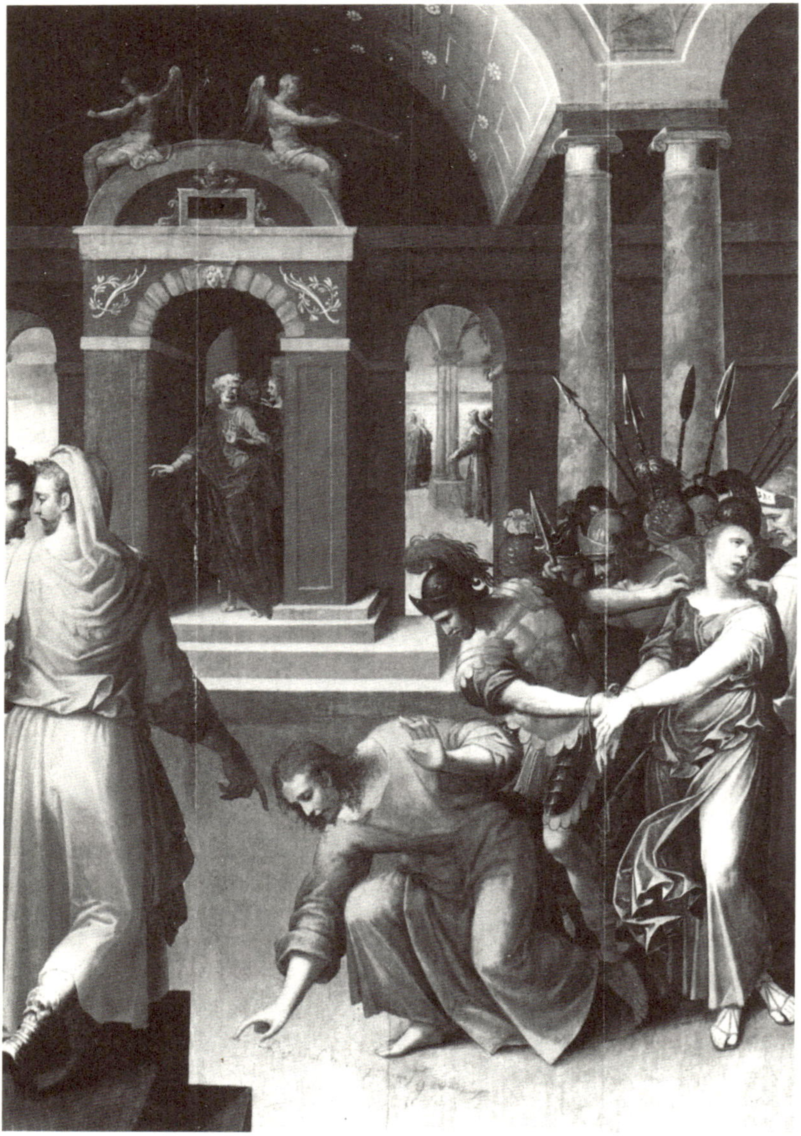

Antoine Caron (3. Drittel 16. Jh.)
Christus und die Ehebrecherin
Nantes, Musée des Beaux-Arts

Nur eine freie Entscheidung als Folge unserer persönlichen gefühlten Not, daß wir schuldig geworden sind, kann Wiedergutmachung wollen. Niemals aber kann der Grund für diese Wiedergutmachung durch von außen gegebene Moraldiktate - gleich aus welcher Richtung - sein!

Warum ist es so furchtbar, wenn Schuld in ungemäßer Weise ans Licht gezerrt wird, wenn da einer kommt und anklagt? Jesus sagt: Wer ohne Schuld ist, werfe den ersten Stein. - Immerhin, so weit waren die Anklagenden doch, daß sie nicht den Stein erhoben.

Jesus schreibt die Tat in die Erde. Was heißt das? - Hier wird Schicksal abgeglichen, Neues kann sich bilden, Spuren werden hinterlassen, Ausgleich und Wiedergutmachung wird initiiert. Wir werden sehr wohl mit den Folgen unseres Tuns konfrontiert. Weil wir das wollen! Denn wir wissen, daß uns aus der göttlich-geistigen Welt zugesprochen, zugetraut und anvertraut wird, die Konsequenzen aus unserem Tun auf uns zu nehmen. Wiedergutmachung ist unsere tiefe Sehnsucht; das wissen wir im Nachtodlichen, wenn wir ein befreites Bewußtsein aus unserer Hüllennatur haben.

In einer menschlichen Beziehung empfinden wir immer wieder, daß der andere an uns schuldig geworden ist. Dennoch sollten wir wahrnehmen und aussprechen, daß wir seinen übersinnlichen Wesenskern wahrnehmen und würdigen.

Wir brauchen es, daß ein Mensch uns unsere zweite Unschuld, d.h. unser Ringen um den Ausgleich aus Schuld und Verstrickung, bestätigt. Denn der Mensch ist weder gut noch unschuldig. Er ist ein höchst komplexes Wesen, vielschichtig und ringt mit Tod und Teufel. Und das vollzieht er nicht nur aus reiner Selbsterhaltung, sondern um das Sichtbarmachen seiner göttlichen Herkunft.

Wir überstehen diesen Kampf nicht als reine Unschuldslämmer. Wir werden Mittäter, und jede neue Tat wird neue Schuld erzeugen. Wenn man auf sein Leben schaut, so sind dort Narben, Treuebrüche, Versäumnisse, Verfehlungen aller Art. Je tiefer die Schuld, um so tiefer das Schamerleben, um so intensiver auch die Sehnsucht nach Vergebung.

Die Akzeptanz unseres Schuldigwerdens auf unserer Pilgerfahrt hier auf Erden hat auch die Voraussetzung, anderen Menschen gegenüber liebevoll, herzlich und hilfreich zu sein. Das heißt, trotz Schuld und Versagen sind wir aufgefordert, die ringende Individualität, das Unsterbliche - nicht das Beschädigte - und vor allem seine Bemühung, Schuld wiedergutzumachen, zu würdigen. Versöhnung zwischen den Menschen ist nur möglich, wenn zu jedem Schuldproblem keine die Schuld nur bestätigende Antwort gegeben wird, sondern eine schöpferische Antwort, die Weiterentwicklung ermöglicht.

Jede Kritik, die nicht dem anderen zugleich eine Entwicklungsmöglichkeit zubilligt, erniedrigt den Kritiker. Wenn wir nur an dem unsachgemäßen Selbstausdruck des anderen festhalten, erschweren wir sein Entwicklungspotential.

Verdichtung der Seele im Erlebnis und Gewahrwerden einer Schuld!

Ausnahmezustand der Seele! Auch Schuldigwerden ist ein intensives Selbsterleben und besitzt eine große Verfügungskraft. Leise begleitet das Geschehene ein Empfinden: Ich kann daran wachsen!

Nichts ist fataler als dieser Zusammenhang.

Meine Erkenntnisleistung wird auf das äußerste angeregt, die Verdichtung meines Schicksals schenkt mir ein außerordentlich gesteigertes Selbsterleben, und dafür nehme ich billigend das Schuldigwerden in Kauf. Aber wir dürfen niemals schuldig werden wollen und genau diese Schwellensituation, an der wir wachsen oder scheitern, herbeisehnen!

Diese subtilen seelischen Zusammenhänge bleiben oft ganz unbewußt. Nach einer begangenen Schuld entsteht sofort die Verpflichtung, durch Erkenntnis das ganze wieder ins Rechte zu führen, zu denken und zu wollen. Nur diese Erkenntisleistung und das daraus resultierende Wachsen sind moralisch legitimiert. Es ist in der Tat paradox. Wir werden schuldig als denkende, fühlende und wollende Menschen und müssen doch alles Erdenkliche tun, nicht schuldig zu werden.

Aber wie?

Wir sind aufgerufen, das Gute zu tun und darauf alle Kraft zu verwenden; nicht etwa, um nicht schuldig zu werden - weil das unter irdischen Bedingungen nicht möglich ist - sondern um das Gute zu versuchen! So entziehen wir vielleicht der Versuchung - gleich welcher Art - den Boden.

„Du bist schuld, was auch immer passiert!"

Interview mit Franziska*

von Dierk Lorenz

Der Zusammenhang zwischen Schuld und Schuldgefühlen scheint zunächst sehr einfach. Ich bemerke, daß ich einem Menschen gegenüber schuldig geworden bin, ich habe jemandem Unrecht getan, ich habe jemanden verletzt, ich habe an jemanden einfach nicht gedacht, ihn nicht berücksichtigt, mich auf seine Kosten in den Vordergrund gestellt. Seelisch erlebe ich etwas an der Antwort auf mein Handeln oder Nichthandeln. Die Antwort kann mir der andere geben, oder sie tritt zuerst in mir selbst auf - ich erkenne: Das war nicht in Ordnung. Das Erlebnis nennt man gemeinhin Schuldgefühl. Daß ein Mensch das empfinden kann, ist zunächst Anlaß zu größter Zuversicht. Es gibt also innerhalb des Selbst so etwas wie eine moralische Fähigkeit. Eine solche auch seelisch begründete Fähigkeit wäre mehr als ein bloßer Abgleich der eigenen Handlungen mit gedachten ethischen Kategorien über das Sollen und Dürfen.

Die Dynamik von Schuldgefühlen

Diese Zuversicht muß nicht aufgeben, wer sich näher mit der Dynamik von Schuldgefühlen, mit ihren problematischen Seiten für den inneren Halt des einzelnen und mit ihren nicht minder problematischen Aspekten für Beziehungen zwischen Menschen auseinandersetzt. Wenn die Bewußtseinsentwicklung des Menschen den Boden für zukunftsträchtige Fähigkeiten bereitet, dann sind damit die dunklen Seiten noch keineswegs gebannt. Im Gegenteil, sie werden aktualisiert. Wenn also der neuzeitliche Mensch beginnt, solche intimen seelischen Regungen ins Bewußtsein zu holen, dann entstehen nicht nur Erlösung und Befriedung.

Schuldgefühle können zwischen Menschen zu Modellen werden für die Art, wie Beziehungen definiert werden. Wenn sich ein Mensch mir gegenüber schuldig fühlt, dann nimmt er eine Haltung zu mir ein, von

---

* Name geändert

der ich je nach meiner seelischen Bedürfnislage profitieren kann. Ich kann ein seelisches Interesse daran haben, daß sich der andere mir gegenüber schuldig fühlt; oder, um es etwas drastischer auszudrücken: Schuldgefühle können ausgebeutet werden.

Die Komplikationen und Manipulationen, die aus dem bewußterwerdenden Umgang mit Schuld entstehen, sind mannigfaltig. Deswegen gibt es so viele therapeutische Angebote für Menschen, die mit Schuldfragen und Schulderlebnissen allein oder in den Verstrickungen mit Partnern oder Eltern nicht mehr weiterkommen.

Sexueller und seelischer Mißbrauch

Ein wesentlicher Bereich, bei dem Menschen therapeutischer Hilfe bedürfen, ist der Bereich des Mißbrauchs in der Kindheit. Eine gewisse zeittypische moralische Sensationslust stellt dabei gerne den sexuellen Mißbrauch heraus, und die Bedeutung von seelischem Mißbrauch an Kindern wird leicht unterschätzt. Die Verwerflichkeit des sexuellen Mißbrauchs ist noch aus einer Tabu-Tradition heraus für viele Menschen so selbstverständlich, daß die Nachfrage manchmal unterbleibt: Was geschieht da denn eigentlich, was sind die Vorbedingungen und was die Folgen?

Tabus: doppelt gesicherte Dunkelfelder

Tabus sind in ihrer traditionellen Gestalt doppelt gesicherte Dunkelfelder. Da wird nicht nur festgelegt, daß etwas verboten ist, sondern auch, daß es verboten ist, danach zu fragen oder davon zu berichten. Deshalb kann quasi im Schutze von Tabus genau das gedeihen, wogegen sich ein Tabu richtet. Der Bruch mit dem zweiten Tabu-Gesetz, das lautet: „Wenn es doch geschieht, dann sprich aber nicht darüber!“, ist der notwendige erste Schritt für Menschen, die sich von der Last solcher Erfahrungen befreien wollen.

Das Gespräch mit Franziska

Ich habe über dieses Thema mit Franziska gesprochen, einer alleinerziehenden Mutter. Ich wußte von ihr vorab, daß sie den Kontakt zu ihrer Ursprungsfamilie abgebrochen hat, aus Gründen, die weit in die Kindheit zurückreichen und die etwas mit Mißbrauch zu tun haben. Und ich wußte, daß Franziska, unterstützt durch verschiedene therapeutische Wege, in der Auseinandersetzung mit Schuld und Schuldgefühlen sehr konsequent auf der Suche ist nach einem sowohl persönlich befreienden als auch über die eigene Person hinaus erlösenden Weg. Diese Synthese, die persönliche Befreiung letztlich nur in etwas sehen zu können, worin auch für die anderen Beteiligten Befreiung zumindest ermöglicht werden kann, rechtfertigt die Zuversicht, von der oben die Rede war. Die Suche nach den Ursprüngen von Schuldgefühlen in der eigenen Biographie führt auf ein Gebiet, auf dem die Grenzen der eigenen Person überschritten werden. Der Blick auf die Spanne zwischen Geburt und Tod wird überschritten. Es wird deutlich, daß es unbewußte Verständigungen gibt, die in einer Familie ablaufen, die dazu führen, daß bestimmte Menschen schon in der Kindheit in schuldgesättigte Lebensgefühle hineinwachsen. Eine Aufarbeitung, die außer acht ließe, wie solche Verständigungen als System auf Menschen und in besonderer Weise auf Kinder prägend wirken, liefe Gefahr, neue Schuldlasten zu produzieren.

Alleinerziehend

Dierk Lorenz: Du bist 41 Jahre alt und lebst als alleinerziehende Mutter mit Deinen Kindern. Das ist eine Lebensform, die schon lange nicht mehr ungewöhnlich ist. Was damit als persönliches Schicksal verbunden ist, ist wahrscheinlich sehr individuell. Wie ist das bei Dir? Wie lebst Du? Welche Wünsche hast Du für Dein Leben?

Franziska: Ich lebe mit meinen beiden Kindern, die 15 und 12 Jahre alt sind, in einer 3-Zimmer-Wohnung im Westen der Republik. Seit der Schwangerschaft mit meinem jüngeren Kind lebe ich mit den Kindern alleine.

Zu meiner eigenen Herkunftsfamilie habe ich seit gut 1½ Jahren keinen Kontakt mehr. Das bedeutet einerseits Schmerz und Trauer, andererseits aber auch individuelle Freiheit und Entlastung. Beruflich wählte ich zuerst die Ausbildung zur Ergotherapeutin, und später schulte ich zur Kauffrau um. Beide Berufe entstanden nicht wirklich aus meinen eigenen Wünschen, sondern die Entscheidungen fielen jeweils aus Unentschlossenheit und vielleicht auch aus Mangel an Selbstvertrauen. So gab ich bei der ersten Wahl den Überzeugungskünsten unseres Pfarrers und meiner Eltern nach, und im zweiten Fall hatte das damalige Arbeitsamt keinen anderen Umschulungslehrgang anzubieten.

Arbeitslosigkeit als gewählte Konsequenz

Seit April 2004 bin ich arbeitslos, zuletzt hatte ich in einer Einrichtung für mehrfach schwerstbehinderte Menschen als Gruppenleiterin gearbeitet. Dort erlebte ich Mobbing und Ausgrenzung. Aus meiner ganzheitlichen Sicht entschied ich mich, endgültig zu mir zu stehen, und kündigte in dieser Einrichtung.

Trotz wirtschaftlicher Unsicherheit und Einbußen geht es mir seelisch und körperlich sehr gut. Ich möchte Schicht für Schicht die alten Muster, Schuldgefühle und Zwänge ablegen und versuche mich und meine Wünsche und Träume zu erkennen und zu sehen. Natürlich habe ich in dieser Zeit der Arbeitslosigkeit viele, viele Bewerbungen geschrieben, doch bislang ohne Erfolg.

Meine Wünsche

Für meinen inneren Weg wünsche ich mir im Beruf eine Mischung aus Erziehung, Schreiben, Didaktik und Kreativität. Vielleicht könnte ich das als Dozentin in der Jugend- bzw. Frauenarbeit erreichen. Ein tiefer Wunsch von mir ist es, das Abitur nachzumachen. Das ist bisher daran gescheitert, daß ich es mir nicht zugetraut habe.

Außerdem wünsche ich mir - und dieser Wunsch hat zur Zeit Priorität - eine Verbesserung meiner Wohnsituation, damit ich ein eigenes Zimmer habe, um meine Intimsphäre und meine Individualität zu stärken und zu leben.

Schuldgefühle

D.L.: Wenn Du auf Deine Biographie zurückblickst: Wo stößt Du zum ersten Mal auf das Thema Schuld?

Franziska: Ich wurde schon sehr früh mit dem Thema Schuld bzw. mit Schuldgefühlen konfrontiert. Mir war das als Kind nicht bewußt; ich glaube, Kinder denken nicht in dieser Form.

Wenn ich in meiner Biographie sehr weit zurückgehe, dann fühlte ich mich als nicht richtig, als falsch, als fehl am Platz. Wie mir immer wieder erzählt wurde, sagte ich als kleines Mädchen, kaum daß ich sprechen konnte: „Ich bin so schlecht." Diese Gefühle haben mich Zeit meines Lebens begleitet. Ich sehe heute, daß diese Gefühle etwas mit Schuld und Schuldgefühlen zu tun haben. Das ist wie ein Mühlrad, das sich unaufhaltsam dreht.

Klarer erlebte ich es als 5-6jährige. Da ich ein sehr angepaßtes, stilles Kind war, gab es einige Menschen, die mich gerne zu sich nach Hause holten. Darunter war ein kinderloses Ehepaar. Sie nahmen mich auf den Jahrmarkt mit. Ich erinnere mich, daß wir in einem Bierzelt saßen, dort spielte Blasmusik, es war laut. Das Ehepaar trank Bier, ich trank Fanta, sie fingen an zu diskutieren, die Diskussion wurde heftiger, sie stritten sich lautstark. Ich bekam Angst, machte mich ganz klein und war ganz leise. Nun stritten sie sich so heftig, daß beide das Zelt verlassen wollten. Die Frau sagte zu mir: „Bleib hier sitzen, wir kommen gleich wieder." Sie kamen nicht mehr. Ich weiß nicht, wie viele Stunden ich dort saß.

„Wer kennt dieses Kind?"

Als das Zelt sich leerte - es war mittlerweile schon mitten in der Nacht -, kamen fremde Menschen auf mich zu. Sie nahmen mich bei der Hand und trugen mich zur Musik hinauf. Ich wurde wie eine Puppe hochgehoben, und über Mikrophon wurde gefragt: „Wer kennt dieses Kind?" Schließlich meldete sich ein junger Mann, der mich anscheinend kannte, und brachte mich nach Hause. Es war spät nachts. Meine Eltern hatten mich nicht vermißt. Das Ehepaar hatte mich vergessen. Die Familie lachte über das Erlebnis und meinte, das kann doch nur Franziska passieren, da ist sie selbst schuld. Ich fragte mich in dieser Nacht: „Warum bin ich so ein schlechter Mensch, und was ist an mir so schlecht?" und „Ich muß alles tun, daß ich nicht mehr so schlecht bin, damit mir solche Dinge nicht mehr passieren."

D.L.: Bei dem Ereignis im Bierzelt ist deutlich: Es waren die Erwachsenen, die Dir die Schuld gegeben haben. Wer das nüchtern anhört, der wird sagen: Das ist grotesk. Diese Leute hatten allen Grund, sich schuldig zu fühlen. Aber Du sagst ja, Du hättest auch schon vorher ein Lebensgefühl gehabt, so, als würde etwas mit Dir nicht stimmen. Hast Du eine Erklärung dafür? Wenn das in eine so frühe Kindheitsphase zurückzuverfolgen ist, womit hängt das dann zusammen? Kinder gelten doch als unschuldig.

Unschuldig wie ein Engel

Franziska: Ich glaube, daß Kinder ein sehr intensives, tiefes Gefühl und eine sichere Wahrnehmung für andere Menschen und Situationen haben. In meiner äußeren Erscheinung war ich ein sehr hübsches, ansprechendes Kind mit großen blauen Augen und wunderschönem blondem Haar. Zu diesem Aussehen fällt mir folgender Satz ein, den ich sehr oft zu hören bekam: „Franziska, Du schaust immer so unschuldig wie ein Engel aus, und dabei hast Du es faustdick hinter den Ohren; Du bist eine ganz Schlimme."

Ich verstand die Bedeutung nicht, aber ich verstand die Unruhe, die Zurechtweisung, die dahinterstand. Natürlich hatte ich nichts Schlimmes getan oder gesagt, aber anscheinend war es doch so - so verstand ich es für mich -, daß manche Kinder, die hübsch und ansprechend aussahen, sich erfahrungsgemäß zu sehr schlechten Menschen entwickelten.

In meinem Bewußtsein war das die Wahrheit: Die anderen wissen, wie ich bin und wie ich zu sein habe, und wenn die anderen sagen: „Du bist viel zu empfindlich, und außerdem bist Du doch selbst schuld an dieser oder jener Situation", dann stimmt das auch, und ich muß noch lieber, netter, freundlicher, geduldiger etc. werden.

Ungewolltes Kind

Die jahrelangen unterschiedlichen Therapien sowie meine eigene Auseinandersetzung mit meinem Innersten ergaben für mich u.a. die Schlußfolgerung - wenn ich es auch nie beweisen kann -, daß mich meine Mutter schon in der Schwangerschaft ablehnte. Sie wollte mich, ihr Kind, nicht, und diese Abneigung blieb. Erst heute weiß ich, daß sich das nie geändert hat und daß es sich auch nie ändern wird; daß ich dieses Angenommensein, das ich mir so sehr gewünscht habe, von ihr nicht haben kann.

Ich kam also als ungewolltes Kind zur Welt, das gleich nach der Geburt für längere Zeit und mit einer schweren Krankheit in die Kinderklinik mußte. Mein intellektuelles Gedächtnis hat keine Erinnerung an diese Zeit, mein seelisches sehr wohl. So habe ich ein großes Mißtrauen entwickelt. Ich konnte kein Vertrauen entwickeln, weder in mich selbst noch in die, die mich liebten. Mir fehlte das sogenannte Urvertrauen. Heute leuchtet mir das vollkommen ein: Wie will ein Kind Vertrauen lernen, wenn es nur Ablehnung und nochmals Ablehnung erlebt.

Sicherlich gelten Kinder als unschuldig - das war ich auch. Doch meine verzweifelte Suche nach Liebe und Nestwärme ermöglichte anderen, mich zu manipulieren und ihre eigene Verantwortung oder Schuld an mich abzugeben, und ich habe sie übernommen, weil ich dachte: So muß es sein.

„Die will nicht schmusen"

D.L.: Wie hat sich dieses Nichtgewolltsein in Deiner Kindheit konkret gezeigt?

Franziska: Wie bereits erwähnt, spürte ich die Ablehnung meiner Mutter sehr intensiv. So kann ich mich an kein einziges Mal erinnern, daß sie mich in ihre Arme genommen hätte. Mit meinen Geschwistern schmuste sie ganz oft und intensiv. Anderen Leuten erklärte sie oft: „Die Franziska, die will keine Umarmung, die will nicht schmusen, die ist ein ganz kalter Mensch." Ich hätte schon gewollt.

Inzwischen ertrage ich schon seit langer Zeit keine Berührung von ihr, ich kann nicht einmal ihren persönlichen Duft ertragen, in mir steigt Übelkeit auf.

„Also übernahm ich Verantwortung"

Meine Eltern hatten eine Gastwirtschaft. Für meinen Vater war das sein Traum, den er verwirklichte, für meine Mutter war es ein unendlicher Alptraum, und so unterstützte sie ihn im Geschäft kaum.

Weil ich meinen Vater sehr liebte, wollte ich, daß es ihm gut ging. Also übernahm ich Verantwortung. Ab meinem 12. Lebensjahr bediente ich im Gasthaus, obwohl ich das ungern tat. Ich half in der Küche, putzte das Haus und arbeitete, so gut ich konnte. Meiner Mutter konnte ich nie etwas recht machen. Sie reagierte auch sehr eifersüchtig auf die Beziehung zu meinem Vater und machte mich für alles mögliche verantwortlich.

Die Konditionierung lautete: „Meine Arbeit ist nie gut genug, ich muß noch mehr arbeiten, immer mehr, vielleicht mögen mich dann die anderen", oder: „Ich bin es nicht wert zu leben".

Von meinem Vater fühlte ich mich schon angenommen und auch geliebt. Doch weiß ich heute auch, daß er es war, der mich schon als Kind in die Verantwortung nahm. Ich sehnte mich so sehr nach Liebe und Zuwendung: das kleinste liebe Wort an mich oder ein lieber Blick, und ich dachte, dieser Mensch meint es gut mit Dir.

Mein Vater – er ist schon seit knapp 20 Jahren tot – war ein gutmütiger Mensch, doch ohne Rückgrat. Konflikte löste er mit Alkohol oder auf anderen Ebenen. Welche grundsätzlichen Konflikte meine Eltern miteinander hatten, weiß ich bis heute nicht, doch bin ich mir sicher, daß sie enorm große Probleme hatten: Grundsätzliches, Basisgeschichten.

„Der Vater holte mich an seine Seite"

Der Vater holte mich an seine Seite, ich führte mit ihm gemeinsam die Gastwirtschaft. Er erzählte mir schon als jungem Mädchen von seinen Problemen, schimpfte über die eigene Frau und mißbrauchte mich zur Deckung seiner Alkoholkrankheit. Er genoß meine Fürsorge und zerbrach mit seinem leidenden Blick jeden Widerstand, jedes Aufbegehren in mir.

Kinder müssen Kind sein dürfen

Ich erinnere mich auch, wie toll ich mich zu jener Zeit fühlte, wie wichtig ich diese Beziehung erlebte. Ich kam mir sehr erwachsen vor - der Vater bespricht die Probleme mit der Tochter! Ich fühlte mich da schon gewollt, aber in einer Weise, in der ich eben nicht Kind sein durfte.

Aus meiner eigenen Mutterschaft weiß ich heute: Kinder können und sollen diese Last nicht tragen, sie sind absolut überfordert mit den Problemen der Erwachsenen. Kinder müssen Kind sein dürfen, Fehler machen dürfen. Leider durfte ich diese unbeschwerte Zeit nie erleben.

Dem körperlichen Mißbrauch ist ein jahrelanger seelischer Mißbrauch vorausgegangen.

Mißbraucht

D.L.: Möchtest Du zu dem körperlichen Mißbrauch, den Du erlebt hast, etwas sagen?

Franziska: Ich wurde beim Babysitten von einem Verwandten sexuell mißbraucht.

Das war natürlich das am stärksten traumatisierende Erlebnis. An der Art, wie damit umgegangen wurde, zeigt sich, wie sehr das in das schon angelegte Muster paßte: Um den Mißbraucher zu schützen, wurde ich für schuldig erklärt. Die „gerechten" Richter waren meine Tante - das war die Schwiegermutter des Mißbrauchers - und meine Eltern, letztendlich meine ganze Verwandtschaft.

Primär wurde mir eingeredet, daß ich übersensibel sei und meine ungebremste Phantasie mir den Mißbrauch vorgegaukelt habe; ich zerstöre mit meinen Beschuldigungen das Leben anderer. Andere Stimmen meinten, daß ich selbst schuld sei, weil ich alle Männer „anmache".

„Ich fühlte mich schmutzig und schlecht"

Mir wurde verboten, über die „erfundene Geschichte" etwas zu erzählen. Interessanterweise hatte ich selbst zu diesem Zeitpunkt noch kein Wort über den Mißbrauch verloren, weil ich mich so sehr schämte. Ich fühlte mich schmutzig und schlecht, ich hatte Angst. Es war meine Cousine, die den Mißbraucher während der Tat überraschte und die davon berichtete. Ich hatte gar nichts erzählt, aber es stand schon im Raum, daß ich es erfunden hätte.

Wenn die Familie in einer solchen Situation mit einer Stimme spricht und dem Kind vermittelt: „Du bist schuld, und Du darfst darüber nie mehr sprechen!", dann glaubt ein Kind das schließlich. Diese Sprachlosigkeit und die damit verbundenen Ohnmachtsgefühle blieben über Jahrzehnte hinweg bestehen. Über den Mißbrauch selbst sprach ich dann Jahre später, aber die verlorene Sprache in Situationen, die meine Grenzen betrafen, die Konfrontation erforderten, blieb noch lange ein Problem.

So hatte ich mein persönliches Mantra: „Du bist schuld, was auch immer passiert!"

Ein langer Weg

D.L.: Wie gelingt es Dir heute, diese Folgen zu bewältigen: Sprachlosigkeit, Ohnmachtsgefühle in bezug auf die eigenen Grenzen und falschen Schuldgefühle?

Franziska: Das ist ein langer Weg. Zuerst veränderte sich meine Situation nicht, als ich erwachsen war und ein eigenes Leben hatte. Meine Eltern wurden durch den Arbeitgeber bzw. durch Freunde ausgewechselt, die Muster blieben. Ich arbeitete bis zur Erschöpfung, übernahm Verantwortung, ohne zu überlegen, und forderte nichts.

Anscheinend genügten mir die wenigen Komplimente, „wie gut und wie effektiv" ich arbeite. Mein Leben war das eines Opfers mit ständig schlechtem Gewissen.

Ein wichtiges Zeichen waren für mich die materiellen Schulden. Ich interpretierte das so, daß ich von mir dachte: „Ich kann nicht mit Geld umgehen." Ganz leise, tief innen drin, spürte ich eine Verwandtschaft der materiellen Schulden mit den Schuldgefühlen und meiner eigenen Unwichtigkeit. Nach und nach erkannte ich den direkten Zusammenhang, daß nämlich hinter den materiellen Schulden eine ganz komplexe Geschichte steht, meine Geschichte; daß meine materiellen Schulden ein Zeugnis für die verschwenderische Art sind, wie ich mit meinen Kräften umging. Daß ich Verantwortung und Schuld für andere auf mich nahm, ohne zu hinterfragen: Will ich das? Ist der andere das überhaupt wert?

Schicht für Schicht trage ich die alten Schuldgefühle ab. Es ist spannend, was ich über mich selbst entdecke. Es hat sich im Laufe der Jahre ein anderes Verständnis für meine eigene Verantwortung, meine Schuld meinem Leben gegenüber, entwickelt. Verantwortung für andere abzulehnen, fällt mir immer noch schwer, doch ich wachse an meinem Mut und schreite voran.

Schuld zurückzugeben, dorthin, wo sie hingehört, das hat mich enorme Kraft gekostet, doch dieser Einsatz war nicht umsonst, nein, das war eine meiner besten Investitionen.

Verschuldet

D.L.: Verschuldet sein, im materiellen Sinne, das war ein Aufwachmoment für Dich, so verstehe ich das. Aber mußtest Du Deine Kindheitserfahrungen verarbeiten, um von den alten Mustern frei zu werden oder jedenfalls auf diesen Weg zu kommen? Was blieb, als Du entdeckt hast, daß ein familiäres Umfeld Dich konditioniert hat, dort Schuldgefühle zu haben, wo Du gar keine Schuld hattest, wo eher die anderen an Dir schuldig geworden sind?

Franziska: Ich fange mal mit dem letzten Teil Deiner Frage an. Was bleibt, wenn Schuldgefühle verschwinden, wenn sie sich verabschieden, oder noch genauer: wenn sie verabschiedet werden? Es ist ja nicht so, daß das von einer Sekunde auf die andere geschieht, es ist vielmehr mit der Arbeit eines Restaurators vergleichbar - unterschiedlich, einzigartig. Doch ein Gefühl stellt sich immer ein: die Wut. Und die ist gut, sie gibt Kraft und Mut, und dadurch ist Transformation möglich. Nach der Wut kommt das Verzeihen. Lebensfreude breitet sich aus, die positiven Gefühle erstarken, und Gefühle wie Versagen oder Resignation treten zurück.

„Ich habe mich nie als Kind gefühlt“

Um so weit zu kommen, mußte ich es aushalten, mir diesen tiefen inneren Widerspruch wirklich anzusehen: Ich habe mich nie als Kind gefühlt, ich war immer schon erwachsen, und andererseits hatte ich immer den Wunsch, ein Kind zu sein. Dabei hat mir übrigens das Familienstellen sehr geholfen. Bei meinem letzten Konflikt mit meiner Mutter sagte sie einen Satz, der schließlich den Ausschlag gab für meine Entscheidung, den Kontakt zu ihr endgültig abzubrechen. „Und schuld bist Du, Du bist diejenige, mit der man nicht auskommen kann, Du bist diejenige, die schuld am Elend einer ganzen Familie ist.“

„Und schuld bist Du!“

Diese Aussage löste in mir einen explodierenden innerlichen Schmerz aus, der kaum auszuhalten war. Aber dieser Schmerz hatte auch etwas Heilendes, weil ich in diesem Schmerz, in diesem Fühlen meiner absoluten Verzweiflung erkannte: Das hat nichts mit mir zu tun, sie braucht jemanden, dem sie Schuld zuschieben kann. Ich konnte fühlen: Ich bin nicht schuld, ich bin nicht schlecht, ich bin es wert zu leben.

Der Wunsch, mich von dieser Familie zu verabschieden, war schon sehr lange präsent, doch vom Wunsch zur Entscheidung und schließlich zur Ausführung ist es ein sehr langer Weg. Bei mir dauerte dieser Weg 22 Jahre. 22 Jahre hin- und hergerissen sein zwischen Demütigung und Erniedrigung und der Hoffnung: Jetzt lieben sie mich, jetzt wird es endlich besser, jetzt bin ich anerkannt; jetzt darf ich sein, wie ich bin. Ich würde diesen Weg als langsames, behutsames Erkennen, Entschlüsseln, Entwirren bezeichnen, einen Weg, der manchmal so schmerzlich war, daß es kaum auszuhalten war, und dazu extrem beängstigend. Doch im Gehen entstand eine Energie, um weiterzuschreiten, die notwendige Kraft, die für den Abschied unerläßlich war, die Kraft, die sich aus dem Dschungel der Illusionen in eine Klarheit verwandelte und die mich letztendlich befreite.

Das Durchbrechen der Generationen-Kette

Ich weiß heute, daß auch meine Eltern ihren Schmerz und ihre Verzweiflung erlebten, den Schmerz, der sie so handeln ließ, wie sie gehandelt haben. Ohne Verantwortung für die Schmerzen, die sie mir zugefügt haben, zu übernehmen, sehe ich doch ihr eigenes Leid, ihren eigenen Weg. So scheint mir diese Beziehung, die mich mit ihnen verbindet, eine Weiterführung ihrer eigenen Erlebnisse, ihrer Erfahrungen zu sein. Vielleicht könnte man von einer Generationen-Kette sprechen.

Ich erkenne bei meiner Mutter einen tiefen Haß gegen Frauen und eine Glorifizierung der Männer. In all ihrer Wut und Gemeinheit mir gegenüber erkenne ich eine einsame, verletzte Frau, die sich als nichtig und wertlos sieht.

Ich sehe in meinem Vater einen Mann, der es jedermann recht machen wollte, der arbeitete bis zum Umfallen und der sich seines Wertes nie bewußt war, der keine Ahnung von Konfliktbewältigung hatte und der sich, wie in allen Situationen im Leben, sogar noch im Sterben einfach aus dem Leben schlich.

Für mich, so denke und so hoffe ich, habe ich diese Kette unterbrochen. Ich habe mich da herausgenommen, um als Frau Frau sein zu dürfen, um Ehrlichkeit und streiten zu lernen, um meinen eigenen Wert zu erkennen und auch fordern zu dürfen, um einen Opfertyp in eine selbstbewußte und selbstbestimmte Frau zu verwandeln, die ihren Platz im Leben einnimmt und die ihre Grenzen, wenn nötig, vehement und souverän verteidigt.

Bedingungslose Liebe

D.L.: Was bedeutet dieses Durchbrechen der Generationen-Kettefür Dich als Mutter und für Deine Kinder?

Franziska: Mit der Geburt meiner Kinder wollte ich real etwas an mir und meiner Stellung in der Gesellschaft verändern. Auch diese Phase der eigenen Familiengründung war aber problematisch. Ich hatte einen Partner gewählt, der dieses Täter-Opfer-Spiel mitspielte, mit dem ich dieses Muster weiterführte. Diese Wucherung an Demütigung, Entwertung und Verzweiflung, die vielleicht seit Generationen in diesem System existierte, wuchs weiter.

Mein Wunsch, meine Kinder frei, glücklich, selbstbestimmt, stark in sich selbst und voller Lebensfreude aufwachsen zu sehen, war aber so intensiv, daß ich auch den Schmerz der Aufarbeitung und der Desillusionierung in Kauf nahm, um die ungesunde Verkettung aus meiner Familie und deren Vorfahren zu unterbrechen.

„Ich erkannte die Wiederholung der Muster"

Ich erkannte die Wiederholung der Muster, die zur Zerstörung einzelner Personen führen kann, das mangelnde Selbstvertrauen, die Gebundenheit an eine alte patriarchalische Gesellschaft, in der Frauen einen niedrigen Stellenwert einnahmen und Männer die Starken und Unangreifbaren waren. Ich begriff, daß es eine scheinheilige Frömmigkeit gab, die unser Familiensystem durchsetzte, die es stärkte. Und mir wurde klar, daß dieses System Opferlämmer benötigte, um das Gefüge zu schützen.

Wenn ich meinen Kindern eine gute und klare Form von Liebe mitgeben wollte, dann mußte ich meine eigene lieblose Kindheit anschauen, um Schmerz und Entbehrung zu verwandeln in all das Wichtige, was einen Menschen ausmacht, was er zum Überleben benötigt wie die Luft zum Atmen. Die Liebe zu meinen Kindern ist so zentral in meinem Leben, daß ich den beiden die besten Voraussetzungen schenken wollte. Sie sollten mit dem Lebensgefühl aufwachsen: „Ich werde geliebt, da ist jemand, der liebt mich bedingungslos." Letztendlich habe ich durch die bedingungslose Liebe, die meine Kinder *mir* entgegenbringen - Kinder lieben ihre Eltern nämlich bedingungslos -, den Weg aus den traumatischen Erlebnissen meiner Kindheit gefunden.

Neurodermitis

Meine Tochter kam mit Neurodermitis auf die Welt - das Kind signalisierte mit dieser Krankheit: "Schaut her, mir geht es nicht gut, ich fühle mich nicht wohl in meiner Haut" - ein riesiger Hilfeschrei, so interpretierte ich die Krankheit. Diese Krankheit wurde mir zum zweiten Ich. Ich las alles, was es darüber zu lesen gab, informierte mich in Selbsthilfegruppen, tauschte Informationen und, und, und... Die Schulmedizin fertigte uns relativ schnell ab - Cortison heißt das Wundermittel -, doch damit gab ich mich nicht zufrieden, suchte Alternativen und entwickelte letztendlich mit meinem Kind zusammen ein individuelles Heilen, das aus Aufklärung, gesunder Ernährung, Entspannungsmethoden, Bewegung und Ehrlichkeit bestand. Während extremer Schübe, die später mit Asthmaattacken einhergingen, nahm ich mein Kind in meine Arme und erzählte eine meditative und sehr persönliche Heilsgeschichte. Die regelmäßige Anwendung stärkte unser Vertrauen in dieses Miteinanderumgehen. Nach und nach lernte meine Tochter, sich selbst zu helfen. Heute hat sie das schon seit vielen Jahren hinter sich.

Die Kette aus Schuldzuweisungen unterbrechen

Das ist für mich ein Beispiel für das, was möglich wird, wenn die Kette aus Entwertungen, Schuldzuweisungen und Schuldgefühlen und auch aus tatsächlicher Schuld durchbrochen wird. Ich beobachte voller Freude die Entwicklung meiner Kinder - ich sehe, wie ehemals schüchterne, allergiekranke und anfällige Kinder lernen, sich selbst anzunehmen. Sie treffen selbstbewußt Entscheidungen. Ich sehe glückliche junge Menschen heranwachsen, die sich ihrer eigenen Stärke bewußt sind. Wir erleben unser jetziges Familiensystem als eine Basis des gegenseitigen Vertrauens und des Angenommenseins. Auch Auseinandersetzung, Trauer und Schmerzen gehören dazu; alles darf seinen Platz einnehmen.

Möglicherweise entsteht der Eindruck, daß ich mich als eine "Märtyrerin" sehe, die für die Befreiung des Familiensystems kämpft. Nein, ich wollte mich selbst und meine Kinder von diesem ungesunden und zerstörerischen Leben befreien. Wie sich meine Loslösung als Glied dieser Kette auf die anderen Mitglieder auswirkt, kann und will ich im Moment auch nicht beurteilen, doch mit großer Sicherheit manifestieren sich auch dort Veränderungen. Es kann gar nicht anders sein.

Wenn ich diesen Weg Revue passieren lasse, den ich gehen mußte, um die Kette aus Schuld und Schuldgefühlen zu durchbrechen, dann erkenne ich als die größte Kraft in mir, die mir das ermöglicht hat, meinen starken Glauben an Gott. Diese Kraft hat mir geholfen zu überleben, dessen bin ich mir heute sicher.

Interviewer und Autoren

Katharina von Bechtolsheim, geb. 1967 in Würzburg, Studium der Slawistik in Berlin und Petersburg, Ausbildung zur Klassenlehrerin am Waldorflehrerseminar Kiel, Ausbildung zur heilpädagogischen Lehrerin in Hamburg, Russisch- und Klassenlehrerin an der Freien Schule Hitzakker, seit August 2004 Klassenlehrerin an der FWS Berlin Kreuzberg.

Hartmut Hasselberg, geb. 1938. Biologie- und Sprachstudium in München, Kiel und Stuttgart-Hohenheim. Oberstufenlehrer an Waldorfschulen in Hamburg und Göteborg (Schweden). Bibliotheksmitarbeiter an der Biologischen Anstalt Helgoland. Freie Unterrichtstätigkeit. Lebt in Magdeburg.

Renate Hasselberg, geb. 1946. Ausgebildete Krankenschwester. Tätigkeit in der Psychiatrie am Gemeinschaftskrankenhaus Herdecke. Studium der Waldorfpädagogik in Dornach/Schweiz und Zusatzstudium der Psychotherapie. Fortbildung zum Schul- und Entwicklungsbegleiter in anthroposophischen Einrichtungen und Kindergärten.

Dierk Lorenz, geb. 1958 in Hamburg. Seit 1993 in einer Einrichtung der anthroposophischen Sozialtherapie in der Betreuungsarbeit mit geistig behinderten Menschen, seit 2000 auch als Autor für anthroposophisch Zeitschriften tätig.

Arfst Wagner, Geb. 1954 in Wyk auf Föhr. Studium der Waldorfpädagogik in Witte-Annen, dann Studium der Eurythmie. Lehrer an der Freien Waldorfschule in Rendsburg außer Studienzeit. Autor in vielen anthroposophischen Zeitschriften. Gründung des Lohengrin-Verlags 1987. 2001/2002 Studium der Heileurythmie. Tätigkeit als Heileurythmist. Listenplatz 8 von Bündns90/DIE GRÜNEN zur Landtagswahl 2005.

Wolfgang Weirauch, geb. 1953 in Flensburg, Studium der Politik und Germanistik (Staatsexamen für das Lehramt Realschule) und der Theologie an der Freien Hochschule der Christengemeinschaft. Herausgeber der Flensburger Hefte, Politiklehrer an der WS Flensburg, Vortragsredner, Mitarbeiter beim Fernstudium Waldorfpädagogik & Coaching e.V.

Jesaiah Ben-Aharon
Die globale Verantwortung der USA
Individuation, Initiation und Dreigliederung
ca. 130 S., kt., EUR 15,–
ISBN 3-935679-19-X

Johannes Rogalla von Bieberstein
Die These von der Verschwörung 1776–1945
Philosophen, Freimaurer, Juden, Liberale und Sozialisten als Verschwörer gegen die Sozialordnung
216 S., kt., EUR 17,–
ISBN 3-926841-36-2

Jimmy Carter
Frieden schaffen im Gespräch
Ein Impuls für die nächste Generation
206 S., kt., EUR 17,–
ISBN 3-926841-71-0

Carola Cutomo
Medialität, Besessenheit, Wahnsinn
188 S., kt., EUR 11,–
ISBN 3-926841-19-2

Hans-Diedrich Fuhlendorf
Rückkehr zum Paradies oder Erbauen des Neuen Jerusalem?
Geschichtsbetrachtungen in apokalyptischer Zeit
352 S., kt., EUR 20,–
ISBN 3-926841-37-0

Wolfgang Gädeke
Anthroposophie und die Fortbildung der Religion
448 S.
Leinen, EUR 25,–
ISBN 3-926841-23-0
kt., EUR 19,–
ISBN 3-926841-24-9

Ludger Helming-Jacoby
Zeugnissprüche
und Sprüche aus dem Hauptunterricht einer Waldorfschule
2. Aufl., 188 S., kt., EUR 15,–
ISBN 3-926841-95-8

Dieter Hornemann
Geheimnisvolles Afrika
Anthroposophische Arbeit im Urwald
102 S., 32 farb. Abb., kt., EUR 14,–
ISBN 3-926841-60-5

Johannes Kiersch
Argumente für die Waldorfschule
Die Antwort auf PISA
2. veränd. Auflage, 160 S., kt., EUR 15,–
ISBN 3-926841-33-8

Peter Krause
Das Judasproblem
Von den spirituellen Hintergründen der Gewalt
128 S., kt., EUR 11,–
ISBN 3-926841-38-9

Peter Krause
Feuer in Tschernobyl
Die Ukraine nach dem SuperGAU
168 S., 37 farb. Abb., kt., EUR 15,–
ISBN 3-926841-58-3

Peter Krause, Faustus Falkenhahn (Hg.)
Einsam – gemeinsam
Jugend im Gespräch
192 S., kt., EUR 12,–
ISBN 3-926841-43-5

Henning Kullak-Ublick (Hg.)
Erziehung zur Freiheit – in Freiheit
Aktion mündige Schule
160 S., 15 farb. Abb., kt.,, EUR 10,–
ISBN 3-926841-94-X

Andreas Meyer (Hg.)
Seele und Geist
Ansätze zu einer spirituellen Seelentherapie
160 S., kt., EUR 14,–
ISBN 3-926841-47-8

Hans Philippsen
Götter, Hexen und Naturgeister
Sagen und Sagenhaftes der Insel Föhr
144 S., 16 farb. Abb., kt., EUR 13,–
ISBN 3-926841-84-2

Sidney Saylor Farr
Tom Sawyers Nah-Todeserfahrung und die Wandlung seines Lebens
2. Aufl., 204 S., kt., EUR 17,–
ISBN 3-926841-82-6

Wolfgang Weirauch
Im Spiegel der Finsternis
Roman für Jugendliche und Erwachsene. Ab 13 Jahren.
252 S., geb. EUR 17,–
ISBN 3-926841-86-9

Verena Staël von Holstein, Friedrich Pfannenschmidt (Hg.)
Gespräche mit Müller
Feinstofflicher Austausch mit Geistwesenheiten.
Band 1 und 2, 2. Auflage
Band 1: 324 S., geb. EUR 22,–
ISBN 3-935679-11-4
Band 2: 344 S., geb. EUR 22,–
ISBN 3-935679-12-2

FH 11
Über Tod und Sterben
4. Aufl., 232 S., kt., EUR 15,–
ISBN 3-926841-11-7

FH 13
Hexen, New Age, Okkultismus
3. Aufl., 196 S., kt., EUR 13,–
ISBN 3-926841-08-7

FH 14
Erneuerung der Religion
Die Christengemeinschaft, Sakramente, Kirche und Kultus
4. Aufl., 184 S., kt., EUR 12,–
ISBN 3-926841-07-9

FH 15
Waldorfschule und Anthroposophie
3. Aufl., 132 S.,
kt., EUR 8,–
ISBN 3-926841-00-1

FH 16
Kulturvergiftung: Rauschgift, Sucht und Therapie
2. Aufl., 228 S.,
kt., EUR 12,–
ISBN 3-926841-21-4

FH 17
Kulturvergiftung: Alkohol
2. Aufl., 160 S.,
kt., EUR 12,–
ISBN 3-926841-34-6

FH 18
Biologisch-dynamische Landwirtschaft, Ökologie, Ernährung
2. Aufl., 184 S.,
kt., EUR 13,–
ISBN 3-926841-03-6

FH 19
Musik
2. Aufl., 184 S., kt., EUR 12,–
ISBN 3-926841-06-0

FH 20
Sexualität, Aids, Prostitution
2. Aufl., 170 S., kt., EUR 12,–
ISBN 3-926841-09-5

FH 22
Erkenntnis und Religion
Zum Verhältnis von Anthroposophischer Gesellschaft und Christengemeinschaft
132 S., kt., EUR 12,–
ISBN 3-926841-13-3

FH 23
Engel
3. Aufl., 196 S.,
9 farb. Abb., kt., EUR 15,–
ISBN 3-926841-15-X

Siehe auch die folgende Seite.

FH 24
Direkte Demokratie / 1789–1989
240 S., kt., EUR 12,–
ISBN 3-926841-16-8

FH 25
Rechtsleben und soziale Zukunftsimpulse
Von der Dreigliederungsidee Rudolf Steiners zur Volksgesetzgebung
244 S., kt., EUR 12,–
ISBN 3-926841-17-6

FH 26
Michael
Januskopf Bundesrepublik
184 S., 8 farb. Abb.,
kt., EUR 12,–
ISBN 3-926841-22-2

FH 27
Strafprozeß, Strafvollzug, Resozialisierung
224 S., kt., EUR 12,–
ISBN 3-926841-20-6

FH 28
Naturwissenschaft und Ethik
204 S., kt., EUR 12,–
ISBN 3-926841-25-7

FH 29
Freie Schule
248 S., kt., EUR 13,–
ISBN 3-926841-28-1

FH 30
Märchen
2. Aufl., 212 S.,
kt., EUR 15,–
ISBN 3-926841-29-X

FH 31
Biographiearbeit
5. Aufl., 232 S.,
7 farb. Abb., kt., EUR 15,–
ISBN 3-926841-31-1

www.flensburgerhefte.de

FH 32
Anthroposophen und Nationalsozialismus
168 S., kt., EUR 12,–
ISBN 3-926841-32-X

FH 33
Destruktive Kulte, schwarze Magie, Sexualmagie
232 S., kt., EUR 14,–
ISBN 3-926841-40-0

FH 34
Alte und neue Seelenfähigkeiten
192 S., kt., EUR 13,–
ISBN 3-926841-41-9

FH 35
Die Christengemeinschaft heute
Anspruch und Wirklichkeit
212 S., kt., EUR 13,–
ISBN 3-926841-42-7

FH 36
Schwangerschaftsabbruch
212 S., kt., EUR 14,–
ISBN 3-926841-44-3

FH 37
Indianer
212 S., 6 farb. Abb., kt., EUR 14,–
ISBN 3-926841-45-1

FH 38
Konfliktbewältigung
2. Aufl., 220 S., 10 farb. Abb., kt., EUR 14,–
ISBN 3-926841-50-8

FH 39
Christus
184 S., 16 farb. Abb.,
kt., EUR 14,–
ISBN 3-926841-51-6

FH 40
Ausländerhaß, Nationalismus, Rassismus
188 S., 13 farb. Abb.,
kt., EUR 14,–
ISBN 3-926841-52-4

Abo- und Bezugsbedingungen s. Impressum, 2. Umschlagseite. Alle Titel auch im Buchhandel erhältlich. Preisänderungen vorbehalten.

FH 41
Anthroposophie und Rassismus
212 S., kt., EUR 14,–
ISBN 3-926841-54-0

FH 42
Sind wir noch zu retten?
Zerstörung oder Verwandlung der Erde?
224 S., 26 farb. Abb., kt., EUR 14,–
ISBN 3-926841-56-7

FH 43
Gebet heute
168 S., kt., EUR 14,–
ISBN 3-926841-57-5

FH 44
Scheidung – warum?
Partnerschaftsprobleme und ihre Bewältigung
2. Aufl., 228 S., 11 farb. Abb., kt., EUR 15,–
ISBN 3-926841-59-1

FH 45
Hüter der Schwelle
Der Mensch am Abgrund
172 S., kt., EUR 14,–
ISBN 3-926841-61-3

FH 46
Jugendideale
208 S., kt., EUR 14,–
ISBN 3-926841-62-1

FH 47
Übungen zur Selbsterziehung
2. Aufl., 216 S., 16 farb. Abb., kt., EUR 15,–
ISBN 3-926841-65-6

FH 48
Angst
188 S., 16 farb. Abb., kt., EUR 14,–
ISBN 3-926841-66-4

FH 49
Depression
200 S., 8 farb. Abb., kt., EUR 14,–
ISBN 3-926841-67-2

FH 50
Erziehung
188 S., 8 farb. Abb., kt., EUR 14,–
ISBN 3-926841-68-0

FH 51
Nah-Todeserfahrungen
Rückkehr zum Leben
2. Aufl., 180 S., kt., EUR 15,–
ISBN 3-926841-72-9

FH 52
Auferstehung
Von der Gegenwart Christi
168 S., 8 farb. Abb., kt., EUR 15,–
ISBN 3-926841-73-7

FH 53
Gedächtnis und Erinnerung
184 S., kt., EUR 15,–
ISBN 3-926841-74-5

FH 54
Ernährungsfragen
176 S., kt., EUR 15,–
ISBN 3-926841-75-3

FH 56
Über Reinkarnation und Karma
Erfahrungen früherer Erdenleben
188 S., kt., EUR 15,–
ISBN 3-926841-78-8

FH 55
Naturgeister
Vom Wirken der Elementarwesen
2. Aufl., 192 S., 16 farb. Abb., kt., EUR 15,–
ISBN 3-926841-76-1

FH = Flensburger Hefte

FH 57
Die Welt im Umbruch
Globalisierung und Kampf aller gegen alle
196 S., 29 farb. Abb., kt., EUR 15,–
ISBN 3-926841-79-6

FH 58
Wirkungen der Musik
204 S., kt., EUR 15,–
ISBN 3-926841-80-X

FH 59
Umgang mit dem Sterben
204 S., 8 farb. Abb., kt., EUR 15,–
ISBN 3-926841-81-8

FH 60
Die Impulse des Bösen am Jahrtausendende
196 S., kt., EUR 15,–
ISBN 3-926841-83-4

FH 61
Die Hintergründe von 666
196 S., 8 farb. Abb., kt., EUR 15,–
ISBN 3-926841-85-0

FH 62
Arbeitslosigkeit
Weg ins Ungewisse
184 S., kt., EUR 15,–
ISBN 3-926841-87-7

FH 63
Feldzug gegen Rudolf Steiner
Über O.T.O.-, Rassismusvorwürfe und Angriffe auf die Waldorfschulen
240 S., kt., EUR 15,–
ISBN 3-926841-88-5

FH 64
Liebe – Die Sonne der Welt
200 S., 8 farb. Abb., kt., EUR 15,–
ISBN 3-926841-90-7

So = Flensburger Hefte Sonderhefte

FH 65
Doppelgänger
Der Mensch und sein Schatten
228 S., 8 farb. Abb.,
kt., EUR 15,–
ISBN 3-926841-91-5

FH 66
Hellsehen
Der Blick über die Schwelle
192 S., kt., EUR 15,–
ISBN 3-926841-92-3

FH 67
Esko Jalkanen – der Heiler aus dem Norden
Vom Zauber finnischer und baltischer Kultur
184 S., 19 farb. Abb.,
kt., EUR 15,–
ISBN 3-926841-89-3

FH 68
Liebe Leben
Homosexualität und die Vielfalt der Lebensformen in Zeiten der Individualisierung
192 S., kt., EUR 15,–
ISBN 3-926841-93-1

FH 69
Islamische Impressionen
Brücken zwischen Orient und Okzident
228 S., 12 farb. Abb.,
kt., EUR 15,–
ISBN 3-926841-96-6

FH 70
Träume
Was wollen sie uns sagen?
192 S., kt., EUR 15,–
ISBN 3-926841-97-4

FH 71
Einblicke in die Anthroposophie
200 S., kt., EUR 15,–
ISBN 3-926841-99-0

FH 72
Es ist an der Zeit
Aspekte der Anthroposophie
216 S., kt., EUR 15,–
ISBN 3-935679-00-9

Siehe auch die folgende Seite.

FH 73
Eurythmie
Aufbruch oder Ende einer jungen Kunst?
204 S., 12 farb. Abb., kt., EUR 15,–
ISBN 3-935679-01-7

FH 74
Abgründe und Chancen in Zeiten des Egoismus
192 S., kt., EUR 15,–
ISBN 3-935679-02-5

FH 75
Einsamkeit
Wege des Ich
216 S., 20 farb. Abb., kt., EUR 15,–
ISBN 3-935679-04-1

FH 76
Kampf der Kulturen?
Eine andere Welt ist möglich
204 S., kt., EUR 15,–
ISBN 3-935679-06-8

FH 77
Gegen das Elend der Welt
Eine Reise nach Afghanistan
200 S., 16 farb. Abb., kt., EUR 15,–
ISBN 3-935679-07-6

FH 78
Familie im Wandel
192 S., kt., EUR 15,–
ISBN 3-935679-08-4

FH 79
Was die Naturgeister uns sagen
Naturgeister 1
Im Interview direkt befragt
4. Aufl., 208 S., kt., EUR 15,–
ISBN 3-935679-09-2

FH 80
Neue Gespräche mit den Naturgeistern
Naturgeister 2
3. Aufl. in Vorb., 196 S.,
kt., EUR 15,–
ISBN 3-935679-10-6

www.flensburgerhefte.de

FH 81
Die neue Weltordnung
Der Irak-Krieg und seine Folgen
200 S., kt., EUR 15,–
ISBN 3-935679-13-0

FH 82
Aspekte anthroposophischer Psychotherapie
208 S., kt., EUR 15,–
ISBN 3-935679-14-9

FH 83
Werte
Was bestimmt unser Tun und Lassen?
228 S., kt., EUR 15,–
ISBN 3-935679-15-7

FH 84
Eine andere Welt erbauen
Das WeltSozialForum in Mumbai
244 S., kt., EUR 15,–
ISBN 3-935679-16-5

FH 85
Sucht
Neue Drogenwirkungen, Onlinesucht, Beziehungssucht
240 S., kt., EUR 15,–
ISBN 3-935679-20-3

FH 85
Schuld...
...immer nur die anderen?
256 S., kt., EUR 15,–
ISBN 3-935679-21-1

So 1
Partnerschaft und Ehe
5. Aufl., 212 S.,
kt., EUR 15,–
ISBN 3-926841-04-4

So 2
Das Geheimnis der EAP
212 S., kt., EUR 9,–
ISBN 3-926841-05-2

Abo- und Bezugsbedingungen s. Impressum, 2. Umschlagseite. Alle Titel auch im Buchhandel erhältlich. Preisänderungen vorbehalten.

So 4
Partnerschaft und Ehe II – Briefe
2. Aufl., 72 S.,
kt., EUR 8,–
ISBN 3-926841-14-1

So 5
Volkssouveränität und Volksgesetzgebung
Die Kernpunkte der Demokratiefrage
338 S., kt., EUR 14,–
ISBN 3-926841-18-4

So 7
Kunst
368 S., 25 farb. Abb., kt., EUR 16,–
ISBN 3-926841-26-5

So 8
Anthroposophen in der Zeit des deutschen Faschismus
164 S., kt., EUR 12,–
ISBN 3-926841-27-3

So 9
Zehn Jahre real-existierendes freies Geistesleben
Zur Geschichte der Gädeke-Studie
92 S., kt., EUR 12,–
ISBN 3-926841-39-7

So 10
Biographiearbeit II
Grundlagen, Praxis, Ausbildungen
2. Aufl., 184 S.,
8 farb. Abb., kt., EUR 15,–
ISBN 3-926841-48-6

So 12
Schwarze und weiße Magie
Von Satan zu Christus
2. Aufl., 184 S., kt., EUR 14,–
ISBN 3-926841-55-9

So 13
Waldorfschulen in Not
244 S., kt., EUR 14,–
ISBN 3-926841-63-X

FH = FLENSBURGER HEFTE

So 14
Mensch und Computer
156 S., kt., EUR 14,–
ISBN 3-926841-64-8

So 16
Die Schande Europas
Der Krieg auf dem Balkan
200 S., kt., EUR 15,–
ISBN 3-926841-70-2

So 17
Ita Wegman und die Anthroposophie
Ein Gespräch mit Emanuel Zeylmans
216 S., kt., EUR 16,–
ISBN 3-926841-77-X

So 18
Erfahrungen im Umgang mit Tod und Sterben
Beiträge von Leserinnen und Lesern
180 S., kt., EUR 15,–
ISBN 3-926841-98-2

So 19
Die Welt am Abgrund
Jeder Mensch eine Bombe?
200 S., kt., EUR 15,–
ISBN 3-935679-03-3

So 20
Wortgetreu und unverfälscht?
Haben wir in der Gesamtausgabe Texte Rudolf Steiners?
76 S., kt., EUR 8,–
ISBN 3-935679-05-X

So 21
Naturgeister 3
Von Rauchwesen, Wiesenwesen, Torfwesen und Maschinenwesen
196 S., kt., EUR 15,–
ISBN 3-935679-17-3

So 22
Naturgeister 4
Fragenkompendium
erscheint in Kürze
ca. 180 S., kt., EUR 15,–
ISBN 3-935679-18-1

So = FLENSBURGER HEFTE Sonderhefte